U0470366

图书馆专题 | 第五卷

赤峰记忆

刘淑华　刘锦山　主编

文化藝術出版社
Culture and Art Publishing House

《赤峰记忆》
编委会

主　任

黄　河

副主任

吴立新

主　编

刘淑华　刘锦山

编　委

黄　河　吴立新　薛　瑞　刘淑华　刘锦山　陈晓洁　方向灵　鞠红耘
乌云高娃　邢小兰　刘锦秀　周明璇　祁鹏莉　刘罡宇　张艳玲　刘剑英
罗显伟　陈　荣　刘　聪　杨玉婷　刘　敏　刘　帅　周　岚　白嘎力
李卫东　刘　昊　刘锦丽

速　写

刘　敏

"赤峰记忆"项目网站首页

吴立新

予舒

薛瑞

宝音

刘淑华

张淑珍

斯琴

郑文超

李灵芝

鞠红耘

张家谋

张海云

乌云高娃

李成林

周明璇

李卫东

祁鹏莉

罗显伟

白嘎力

刘昊

陈玉玉

1980年，昭乌达盟图书馆筹备小组领导和职工合影（左起依次为昭乌达盟图书馆筹备小组党支部书记、筹备小组副组长宋文升，组织委员兼筹备小组副组长乌旭龄，昭乌达盟图书馆筹备小组副组长赵武常、徐绍德，宣传委员斯琴）

1983年5月，辽宁省援建的昭乌达盟图书馆（赤峰市图书馆前身）大楼正式交付使用

1985年，图书馆同事在书库切磋业务

1993年，赤峰市图书资料系列专业技术干部继续教育培训班合影

赤峰市图书馆为迎接 1996 年国际图联大会在北京召开的宣传标语

赤峰市图书馆新馆

2012年，赤峰市首届公共图书馆业务竞赛赤峰代表队和馆领导合影（从左到右依次为周明璇、祁鹏莉、鞠红耘、刘淑华、乌云高娃、顾炎、崔佳子）

2016年7月21日，由中国图书馆学会学术研究委员会、中国图书馆学会阅读推广委员会主办，用户研究与服务专业委员会、民族文献阅读推广专业委员会、赤峰市图书馆承办的"2016民族图书馆用户服务创新与阅读推广学术研讨会暨用户研究与服务专委会、民族文献阅读推广专委会成立大会"在赤峰市图书馆召开

2018年，海洋馆中的小读者

2019年7月9—12日，由北京碧虚文化有限公司与北京雷速科技有限公司联合赤峰市图书馆、东莞图书馆、鄂尔多斯市东胜区图书馆、《图书馆建设》编辑部、《图书与情报》编辑部主办的主题为"灰色文献与智库服务"的"第二届全国灰色文献年会"在赤峰市图书馆召开，图为与会代表合影

目 录

前　言　001

吴立新：文化育人铸特色　001
予舒：行稳致远久为功　005
薛瑞：擎旗奋进绘新卷　014
宝音：立德树人担使命　022
刘淑华：培根铸魂守初心　050
张淑珍：识古通今传文脉　084
斯琴：方寸之间见乾坤　108
郑文超：倾情服务传文脉　117
李灵芝：继往开来逐梦行　123
鞠红耘：牢记使命创辉煌　144
张家谋：不忘初心求发展　185
张海云：应是书香最宜人　196
乌云高娃：务实重行勇担当　220
李成林：善作善成开新篇　241
周明璇：书林托起童心梦　246
李卫东：不待扬鞭自奋蹄　266

祁鹏莉：技术护航促创新　　　　279

罗显伟：聚心聚力敢为先　　　　294

白嘎力：情系故土话乡愁　　　　308

刘昊：书香浓浓助梦起　　　　　326

陈玉玉：古今故事在书中　　　　351

后　记　　　　　　　　　　　　367

前 言

习近平总书记高度重视文化遗产保护，指出"历史文化是城市的灵魂，要像爱惜自己的生命一样保护好城市历史文化遗产"。党的十八届五中全会提出了"构建中华优秀传统文化传承体系，加强文化遗产保护"的要求。2015年12月，国家图书馆牵头发出《全国图书馆界共同开展记忆资源抢救与建设倡议书》，提出图书馆应成为记忆资源的汇聚之地、创造之地和传承之地。而早在2012年，国家图书馆就已经启动了"中国记忆"工程建设。

2015年，在赤峰市文化新闻出版广电局（现赤峰市文化和旅游局）领导下，赤峰市图书馆开始组织实施赤峰历史文化遗产长期保存口述历史数字工程——"赤峰记忆"，旨在以赤峰名人口述影像资料为基础，通过数字技术等手段对赤峰市近百年来有重要价值的人物、事件进行深度挖掘保存，为区域文化保存和传承做出积极贡献。

在项目论证阶段，得到了赤峰市委宣传部、赤峰市文化新闻出版广电局（现赤峰市文化和旅游局）、赤峰市发展和改革委员会、赤峰市财政局等有关部门的大力支持，有关领导对"赤峰记忆"的宗旨、目标、摄制思路以及人物遴选原则都给予了很好的指导，使"赤峰记忆"立项之初就对标"世界记忆"与"中国记忆"，视野开阔，立意高远。立项之后，有关部门在项目资金方面给予很大的支持。

为使项目尽快推进，"赤峰记忆"项目采取与文化企业合作的方式，赤峰市图书馆发挥地方文献和人物遴选方面的优势，合作企业发挥技术优势，于2016年年初完成了第一期的招标工作，确定由北京碧虚文化有限公司承担项目的摄制工作，正式拉开"赤峰记忆"项目建设的序幕。为使"赤峰记忆"项目能够全面、切实反映和记录赤峰市多姿多彩的历史文化风采，建立了由赤峰市文化新闻出版广电局（现赤峰市文化和旅游局）领导担任顾问，赤峰市图书馆与合作公司人员担任制片、导演、监制、摄影、字幕、场务等职务的领导、生产组织体系；制定了《"赤峰记忆"人物遴选标准》和遴选程序，并由赤峰市文化新闻出版广电局（现赤峰市文化和旅游局）向各区（县、旗）文旅系统主管部门下发通知，开展"赤峰记忆"项目推进工作。

为取得良好的传播效果，项目组制定了详细的传播策略。在拍摄过程中通过各种新媒体进行宣传推广，提前预热，吸引人们观看，还剪辑精彩花絮进行传播推广。为适应不同媒体，取得良好传播效果，制作了演播室访谈片、演播室访谈精粹片、文化专题片等形式多样、时长不等的作品，并通过会议、展览、报刊、电视台、网站、即时通信软件和短视频平台等多种媒介渠道对"赤峰记忆"项目进行宣传推广。专门开设了"赤峰记忆"网站，读者可以通过该网站观看视频。2017年9月，赤峰市图书馆举办"赤峰记忆"发布仪式，向社会公众推广第一期文化专题的成果，引起很大反响。2021年春节期间，"赤峰记忆"第三期非物质文化遗产专题在赤峰市广播电视台播出，在社会上引发了新一轮有关"赤峰记忆"的讨论和追捧。

截至2022年4月，"赤峰记忆"已陆续完成了六期的摄制工作，分别是第一期"文化专题"，第二期"乌兰牧骑专题"，第三期"非物质文化遗产专题"，第四期"杰出女性专题"，第五期"图书馆专题"，第六期"文化旅游专题"，共对相关领域90多位人物进行了访谈，制作了320多集5700多分钟的视频资源。此外，还拍摄制作了"烽火草原鲁艺人""清格尔泰"两个特别专题，以纪念在赤峰昭乌达草原创办的冀察热辽联合大学鲁迅艺术文学院和赤峰知名人士、我国著名语言学家、蒙古语言研究开拓者和奠基人清格尔泰先生。

随着"赤峰记忆"各专题的陆续制作完成和发布，有不少朋友建议推出"赤峰记忆"的相关书籍，以便随时品读。在赤峰市文化新闻出版广电局（现赤峰市文化和旅游局）的领导下，2021年10月，赤峰市图书馆与北京碧虚文化有限公司合作启动了"赤峰记忆"图书的编写工作。

《赤峰记忆》是在"赤峰记忆"项目的基础上进行的二度创作，力求全面、具体、系统地保存赤峰地区各领域发展变迁情况。本次出版的《赤峰记忆》共包括6卷，分别为：第一卷"文化专题"，第二卷"乌兰牧骑专题"，第三卷"非物质文化遗产专题"，第四卷"杰出女性专题"，第五卷"图书馆专题"和第六卷"文化旅游、烽火草原鲁艺人、清格尔泰专题"。

本书为《赤峰记忆》第五卷"图书馆专题"，收录整理了"赤峰记忆"项目第五期图书馆专题21位人物的访谈内容。这21位人物分别是赤峰市文化和旅游局副局长吴立新，赤峰诗词学会名誉会长予舒，赤峰市文化和旅游局公共服务科科长薛瑞，赤峰市图书馆原馆长宝音，赤峰市图书馆馆长刘淑华，赤峰市图书馆外借部原主任张淑珍，赤峰市图书馆原期刊阅览室主任斯琴，赤峰市图书馆原期刊阅览室主任郑文超，赤峰市图书馆原文史办公室主任李灵芝，赤峰市图书馆副馆长鞠红耘，赤峰市图书馆原党支部书记张家谋、赤峰市图书馆原副馆长张海云，赤峰市图书馆副馆长乌云高娃，赤峰市图书馆党支部原书记李成林，赤峰市图书馆馆长助理兼少儿部主任周明璇，赤峰市图书馆阅览部主任李卫东，赤峰市图书馆馆长助理兼技术部主任祁鹏莉，赤峰市图书馆办公室主任兼党支部副书记罗显伟，赤峰市图书馆民地文献部主任白嘎力，赤峰市图书馆特藏部主任刘昊，赤峰市图书馆外借部主任陈玉玉。

本书所配图片，除了"赤峰记忆"项目组拍摄所得之外，还由各位被采访者提供。本书尽可能将每幅图片的摄影者一一注明，但由于时间久长，来源各异，不少图片的提供者亦不能说明每幅图片的摄影者，因此本书未能将一些图片的摄影者一一注明，特此说明。

《赤峰记忆》的出版，是"赤峰记忆"项目二次创作的成果。希望本书的出版，能够帮助广大读者了解赤峰历史，讲好赤峰故事，弘扬北疆文化，坚定文化自信，铸牢中华民族共同体意识。

刘淑华

2023 年 12 月 1 日

吴立新

文化育人铸特色

采访时间：2020 年 7 月 1 日
初稿时间：2022 年 5 月 24 日
定稿时间：2022 年 6 月 24 日
采访地点：赤峰市图书馆"赤峰记忆"拍摄现场
版　　本：文字版

吴立新速写

吴立新　1969 年 8 月出生，1988 年 9 月参加工作，1991 年 10 月加入中国共产党，研究生学历。赤峰空军部队团政委转业，现任赤峰市文化和旅游局党组成员、副局长。

刘锦山：各位朋友，大家好！今天是 2020 年 7 月 1 日，这里是赤峰市图书馆"赤峰记忆"第五期"图书馆专题"拍摄现场。今天我们邀请到的嘉宾是赤峰市文化和旅游局副局长吴立新。吴局长，您好。

吴立新：您好。

图1 吴立新（左）接受"赤峰记忆"采访

一、不变的图书馆情怀

刘锦山：非常高兴您能接受我们的采访。吴局长，首先请您向大家谈谈您的个人情况和工作经历。

吴立新：我1992年军校毕业后就来到了我们赤峰玉龙机场工作，2011年转业到地方，2013年广电局和文化局合并，就此和图书馆结缘。2019年分管公共服务，主要负责二级单位，也就是咱们赤峰市图书馆。和图书馆结缘我很幸运，真的。为什么这么说呢？大家都知道，书籍是人类进步的阶梯。我原来也常讲，书对于人来说，饥读之可当肉，寒读之可当裘，孤寂而读之可当友朋，幽愤而读之可当金石琴瑟。而我们图书馆又是藏书之地、供书之地、阅书之地，所以说图书馆对人的作用，可想而知更大了。

我们经常把图书馆比喻成开放的大学，图书馆代表一个城市的品位，图书馆的好坏直接反映这个城市文化的品位高低。我感觉这有很大的关联性。我们经常说，这几年在刘淑华馆长带领下，咱们的图书馆，确实发生了翻天覆地的变化。我经常给他们套用《陋室铭》的一句话，一个馆不在大小，有个好馆长就中，不在藏书多少，有一批好馆员就行。这里是啥？是浪漫之地、高雅之地、书香之地。我与图书馆相伴，真的是我的荣幸。无论体制怎么变化、无论时代怎么变迁，我和图书馆的情怀，始终不会变。

二、新阶段迎来新发展

刘锦山：吴局长，您刚才谈了您对图书馆的理解，对书籍的理解，我觉得谈得非常好。有您这样的好领导，图书馆才能发展得更好。我们知道最近这十来年，咱们国家社会发展都非常快，公共文化事业、图书馆事业，也发展得非常快，国家也出台了一些政策，我们图书馆迎来了最好的发展机遇。所以我想请您就这方面的情况，谈谈您的一些思考和想法。

吴立新：近几年图书馆确实是迎来了一个最佳或者说最好的发展时机或者发展机遇。第一，《公共图书馆法》的颁布和实施，为图书馆提供了有力的支撑和保障，强化了我们政府的职能和职责，明确了图书馆的发展方向和重点任务，尤其明确了图书馆的重要地位和作用。我感觉这些东西对于图书馆的发展是非常重要的。它也对图书馆服务效能提高、经费保障、运营模式等问题做了规定，非常细。《公共图书馆法》的颁布与实施给图书馆的发展，指明了发展的方向，提供了保障，使我们有法可依。现在大家都提倡增强法律意识，我感觉《公共图书馆法》的颁布，确实很好，也很及时，这正是我们期盼已久的。

第二，文旅融合大背景为图书馆的发展提供了更好的机遇。一方面，小书吧、小阅读空间，包括我们最基层的分馆，进入景区中，成为景点的一部分，提高了旅游的文化内涵和品质。另一方面，我们图书馆本身就是一个旅游景点，就在规划的旅游路线上，所以说为旅游拓展了空间和布局。在文旅融合大背景下，我们图书馆又有了很好的发展机遇和空间。这方面我们还要继续探讨，包括和"鸿雁悦读"一起，你阅读我买单，和草原书屋、新华书店一起，创新我们的阅读空间、阅读模式，真正把全民阅读活动开展好，真正发挥好我们图书馆的服务效能。在文旅融合大背景下，这些问题都值得我们认真思考，同时也给我们提供了很好的契机。

第三，市委、市政府近几年对公共服务事业建设非常重视，尤其新图书馆建设这块，给了我们有力的保障。在财力这么紧张的情况下，拿出专门的经费，要给我们建立新馆，现在正在启动。我们正迎来一个重要的、很好的发展时机。这几年市委、市政府注重加大公共服务设施的投入力度，同时促成公共服务的标准化和均等化的实现，这块我感觉市委、市政府做了大量的工作。我开玩笑说新馆是什么，我们市长亲自选址，市委书记亲自给我们定体量，市里的一、二把手都参与了我们新馆的建设，足以证明我们赤峰市委、市政府的领导对我们图书馆发展的重视。在这样的大背景下，在领导这么重视的情况下，我们没理由不做好工作。这也是落实2019年7月15日，习近平总书记来我们赤峰调研时"要把少数民族优秀的传统文化发展好"的指示。我们图书馆为落实习近平总书记的指示，开展了赤峰历史文化资料搜集整理工作。我感觉我们今天的这个"赤峰记忆"，其实也就是我们搜集历史文化资料的一部分，"赤峰记忆"会成为赤峰以后的一个品牌。做这件事情，非常有意义。

刘锦山：吴局长，您刚才谈了咱们公共文化事业，从国家到咱们各级政府，包括主管部门、市里面的领导，对这项事业的重视程度。您也谈了在文旅融合这样的大背景下，图书馆应该怎么样去发展得更好。我觉得您谈得非常好，赤峰市图书馆事业迎来了历史上最好的发展契机和机遇，我相信在赤峰市委、市政府，在赤峰市文化和旅游局的领导下，赤峰市图书馆的事业一定会发展得越来越好。谢谢您接受我们的采访。

吴立新：好的。

予舒

行稳致远久为功

采访时间：2020 年 6 月 28 日
初稿时间：2022 年 5 月 24 日
定稿时间：2023 年 12 月 1 日
采访地点：赤峰市图书馆"赤峰记忆"拍摄现场
版本：文字版

予舒速写

  予舒 蒙古族，字可达、长安。1938 年 12 月 11 日出生，原籍辽宁省阜新县新民乡卡拉房子村。

  1947—1958 年，在新民乡阜新蒙古族自治县读小学、中学。1953 年 3 月 18 日入团，1956 年 6 月 15 日入党。1958 年 9 月被保送到内蒙古大学历史哲学系，历任学生会宣传部部长、俄文科代表。1963 年 9 月大学毕业后被分配到昭乌达盟林东师范学校，任校团委书记，教政治、历史、体育课程。1965 年调到昭乌达盟文教处任团支部书记，管民族教育。1966 年 2 月调昭乌达报社蒙古文编辑部从事新闻稿翻译。1969 年 10 月进昭乌达盟"五七"干校，下放到赤峰县当铺地公社，任秘书。1972 年 8 月调回昭乌达报社任编辑部副主任、政文组组长。1979 年 10 月调进内蒙古广播电台，任驻赤峰市记者站站长。1986 年 4 月调回赤峰市，任赤峰市文化局副局长、中国辽金史学会赤峰分会副会长、中国北方民族史研究所特约研究员、赤峰市文物组鉴定组组长。1991年9月调进赤峰市广播电视局任副局长、广播电视总编委员会副总编辑、赤峰广播电视报总编辑，职称评为主任记者。其小传编入1994年出版的《中国当代著名编辑记者传集》。

从事新闻工作30多年来，先后在省地级新闻单位任编辑部主任、驻专区记者站站长等职。编发稿件上千万字，撰写稿件上百万字。在新华社、《人民日报》、中央人民广播电台、《经济日报》、《光明日报》、《中国教育报》、《工人日报》、《中国农民报》、《辽宁日报》、《内蒙古日报》等10多家省级以上报纸、电台，以及多家地方报纸和《实践》《中国妇女》《五月风》等10多家全国性杂志上，多次发表过文章。其中，《昭乌达盟北畜南调》一文发表在《中国农民报》1980年10月9日头版头条；《真正的朋友》一文发表在《人民日报》1981年8月8日《国际副刊》头条；《怀念溥杰先生》一文发表在《人民日报》1994年4月10日回忆录版。

采访报道过韩丁、费孝通、萧克、黄火青、溥杰、叶圣陶、胡絜青、方仲伯等知名人士，发表过多篇报告文学、散文、诗歌。著有《韩丁与中国》《予舒文选》等5本书，还有同别人合作的6本书。

同女儿武平合著的电视专题片《草原瑰宝巴林石》荣获首届全国电视纪录片《中华荟萃》评选一等奖。

现任赤峰市诗词学会名誉会长、中国玉文化研究会"红山文化玉器专业委员会"名誉会长、赤峰中老年健康教育协会常务副会长、赤峰市赤都书画院顾问等职。

1968年被评为市直先进共产党员。1998年始连续6年被评为市直"五老标兵"。1998年荣获中宣部颁发的新闻从业30年荣誉证书和奖章。2013年被《赤峰画报》评为"30年影响赤峰的30人"，并举办了事迹展览。2015年荣获赤峰市委、市政府颁发的关心下一代奖章。1998年退休后，任赤峰诗词学会会长兼总编辑至2012年。

刘锦山：各位朋友，大家好！今天是 2020 年 6 月 28 日，这里是赤峰市图书馆"赤峰记忆"第五期"图书馆专题"的拍摄现场。今天我们邀请到的嘉宾是原赤峰市文化局副局长予舒老师。予老师您好，非常高兴您能接受我们的采访。

予舒：您好。

一、赤峰图书馆事业过往

刘锦山：首先请您向大家介绍一下您的个人情况和工作经历。

予舒：我已经 83 岁了，我是正处级调研员退休的。我首先代表赤峰市文化战线的老同志，欢迎刘博士一行到赤峰来讲赤峰市文化、图书馆记忆这些事。赤

图1 予舒（左）接受"赤峰记忆"采访

峰市历史悠久，文化积淀很丰厚，民族众多。你们来做这件事儿，是一种对赤峰市文化自信增光添彩的活动，一定会受到老百姓的欢迎。

我的经历简单说一下，我是1986年4月来到赤峰市，在赤峰市文化局任副局长。当时我分管的有"三馆两店一厂一公司"。"三馆"就是博物馆、群众文化馆、图书馆；"两店"就是赤峰市新华书店、赤峰市文物店；"一厂"就是赤峰市印刷厂；"一公司"就是赤峰市电影公司。我在岗时，因为我是学历史哲学的，又对历史文物感兴趣，于是重点管了赤峰市的文物，对赤峰市文物了解比较多，与国家文物局、内蒙古文化厅、各地文物部门，还有专家、学者联系都比较多。另外有个印刷厂，我分管之后重点抓这个厂子，后来这个厂子成了文化系统的模范单位，成了全市的盈利单位。那个厂长后来又调到内蒙古自治区印刷厂当领导。

说实话，我当时对图书馆没太管。主要原因一个是自己不懂，另一个是图书馆当时规模很小。藏书倒不少，可能有16万册。赤峰市红山区图书馆、赤峰师范学院图书馆，这两家书比较多。红山区图书馆藏书可能有18万册。再一个就是人少，只有十几个人。我当时去找过几本书，《山海经》《太平御览》《阅微草堂笔记》，结果都没找到，专业人员特别少。

之后就是他们开会，搞个什么活动请我去讲几句。当时组织过一个群众性的图书阅览活动，很多都是学生，有五六十人，让我讲，我也不专业，我就鼓励他们怎么好好干，怎么学习，我就说一个人要想有所作为，就应该张开嘴巴和耳朵，袒胸露背，光着脚丫扑向社会，走过荒芜的不毛之地，最后达到理想的绿洲。讲了之后还挺受欢迎。所以后来他们开会，我就去讲一讲。

刘锦山：这是哪一年的事儿？

予舒：这是1987年左右。当时给我的感觉，图书馆业务就是收藏、整理、借阅、提供场地这么几个事儿。图书馆的上下活动和横向与各盟市的活动很少，这是当时的一个情况。所以这个单位我去得不太多。记得当时有个书记叫彭彦博，他原先是印刷厂的厂长。还有一个副馆长叫周纯，比我大，他是昭乌达蒙古族师范专科学校副高级职称。他懂一点儿，别的人都不懂。后来有个叫宝音的去当馆长，这个小伙子我还挺相中的，他愿意想事、干事。那阵儿我可能已经是退了，或是调到别的单位了，所以那一段情况我只知道形势好转了，但是具体情况知道的不太多。宝音当时抓得不错，威望也挺高，干了很多事，横向的各盟市的联系工作，他也干了不少。当时图书馆是这么个情况。

二、文化事业发展之思路

刘锦山：予局长，您当时还分管文物，文物方面的情况您也给大家介绍一下。

予舒：文物方面我就比较熟悉了。全市当时是10家博物馆，有6800个遗址点，在全内蒙古占二分之一，是国家的文物大市。当时我领着文物干部冯雷到北京国家文物局，到建设部，申请赤峰为文物大市，后来也批了。赤峰市文物工作人员比较多，历史实证资料比较多，文物也比较多。当时国家级的遗址点就有十几个，现在就更多了。

我现在的体会就是，第一我不懂图书馆业务，所以领导得不好。第二图书馆的领导缺少专业干部。当时图书馆专业人才好像有那么一两个，也发挥不了太大作用。有个叫丛禹的年轻人给我留下了很好的印象，他写了一本《辽金史研究论著索引》。这本书很好，当时辽史专家、契丹史专家陈述先生给的评价是"便利检索、有益学林"，评价很高，那是国家的泰斗级人物。它的内容主要就是研究契丹辽金的论著目录索引。赤峰市研究契丹辽金文物的人很多，说实在的有些年轻人还是不错的，所以丛禹当时给我的印象很好。我寻思这个年轻人可以好好培养，让他搞专业。这是第一个印象，专业人员少。当时可能有两个是学图书馆专业的大学生，但是发挥不了作用。关键在领导，领导必须专业。因为图书馆工作就是专业工作，得懂这个。另外我昨天也讲了，必须是想干事、能干事、干成事的人。现在这个刘淑华馆长特别好，社会声誉也很高。到这里看书的有些过去的老同志，了解的人对她都很赞扬。刘馆长来到赤峰市图书馆工作后，这里真是发生了翻天覆地的变化，在自治区内外影响都很好。所以像图书馆这样的阵地，应该有专业的领导，而且专业领导必须有德。她是真想干事，真正能干事，而且把事干成了。刘馆长扩大收藏、场地，跟各地加强联系，这个很有成果。这是第二个感受，就是领导要专业。

　　第三个感受是应该在学术氛围上再提高。搞学术的人、搞研究的人都可以来找图书，这个非常好。收藏领域更应该扩大一点。现在都是过去的东西多。像赤峰市松山区有一个风清园，主要讲的是廉政建设、道德这些，但都是孔子、孟子、老子、墨子这些人，现代的基本上没有。赤峰市文化发达，作家很多。像老作家张向午出了10本书了。另外一个叫王震宇的，也是一个很出名的作家，他现在在文化部工作。他研究酒文化非常有成绩。那一年在上海召开了一次关于酒的会议，联合国来的人，当时是王震宇讲话，他的作品很多。还有张阿泉、李俊义。李俊义是个年轻学者，他写当地的历史文化的书特别多。这些书都应该被收藏。有一个书法家叫白续智，他现在已经成为国际名人了，2009年被国务院亚太经济发展研究中心评为国宾礼特供艺术家。他本人就出了很多书。这样的收藏可以大大丰富赤峰市图书馆，另外影响也比较大。现在刘馆长想做事，要是不想做事的人根本不考虑这些。

三、红山玉龙发现始末

　　刘锦山：您再给大家介绍一下，当时玉龙发现以后，怎么样上交到中国历史博物馆的？

　　予舒：玉龙是翁牛特旗三星他拉村一个叫张凤祥的人发现的，这个人现在还在。2017年还是哪年，国家文物局副局长张柏，中国玉文化研究会的会长侯彦成，还有中纪委常委监察部原副部长屈万祥，到翁牛特旗现场见了那个人，那时候是我陪着去的。

　　玉龙在被发现的时候，张凤祥没把它当成文物，就给了他弟弟。他弟弟拴根绳就在街上整天拉着跑，时间长了就磨出来了，磨出来发现很光。后来跟旗文物部门联系，翁牛特旗文物部门可能给了他一些钱买下来，拿着这个上北京鉴定，鉴定之后成为了国家一级文物。当时说因为这个玉龙，中华民族的历史提前了一千年。那时牛河梁文化遗址被发现了[①]，辽宁宣传得比较早。当时的辽宁省文化厅副厅长叫郭大顺，他也懂文物，所以辽宁发掘、整理得比较好，后来就是宣传牛河梁文化遗址的文物。玉龙当时的宣传影响不大。

玉龙成为国家一级文物之后，国家就要调走。当时有个规定，哪里出土的就在哪里，上级不能随便调，调必须有国务院和中央军委的介绍信。有一天我正在忙的时候，进来三个人，其中有一个记者在录像。我说这不能随便拿走，国家有规定，拿走的话，必须有国务院和中央军委的介绍信。后来他们拿出来了，我一看是真的，就给他们了。给他们之后，我提出一个条件，给复制两个，他们答应了。那个玉龙当时在送走之前，我都拿着照了相。

刘锦山：这是哪一年的事呢？

予舒：这可能是 1987 年。

刘锦山：玉龙是哪一年发现的？

予舒：玉龙是 20 世纪 70 年代发现的，成为国宝之后，还印成邮票，在《人民画报》上登出来，在国内外影响很大，所以被调到北京去了。[②]

刘锦山：予局长，您在主管文物工作的过程中，还有一些什么样的重要事情？您给再回忆回忆。

予舒：梁思永先生是梁启超的第二个儿子。他毕业于哈佛大学考古系，毕业之后就来赤峰考察文物。当时他去的林西，天气很冷，他可能待了一个月，受不了又回去了。这期间，赤峰师范学校有个老师叫佟柱臣，这个老师根据日本人在

[①] 牛河梁遗址位于辽宁省西部朝阳市，与内蒙古赤峰市接壤，两地同属红山文化地区。牛河梁遗址于 1981 年发现，1983 年开始发掘。赤峰红山玉龙则发现于 1971 年，但直到在牛河梁遗址发现玉猪龙的消息传开后，才得到相关人员重视，将之带去北京请苏秉琦鉴定，最终被确认为国家一级文物，现藏于中国国家博物馆。
[②] 1986 年，《人民画报》登载了赤峰红山玉龙的图片，引起巨大轰动。1989 年 6 月，为迎接新中国成立四十周年的到来，红山玉龙被调往北京参加展出，随后入藏中国历史博物馆（现中国国家博物馆）。

那儿发掘的情况，又到那块考察，写了一篇关于红山文化的文章。梁思永先生就记住这个事了，这是很重要的事。后来有个叫尹达的考古学家，他写《新石器时代》的时候，梁思永建议他把红山文化放进去，尹达就专门把红山文化放进去。这样赤峰就成为了一个重要的文化发源地。

四、耄耋之年仍笔耕不辍

刘锦山：予局长，请您谈谈您退休后的生活。

予舒：我退休之后办了个赤峰诗词学会，在那儿当会长，一直到 2012 年，退下来了。现在也是诗词学会的顾问，这是退休之后干的时间比较长的。另外还有一个中国玉文化研究会，赤峰红山文化玉器研究会的顾问。

刘锦山：予局长，最后请您给大家介绍一下您的创作情况，您也出了文集，写了不少诗歌。您把这方面的情况给大家简单介绍一下。

予舒：我当时学的是历史哲学，毕业的时候改成历史系。在学校的时候就写过一些文章，第一个写了《论伟大的马克思主义者斯大林》，第二个写了《论成吉思汗在十二三世纪统一蒙古各部中的杰出作用》，这两篇文章影响比较大。当时内蒙古党委宣传部部长胡昭衡，把第一篇的提纲送到陆定一那儿去，陆定一是中央宣传部部长，胡部长说这是我们学生写的论文。这件事儿是我们系办公室薛秘书告诉我的。

刘锦山：您当时在哪个学校念书呢？

予舒：内蒙古大学。后来教改的时候，搞了一个内蒙古现代革命史研究，也把我找去了，内蒙古现代史上面的作者里面也有我。还有一个《呼和浩特史话》，那个时候也是让我去搞一段。这是在历史学术方面搞的一些活动。另外还搞了一个《赤峰之最》，算是把赤峰有名的东西，属于最先最好的都收进去了。

刘锦山：您现在创作了多少诗词？

予舒：书有十三四本吧。

刘锦山：还记不记得大概有多少首诗歌？

予舒：我写作有几百万字，诗也起码是上千首吧。我昨天跟你说的，现在疫情很严重，就让在家待着。我就琢磨一首，"宅家休憩脑未闲"，休憩就是休息那个"憩"字；"万籁萦怀已半年"，啥都想，这已经半年多了；"战疫联防尤严峻"，这个形势仍然很严峻；"如思进展何以堪"，这让中国人、全世界人，人类怎么办呀？然后是"病毒围剿谋思路"，就是怎么消灭它，找思路，想办法；"命运共同品甘甜"，这个人类命运共同体是习近平主席提的，这是一个很好的事儿；然后是"世卫擎旗全球吼"，全世界都要求怎么办怎么办，世卫还是举着旗；"人民至上秉空前"，人民至上是习近平主席提出来的，这种说法、这种坚持尤为难能可贵。经常有事没事写点。

刘锦山：您这首诗写得非常好！把抗击疫情的一些情况、思路，总结得非常好，非常到位。好，予局长，谢谢您接受我们的采访。

薛瑞

擎旗奋进绘新卷

采访时间：2020 年 6 月 29 日
初稿时间：2022 年 5 月 25 日
定稿时间：2023 年 7 月 20 日
采访地点：赤峰市图书馆"赤峰记忆"拍摄现场
版　　本：文字版

薛瑞速写

  薛瑞　1982 年毕业于昭乌达盟财贸学校商业会计专业。毕业后被分配到文化局工作，先后从事过会计、审计、秘书、党务等工作，现任赤峰市文化和旅游局公共服务科科长。

  刘锦山：各位朋友，大家好！今天是 2020 年 6 月 29 日，这里是赤峰市图书馆"赤峰记忆"第五期"图书馆专题"拍摄现场。今天我们邀请到的嘉宾是赤峰市文化和旅游局公共服务科薛瑞科长。薛科长，您好。

  薛瑞：刘总好。

图1 薛瑞（左）接受"赤峰记忆"采访

一、资深文化管理工作者

刘锦山：非常高兴您能接受我们的采访，首先请您给大家谈谈您个人的情况和工作经历。

薛瑞：应该说，我也算是一个老资格的文化管理工作者。自1982年从昭乌达盟财贸学校（后来改为赤峰财经学校）的商业会计专业毕业后，就分配到文化部门工作。一开始叫昭乌达盟文化局。后来1983年盟改市了，叫赤峰市文化局。后来进行过几次机构改革，叫赤峰市文化广播电影电视局，后来叫赤峰市文化新闻出版广电局，后来又经历了一次改革，和旅游局合并叫赤峰市文化和旅游局。

先后从事过会计、审计、秘书、党务等工作。2002年4月任社会文化科科长；2019年10月任艺术科科长，但是仍然还从事公共文化的管理工作；现在是公共服务科和非遗科的负责人。就是这么一个过程。

二、奋进的赤峰公共图书馆

刘锦山：薛科长，您在文化局和文化系统工作很多年了，您一毕业就分配到文化系统。下面请您谈谈您在担任公共服务科科长期间，最近这10多年，赤峰地区公共图书馆事业，尤其是赤峰市图书馆的发展历史，还有总体情况。

薛瑞：好的。我刚才说了，我2002年任社会文化科科长，到今年整整18年。应该说这18年，是我们赤峰市公共图书馆事业发展最快、最好的时期。从"十五"期间，我市就有一批公共图书馆，县级公共图书馆列入国家计划，像阿鲁科尔沁旗图书馆、元宝山区图书馆等一批图书馆都在这个时期得以新建，改善了基础设施条件。之后又有一批图书馆得以建成，像巴林右旗、巴林左旗、林西县、翁牛特旗、喀喇沁旗、红山区，还有红山区民族少儿图书馆，这些都得以建成。还有宁城县图书馆和松山区图书馆，也即将建成交付使用。这些图书馆的建成，很大程度上，改变了我们图书馆事业基础薄弱这个状况。

我们赤峰市图书馆2012年搬入文博中心，从很大程度上改变了基础设施薄弱这个状况，完善和增强了新城区的城市功能。一个城市不但要供水、供电，还需要文化设施，这样城市才能完整；要有学校，要有医院，要有文化设施，这个城市的骨架才能齐全。我们赤峰市图书馆增强了新城区这个片区的城市功能。

今年，我们赤峰市图书馆新馆项目又列入了市政府的工作计划，2020年市政府的第八次常务会议就决定在我们的松北新城这块儿新建赤峰市图书馆新馆。这个项目占地是65亩，计划建筑面积是50000平方米，总投资预计7亿元。这将极大地改善我们赤峰市图书馆的基础设施条件，改善它的办馆条件。现在这个项目正在进行前期准备工作，预计3年可能就要建成投入使用。

目前我们全市、县两级图书馆总共14家，从业人员有170多人，总藏书量达到180多万册，书架单层总长度达到3万多米，资产是4000多万元，建筑面积是3万多平方米，较好地发挥了这个功能和作用，对赤峰市倡导全民读书、建设阅读社会，发挥了很好的作用。这是全市图书馆的现状，总的状况。

三、充分发挥政府主导作用

刘锦山：薛科长，最近这10余年，我们国家公共文化领域发生了很大的变化，像国家推进公共文化服务体系的建设，图书馆、文化馆总分馆服务体系的推进，还有理事会法人治理结构的推进，以及像图书馆前几年做的第六次全国县级以上公共图书馆评估定级工作。这些工作对公共图书馆的发展都产生了比较大的影响。我下面想请您给大家谈一谈，赤峰市文化和旅游局公共服务科在领导图书馆推进上述这几个工作方面的一些情况。

薛瑞：近年来，我们赤峰市市、县两级政府文化主管部门认真贯彻落实《中华人民共和国公共文化服务保障法》，还有中共中央办公厅、国务院办公厅《关于加快构建现代公共文化服务体系的意见》，和内蒙古自治区党委办公厅、政府办公厅《关于加快构建现代公共文化服务体系的实施意见》等系列法律文件，不断加大投入，加强公共文化服务设施建设，当然这包括图书馆在内，一批公共文化设施得以建成和正在建设。"十二五"期间，这时候我们全市统计一下，就是全市投入13个亿，来加强公共文化设施建设，其中图书馆的项目达到四分之一，也是很可观的数字。这是设施建设这一块。

然后从工作推动这一块。2014年的10月16日，赤峰市第六届人大常委会第十二次会议专门听取和审议了赤峰市人民政府《关于全市公共文化服务体系建设情况的报告》，当时是梁淑琴副市长在会上做了这个报告。对这次会议做出的审议意见，市政府还有文化部门认真落实，不断地加强公共文化设施建设，对我们公共文化设施建设，包括图书馆建设，也是极大的推动。

在第六次全国县级以上公共图书馆评估定级工作当中，我们局这块对这次评估工作也是高度重视、稳妥实施，以评促建、以评促管、以评促用。从2016年9月开始，我局责成赤峰市图书馆要抓好这一次评估的筹备工作，图书馆与北京

图2 2016年9月25日，绩效评估与图书馆建设研讨会在郑州召开（北京碧虚文化有限公司摄影）

雷速科技有限公司在郑州共同举办了绩效评估与图书馆建设研讨会。[①] 我们组织各旗县区的文化局局长、图书馆馆长，我们赤峰市图书馆的业务骨干、各县骨干，到郑州参加了这次会议。会议邀请南开大学信息资源管理系柯平教授等专家做了主题报告。柯平教授是第六次评估专项组的组长，他做了一个《绩效评估与公共图书馆事业发展》的专题讲座。我们赤峰市图书馆又承办了内蒙古自治区图书馆学会举办的我们内蒙古东部盟市、旗县图书馆评估培训班。这次培训班邀请了东北师范大学的陈昊琳教授，她是第六次全国图书馆评估试评估专家组的专家。当时她是讲师，对我们东部盟市、旗县这两级图书馆的馆长和业务骨干进行了评估培训。

[①] 研讨会由赤峰市图书馆和北京雷速科技有限公司主办，于2016年9月25日在郑州召开。教育部长江学者特聘教授、公共图书馆第六次评估标准研制专家组组长、中国图书馆学会学术委员会副主任、南开大学商学院信息管理博士生导师柯平教授，中国图书馆学会阅读与心理健康委员会副主任、河南省图书馆学会副理事长、中原工学院图书馆馆长张怀涛，赤峰市文化新闻出版广电局纪检书记王晓青，赤峰市图书馆馆长刘淑华，北京雷速科技有限公司、北京碧虚文化有限公司董事长刘锦山博士出席会议。来自赤峰市各旗县区文化局局长、副局长和各图书馆馆长参加会议。

等到2017年的3月,我们收到并转发了《内蒙古自治区文化厅关于开展第六次全区县级以上公共图书馆评估定级工作的通知》,提出了具体贯彻意见,对全市的评估工作进行了安排部署。2017年4月,我们又组织全市图书馆的馆长和业务骨干参加了呼和浩特市图书馆举办的评估培训班。[①] 刘淑华馆长先后两次邀请您过来,您作为业内专家,给我们县级图书馆馆长还有业务骨干进行了培训。这一切都为我们顺利开展这一次评估工作提供了有力的保障,提供了队伍条件、业务支撑。

图3 在呼和浩特市召开的绩效评估与图书馆建设研讨会上,赤峰地区公共图书馆代表与柯平(左一)教授探讨交流(北京碧虚文化有限公司摄影)

---

① 即2017年4月15日在呼和浩特市召开的绩效评估与图书馆建设研讨会。会议由中国图书馆学会民族文献阅读推广专业委员会、呼和浩特市图书馆、呼伦贝尔市图书馆、兴安盟图书馆、赤峰市图书馆、锡林郭勒盟图书馆、乌兰察布市图书馆、巴彦淖尔市图书馆、乌海市图书馆、阿拉善盟图书馆、北京雷速科技有限公司、北京碧虚文化有限公司12家单位共同主办。会议邀请了教育部长江学者特聘教授、南开大学商学院信息资源管理系柯平教授,雷速公司与碧虚公司董事长刘锦山围绕第六次公共图书馆评估定级工作相关制度政策和具体评估标准、基层图书馆资源建设等主题展开报告,同时还就相关问题进行了深入探讨。来自内蒙古自治区各盟市和旗县区图书馆近200位代表参加了会议。

7月的时候，我们分管领导吴立新副局长带领我们评估组、专家组的成员，去各旗县区进行了调研指导，同时对平台的数据填报也提供了技术支撑。在这次评估中，我们赤峰市也取得了较好的成绩，我们赤峰市图书馆，还有宁城县图书馆，被评为一级馆；巴林右旗图书馆被评为二级馆；红山区图书馆、克什克腾旗图书馆、翁牛特旗图书馆，这三个馆被评为三级馆。这是评估工作情况。

包括图书馆在内的公共文化机构法人治理结构改革工作，我们还处于前期调研制订方案阶段。经过深入调研，我们制订了《赤峰市深入推进公共文化机构法人治理结构改革工作方案》，这个方案近期将由赤峰市委宣传部召集各有关部门讨论研究，然后上报赤峰市委、市政府，经赤峰市委、市政府同意后就正式实施。预计今年年底要完成这项改革。然后建立以理事会为主要形式的法人治理结构，落实法人自主权，吸纳各个方面的代表、专业人士参与公共文化单位的管理，让广大群众更好地享受到高效的公共文化服务。

四、难忘的先锋典范印象

刘锦山：薛科长，接下来请您谈谈您在文旅局工作期间，这么长时间在推动图书馆相关的文化工作过程中，一些比较难忘的或重要的事情和工作。

薛瑞：有这么两件事吧，现在印象特别深，也深受感动。一个是现任的刘淑华馆长，她是2011年通过社会公开招考、选聘，然后任的赤峰市图书馆馆长。这个事应该说在我们图书馆发展史上是一件大事。刘淑华馆长是北京大学图书馆学专业科班出身，德才兼备。她成为馆长之后，我们图书馆各项工作起色特别大，可以说是风生水起，赤峰市图书馆在自治区图书馆地市馆这一行列，从排名下游一跃成为现在自治区的前列，国内也知名。这里凝聚着她的汗水，凝聚着她的才华和智慧。她本人也先后被评为市级劳模、自治区级劳模，还成为自治区人大代表，还被评为2016年中国图书馆榜样人物，为她骄傲，为她点赞。

2017年9月26日，吴立新副局长，当天早晨不到6点，从遥远的克什克腾旗出发（当时陪着我们赤峰市人社局的领导在下面搞调研），驱车3个多小时，赶回到市区，参加图书馆组织的活动并讲话。这里面饱含着他对图书馆事业的这份炽热情怀，也令人十分感动，至今难忘。

刘锦山：薛科长，谢谢您接受我们采访。

宝音

立德树人担使命

采访时间：2020 年 6 月 28 日
初稿时间：2022 年 5 月 25 日
定稿时间：2024 年 2 月 15 日
采访地点：赤峰市图书馆"赤峰记忆"拍摄现场
版　　本：文字版

宝音速写

  宝音　蒙古族，中共党员，馆员（中级职务）。1980—1992 年担任赤峰市图书馆蒙文部、辅导部等部门的主任。1992 年 6 月—2001 年 8 月任赤峰市图书馆副馆长。2001 年 8 月—2011 年 7 月任赤峰市图书馆馆长。

  1962 年 9 月—1967 年 9 月，在巴林右旗巴彦塔拉苏木诺尔小学就读。1970 年 5 月—1972 年 1 月，在巴林右旗幸福之路中学读书。1972 年 1 月—1973 年 10 月，在辽宁省沈阳市东北工学院机械系读书。1973 年 10 月—1974 年 12 月，在巴林右旗巴彦塔拉苏木团委工作。1974 年 12 月，在赤峰市新华书店工作，主要从事基层调研和图书发行工作。1979 年 1 月—2013 年 7 月，在赤峰市图书馆工作。1979 年 1 月—1992 年 6 月，在赤峰市图书馆从事民地文献和中文文献的征集和分编加工等工作。1992 年 6 月担任副馆长后主要抓业务工作，即市图书馆基础业务的标准化、规范化、科学化管理，全市图书资料系列技术人员的业务知识水平的提高、业务实际工作能力的提升以及市图书馆的馆藏丰富和对外服务的拓展进程工作。

2001年8月起担任图书馆馆长，在抓好市图书馆业务工作"三化"进程的同时，注重推进图书馆业务工作的现代化。2007年8月，市图书馆自筹资金12万元，从天津市图书馆引进深圳市图书馆研发的"图书馆自动化集成系统"（ILAS Ⅱ 2.0版）软件和所需设备，带领四名同志到天津市图书馆学习使用上述系统，对市图书馆现存的馆藏进行数据转换处理工作。从此，市图书馆的业务工作走进现代化。

1987—2010年，担任全市图书资料系列专业技术培训班的课任老师，并担任全市图书资料系列专业技术人员专业职务评定初级、中级评委会成员。1993年和2000年，分别参加市政府中心工作"社教工作"和"三讲工作"。

工作期间获得的荣誉：1991年，参加全区第一届公共图书馆业务竞赛，赤峰代表队获团体第三名；1993年，获评赤峰市人事局颁发的"先进工作者"；1993年，获评内蒙古自治区颁发的"优秀社教队员"；2002年、2006年，被评为"赤峰市文化系统优秀共产党员"；2003年，被赤峰市人民政府记二等功。

刘锦山：各位朋友，大家好！今天是2020年6月28日，这里是赤峰市图书馆"赤峰记忆"第五期"图书馆专题"拍摄现场。今天我们邀请到的嘉宾是赤峰市图书馆原馆长宝音老师。宝音老师，您好。

宝音：您好，大家好。

一、从书店到图书馆

刘锦山：宝音老师，非常高兴您能接受我们的采访。首先请您给大家介绍一下您的个人情况和工作经历。

图1 宝音（左）接受"赤峰记忆"采访

宝音：好的。我叫宝音，我的姓是席剌努惕，1953年7月30日生于赤峰市巴林右旗巴彦塔拉苏木一个普通的牧民家庭。蒙古民族是勤劳、朴实、智慧、勇敢的民族，我是在这样的环境中长大的。我的少年时期正好赶上"文化大革命"。我上中学的时间大概是1970年5月。我小学在村里读，1969年我们共33名学生毕业。我是一个很幸运的人，我们村有四五百户，那时候叫生产大队，我是唯一一个上中学念书的人。1972年我中学毕业了，毕业以后学校直接把我选送到辽宁省沈阳市东北工学院机械系板焊专业学习，是工科。毕业之后，我就走上了工作岗位。

当时有这么个政策，任何一个学生毕业以后，不管你大学、小学，还乡也好，下乡也好，得锻炼两年。那时候有文化的人很少，巴彦塔拉苏木团委缺个干事，就把我招到那去了，就是公社干部了，我也挺高兴。由于"文化大革命"，昭乌达盟多少年没招工了，大学生也没有，非常缺乏有知识的人。当时选民族干部，正好把我选上了。选上以后把我送到新华书店工作去了。那时候就是个图书室，很多的工作就用新华书店来代替了，学习小靳庄办图书室、图书角、图书报廊。我去了以后就到基层做调研工作，然后又做发行工作，还做了营业员。图书馆以外的工作就是这么个经历。在那是四五年。

1975年，盟图书馆要筹备建馆，到我们新华书店买书，和我们接触，原来的老乌①馆长说你就调我们那去吧。我这个人就是不爱做买卖，新华书店又是钱又是物的，我就想学点什么东西，我一看图书馆不错，我得调那去。就这样1979年1月调到图书馆。那时正好筹备建图书馆，同时调去四个人。一个叫马瑞霞，一个叫王爱莲，一个叫大斯琴，一个就是我。

刘锦山：1979年？

宝音：1979年1月，都算起来有六七个人了吧。20世纪80年代就开始进人了。那时没有大学生分配，都是从各机关、各个方面调来的。当时没有学图书馆专业的，全是门外汉，但也得开展工作。

这时候开始筹备建馆，业务人员就需要学知识了，不然开展不了工作。领导很器重我，派我到外面驻馆学习，学图书馆专业。1979年到1982年之间，我去了四个大型馆驻馆学习。其中有辽宁省图书馆，在那将近一个月。然后回来在红山区图书馆，即前赤峰市红山区图书馆，它们是1950年建馆，我在那学习近四个月。然后我又上内蒙古自治区图书馆，学蒙古文图书加工。加起来将近八个月。

二、从业务一线到馆长

刘锦山：宝音老师，您讲驻馆学习有四个馆，刚才讲了辽宁省图书馆、内蒙古自治区图书馆、红山区图书馆，还有个图书馆是？

宝音：我记忆当中还有一个是铁岭地区图书馆，连学习带实习也待了一个月。还有大连市图书馆、锦州市图书馆等，连参观带学习。驻馆学习主要就这四

---

① 乌旭龄。

个地方。这是我在图书馆工作的开始,也激发了我的兴趣。我很热爱这个工作,挺神秘的。我学的主要专业是文献分类、图书分类,蒙古文的和汉文的。分类工作首先是分类,然后加工,这是第一个程序,除了盖章、打号以外,第二个环节就是文献分类。这就是在外面的八个月。

回来就得干活了。那时候还进来了一部分人,但还是没有图书馆专业的。原来博物馆前面有个文物工作站,这些人就在那几间房子里。当时筹备得买书,我估计有一万至四五万册书。这个书你得加工出来,我们就互相学习,先学的告诉后来的,就这么开始手工加工。这是驻馆学习阶段。

1979 年到 1992 年这一阶段,我先后参加了十期短训班,有内蒙古自治区图书馆办的班、国家图书馆办的班、辽宁省图书馆办的班,还有我们自己办的班,一共 2350 多学时。这是我的学习提高阶段,非常难得。领导也挺器重我,哪个学习班都让我去,我也挺高兴。其中,1990 年 12 月,内蒙古自治区文化厅、内蒙古自治区图书馆学会牵头在赤峰市图书馆成立内蒙古东部区图书馆协作委员

图 2　工作中的宝音

图3 1995年9月，内蒙古自治区图书馆学会东部区协作委员会第四次工作会议暨第三次学术研讨会在赤峰市召开（前排左一为宝音）

图4 1997年11月21日，宝音获得内蒙古图书馆学会、内蒙古图书馆学会东部区协作委员会、赤峰市图书馆学会和赤峰市图书馆举办的《文献编目》培训班结业证

宝音：立德树人担使命　　027

图 5　2001 年 6 月 29 日，内蒙古自治区图书馆学会、东部区图书馆协会工作会议及论文研讨会留念（二排右二为宝音）

图 6　2001 年 6 月 22 日，宝音的论文《新世纪图书馆文献资源共享探讨》在内蒙古自治区图书馆学会 2001 年东部区学术研讨会上被评为优秀论文

会。这个委员会成立后举行过很多次业务培训、学术交流活动，我基本上都参加了。这是一个阶段。

　　从1979 年到1993 年，我们文化局、市图书馆也办学习班，我负责讲课。这是我又一个提高的机会。我讲课的内容主要是文献分类、编目、采购，包括著录，还有辅导工作。我做辅导工作以后，这一段办了将近十期班，当了馆长以后我就不参加了。1992年当副馆长后，我就讲课，主要是文献分类，还有辅导工作、图书馆学概论，等等。用两种文字，除了用汉文讲，还得办蒙古文班。因为这是民族地区，不用民族的文字大家听不懂。

图7　1987年11月27日，赤峰市图书馆举办的全区文化系统（赤峰班）行政机关工作人员岗位专业课培训结业典礼留念

图8　1991年9月11日，宝音在赤峰市图书馆（室）图书分编培训班上讲课

我在图书馆做的采编、分类、编目、辅导、阅览等工作，都是图书馆的基本工作。1981年还是1982年开始，到1992年，这十年期间，我一直当各部门的主任，蒙文部主任、辅导部主任，还有阅览部主任。除此之外，我还做很多社会性工作，长达一年零七个月。1987年到1988年，市文化局、人事局又抽调我将近八个月，做职改。职称评定从1987年开始，让我做那个工作。这是担任社会性工作。再就是1992年把我抽调半年，当时叫社会主义教育运动，到巴林右旗巴彦尔灯苏木做社教工作。1997年文化系统抽调我将近三个月，在市直宣传系统开展"三讲"运动。1992年好像是6月，我任图书馆副馆长。从1992年到当上正馆长，都是主管业务。

我最幸运的是1996年参加世界IFLA大会，全称叫第62届国际图联大会。这是中国多年以来首次举办图联大会，也开了眼界，见了很多的外国朋友。那届大会共有97个国家和地区的学术界专家参加。李馆长我们俩（李晓秋，我上任的领导，我是副馆长）参加的会议。这是我一生当中最难忘的一个阶段。

图9　1996年8月，宝音赴北京参加第62届国际图联大会暨展览会

三、从四要素促发展

刘锦山：宝音老师，您什么时候担任的馆长？

宝音：2001年6月我任图书馆馆长，前任馆长调到内蒙古自治区去了。当了一把手责任就重了。图书馆界的人都知道，图书馆工作有四个要素，第一个是人员，第二个是馆舍，第三个是馆藏，第四个是设备。人员必须专业化，这个是很重要的，起引领作用，人员不好使不行。这是我个人理解。知识化、专业化，你得培养专家，没有专家不行。我先把第一个人员问题解决了。2002年以后，一部分自己培养；还有分配来的，比如鞠馆长（鞠红耘），那是武汉大学图书情报专业毕业的；还有自修的一部分人，自学图书馆专业有这么几个人；还有一部分大学生。

人员的知识化和专业化有所提高，但是实际操作能力和理论能力，离达到专业化和专家水平还是很远的。我在前任领导的基础上，继续抓好人员培训工作，人员逐步有点往专业化靠拢了，知识化也有了。在职培训方面，包括全市公共图书馆、专业图书馆。14个公共图书馆加上其他图书馆，一共80多个人。我是2011年退二线的，建馆以来一共举办了二十六期学习班，参加人员一共有3500多人次。这种培训有的是开短训班，有的是办短训班以后练实际操作。还有一部分人，当时很穷，考虑农村上这儿来吃住，对个人来说是一个很大的开支，因为图书馆不可能拿出这么多钱，所以用函授。我上来以后，用函授的形式给他们提供方便，很受欢迎。这是人员培训。

在馆内也做了调整，重点培养一些专业化人才。调配了一些人，这个工作你不抓，人员素质提高是不可能的。目的是啥？迈向21世纪了，你还停顿在那可不行。图书馆要往"三化"上靠近，标准化、规范化，那时候还有科学化。我认为科学化应该叫现代化。我在全市推进"三化"图书馆专业工作的要求。抓人员，还有一个目的，资源共享。标准化以后进来检测都一样了。我当一把手就抓这个工作，这是第一个工作。没有人员不行，人员素质得不到提高也是不行的。

馆舍是一个图书馆服务的窗口，那个年代不说太高级，起码环境得幽雅，关键布局设置必须得合理，为服务提供方便。这是我对馆舍的要求。再好的建筑，布局不合理，出库老远，这边服务的人还得来回跑，这是不行的。在我任一把手时，建馆已经快20年了，什么情况呢？上边漏，下边跑水，墙皮脱落。怎么办？当一把手你得考虑了，这种环境你还开展工作？不说读者，工作人员也不舒服。跑水的时候，我们经常拎着衣服就跑，暖气跑水了就去抢修，这个工作没少干。所以馆舍得改变。

没钱怎么办？想办法。我们前任领导李晓秋，他在任的时候在我们主馆前面盖了一排房子。很有远见，我很欣赏他。他盖的房子有点收入，这是好事。馆内面貌就是刚才我说的这么个状况。怎么办？筹集钱，维修。

刘锦山：维修。对。

宝音：裙房、主楼都做防水，这是一大笔钱。跑水，专业话叫大60暖气片，它过了八个压，十几个压以后就崩了，非常危险，包括在书库也有。当时盖的时候是气暖，北方就不适应，后来把气暖就改成水暖了。包括书库也用水暖，经常跑水。我筹集了80万元左右，就开始维修，把漏的地方都补了，都重新做，暖气也换了。这里面又有个幸运事，市建委搞亮美工程，把图书馆外面给粉刷了，窗户也给换了。那时候窗户是个残品，不是空心铁窗户，是死的，漏风。我就开始从一楼装，地面也装，上面也装，墙皮也装，花了80多万元。别人在外边看着也不错了，就这种条件。

刘锦山：您这80多万元是怎么筹出来的？

宝音：从裙房收租，一年一年攒点钱都补到这里面了。

刘锦山：就是出租房子。

宝音：租金。我认为盟市级馆藏书必须得有本地区的特色。为什么这么说呢？全国的东西国家图书馆藏着，用不着你藏，你必须得把赤峰地区的文献藏好了。比如民族文献，民族文献是馆里的镇馆之宝。你没有自己的东西不行啊，这是第一个，要放在第一位的。第二个，一定要有普及性，因为我们馆是公共图书馆，不是专业图书馆，买的书要科普化、大众化。这是我理解的，要正确处理馆藏和利用的矛盾，这是必须解决的问题。你是一个地级市级馆，你的馆藏不服务不行，你得把图书馆利用起来，把馆藏借出去，让大家利用。这个非常重要，很多馆没弄明白这个事，藏了半天利用率不高。所以我认为办馆的指导思想是，科普化、特色化、大众化。

我进了图书馆以后，民族文献、地方文献始终是我的中心工作和我担当的责任。因为我懂两种语言，很热爱民族文献，这也是本性。民族文献很重要，汉文文献也很重要，但是民族地区得重点藏民族文献。我是1982年开始关注《赤峰日报》——过去叫《昭乌达报》，汉文版1956年10月1日开始创刊，1957年8月10日有蒙古文版——我把从20世纪50年代到80年代将近30年的这两套报纸完完整整地拿到图书馆藏起来。这个工作我现在想起来还非常激动。

刘锦山：很完整，很齐全。

宝音：我为了赤峰市图书馆事业，尽了一份我应尽的责任。值得一提的是设备，一说设备我就很寒心，我们当时图书加工靠手工。2001年以前，基本上是手工化。用钢板、蜡纸、油墨，板刷子是胶皮做的，刻完以后剪开，弄上墨再刷，后来那滚子不好使，还是我们自己做的。加工这个设备就是这么简单。后来发展了，有打字了，打完字，那个软纸剪开以后，也是这种刷法。当时设备是这样。盟市馆开始自动化的时候，我记得鄂尔多斯市图书馆可能早一点。自治区馆好像当时没有。

2007年，我开窍了，必须得进现代化设备，实现自动化。我带领鞠馆长、采编部主任乌云高娃，还有两个年轻人叫周岚、乌兰，一共四个人，开着车，到天津市图书馆，就是文化部指定的图书馆现代化设备销售方。这个是深圳市图书馆研究的ILAS二代2.0版。华北地区天津市图书馆负责培训，还有销售。那时候也有别的软件，尤其是专业图书馆。我得往文化部靠拢。花了十几万元，这些钱还是我自筹的。我开着车领着人，在那儿学习了将近半个月，学得差不多了。一个软件就6万元，那时候是不敢想象的。我把它买回来以后，开始组织做书目数据化，这在图书馆的历史上那是具有开创性的，值得纪念的。

刘锦山：对，信息化、自动化。

宝音：自动化了，开始做数据。我快退了，ILAS软件开始运作了，非常高兴。很多人说，有 ILAS 软件了，采编工作和服务工作实行现代化了。

关于我个人的成长，我还想再说一下获奖情况。我获得一个自治区级奖励。因为我下乡社教工作做得挺好，把我推荐为自治区优秀队员，叫社教优秀队员。这是当时组织部、人事厅，还有社教领导小组，给我颁发的一个自治区奖励。不管是不是图书馆工作都是革命工作。我还获得一个市政府颁发的二等功奖，人事厅颁发的优秀工作者。文化系统优秀党员获得两次到三次。这是我的获奖情况。

图 10　1993 年，宝音被评为内蒙古自治区优秀社教工作队员

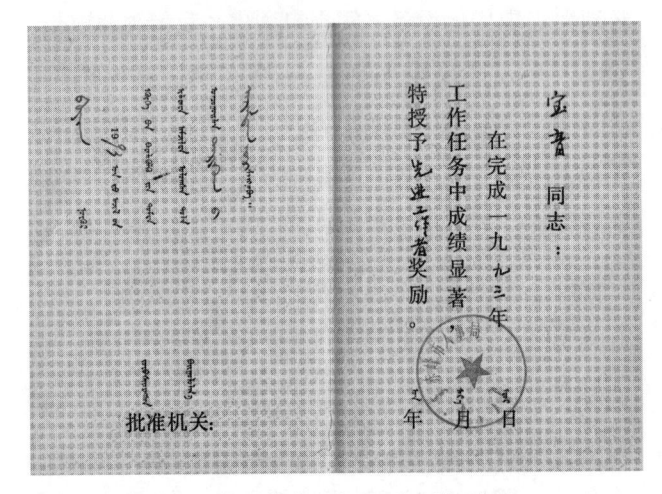

图 11　1993 年，宝音被赤峰市人事局评为先进工作者

图12 2002年8月，宝音的论文《赤峰市图书馆民族地方文献工作概述》在内蒙古图书馆学会"全区首届民族地方文献建设研讨会"上被评为入选论文

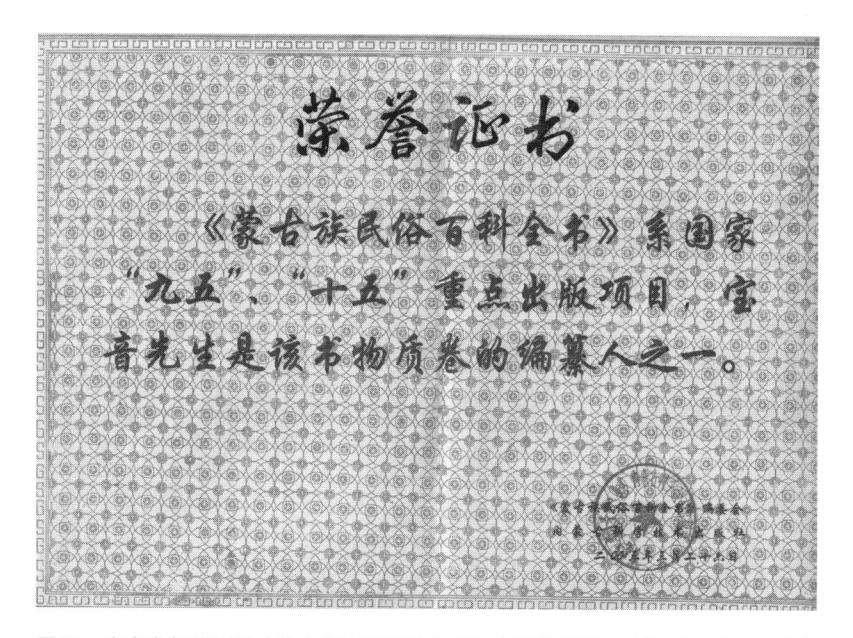

图13 宝音参与编写的《蒙古族民俗百科全书》物质卷系国家"九五""十五"重点出版项目

图 14　2003 年 7 月 1 日，宝音被评为 2002 年度赤峰市直文化系统优秀共产党员

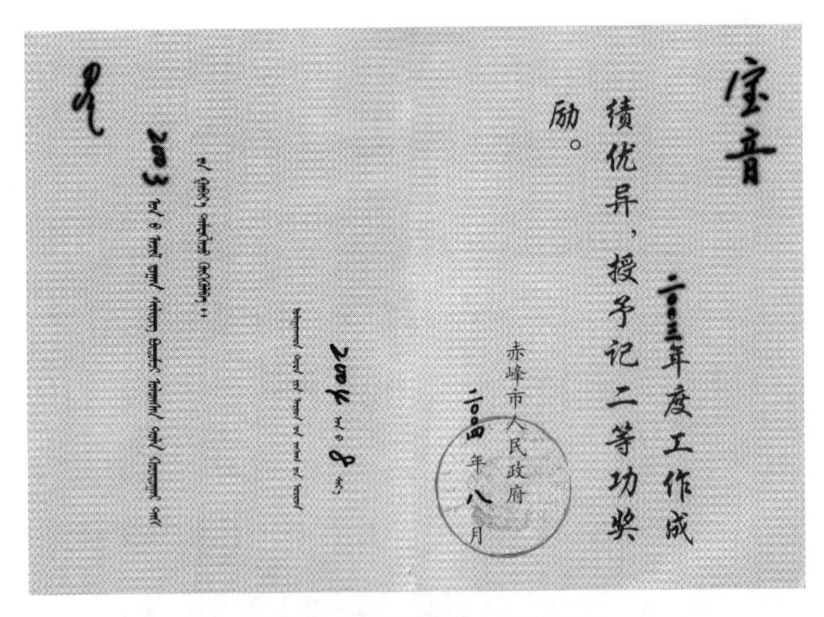

图 15　2004 年 8 月，宝音被赤峰市人民政府授予记二等功奖励

图16 2006年7月1日，宝音被中共赤峰市文化局系统委员会评为优秀共产党员

图17 2011年7月1日，宝音被中共赤峰市文化局系统委员会评为优秀党员

宝音：立德树人担使命

2011年我退居二线。这期间我担任赤峰市全市图书资料系列职称评定委员会的初评委员会和中评委员会的成员，当过两次主任。这是我从事的社会性工作。总的来说，我所担任的职务和从事的工作归功于党的培养。没有党就没有我的今天。我也感谢上一届领导对我的栽培，感谢和我一届的搭档鞠红耘副馆长和张海云副馆长，我和张家谋书记也搭档过一段，还有李成林书记。我很感谢他们，我今天获得的小小的成绩，不只是我的成绩、我的参与、我的努力、我的辛苦。

从"文化大革命"到今天，我是一个幸运者。我是一个牧民的孩子，文化水平不高，当时也没学着什么东西。我很热爱这个工作，下一辈子让我再干的时候，我还会上这来。因为这个地方，第一个是文化的净土。第二个是知识的海洋。第三个是学习的摇篮。不一定正确，但是我个人理解不太跑偏。因为我干了一辈子了，我很爱图书馆。人离不开知识，所以我这点能量全在图书馆自学。个人部分我就讲到这。

四、图书馆发展背景

刘锦山：宝音老师，您刚才向大家介绍了您个人的情况以及成长经历，我们知道图书馆的发展，是离不开时代、社会背景的。接下来我想请您给大家介绍一下，您在图书馆工作期间，当时图书馆所处的社会背景、时代背景，还有行业背景的情况。

宝音：这个非常重要。我们馆建立以后正处于高考恢复期。1977年恢复高考，人们学习的愿望、追求知识的热情空前高涨。大家上图书馆学习的那种热情，可想而知。那时候男的大部分都戴前进帽，为什么叫前进帽？人们想着要不停地前进。搞对象送笔记本，送本图书，非常节俭，非常高雅，鼓励你学习。从这一点，可想而知人们的学习热情有多高。

我们市建图书馆正处于这个阶段。高考期间，读者的到馆率非常高，你还得提前去，怕把门给挤坏了，要先发号，读者再进这个图书馆，所以到馆率达到了高峰。一天都是接待六七百人，座位不多，得轮换着。高考的恢复对其他工作人员是个刺激，提拔领导需要文凭，没有文凭你提不上，所以夜大、电大、函大，还有充电的人员络绎不绝。那个气氛非常感人。图书馆建馆在这么一个年代也是它的福气，利用率高。

1988年还是1989年，内蒙古大学承办了三个大专班：图书馆学班、方志学班、党政管理班。内蒙古大学图书馆学班在我们赤峰市图书馆办，我承担这个工作，一些琐碎的，连办学的这些事都得我负责。我们图书馆也借点光，有四五个人在那儿学习、毕业，有专业文化知识的人就多了。这是那个年代给我的感觉。这些班非常贴近图书馆，贴近群众，贴近社会。再说赤峰市是出大学生的地方。

刘锦山：对，教育大市。

宝音：我记得当时全市每年能考2500来个大学生。谁家要没个大学生那是个耻辱，很不光彩。所以对孩子的培养，赤峰市的教育方面非常好。我有两个孩子，全是研究生毕业。我那个年代啥也没学到，我得把孩子们培养好，不能跟我一样什么都不太明白，学历也不高，文化知识也不高。我这两个孩子一个是中央民族大学毕业的，是个女孩，当时就把她留在中央民族翻译局，给国家大型会议比如人大、政协会议当翻译，这是我家姑娘。我儿子是西北大学公共管理系毕业，学的高等教育。我这儿子学文科的，毕业回来考到图书馆。图书馆要研究生了。文化、教育不是一个口嘛。那个时代是这么个背景。这个部分我就讲到这儿。

当时那个时代是非常好的，"文化大革命"结束，高考恢复。人们学习的情绪高，都有奔头、有目标了，对图书馆来说是好事。

五、图书馆发展沿革

刘锦山：宝音老师，接下来请您具体给大家介绍一下，当时咱们赤峰市图书馆各个方面工作的情况，包括您的办馆思路、班子情况、人员情况、部门建制、馆藏建设等，系统地给大家介绍一下。

宝音：图书馆是 1975 年筹备，1979 年就开始筹钱动工了。为什么建这个盟图书馆（就是现在的赤峰市图书馆）呢？我们得感谢辽宁省。当时赤峰归辽宁省管，1979 年已经归了内蒙古自治区了。辽宁省有钱，当时筹了 130 万元建馆，这我记得非常清楚。我们那时候有个赵馆长，叫赵武常，赵馆长是部队出身，当过兵，当过领导，他的很多同事都在内蒙古的要害部门工作，不管他在这儿任职时间长短，我们得感谢他筹集了这么些钱。

刘锦山：宝音老师，刚开始您说 1975 年就开始筹备。当时筹建的负责人是谁？

宝音：宋文升，是体委办公室主任。这个人很有文化，是个书记。那时候还没有正式成立，还没班子呢，叫党支部书记，就是临时负责。乌馆长也没任命，当时就负责管行政吧。图书馆的建设位置也得说一下，以后谁都不知道了。

刘锦山：对。

宝音：在钢铁大街北五段 1 号。

刘锦山：现在这个位置的名字已经变了吧？还叫钢铁大街吗？

宝音：还是钢铁大街，那个馆给赤峰市红山区图书馆了。一共四层，还有一个地下室，他们很多人忘记了。这个主楼是 4200 平方米，外边还有裙房。建的时候说应该把这个裙房给采编的一些工作人员，主楼要对外服务。一共 4250 平方米，四层加地下室，共投资 200 来万元，1979 年动工，1982 年交付，1983 年就开馆了。剪彩的时候，两边需要人，有我在那里，还有李晓秋（当时还不是馆长）。1983 年开馆以后就定编了，35 个人。

领导班子 1979 年到 1981 年是宋文升，这是还没正式开馆、正式定编的时候。1981 年到 1984 年 3 月，那个时候也没有正式任命，是赵武常，从部队转业的蒙古族人。他之前在市印刷厂当副厂长，调他来任支部书记，这个馆是他领着盖的，这是一任领导。正式开馆以后即 1983 年以后，领导就换了。1983 年 4 月就是一个叫周纯的辽宁人，是中国人民大学政治系研究生。他原来是昭乌达蒙古族师范专科学校的教授。还有一个书记叫彭彦博，原来是在赤峰市京剧团当副团长。筹备时最早的那个负责人叫乌旭龄。乌旭龄也是部队出身，转业干部，以前在党校。1975—1979年筹备都是他,他任副馆长。我把这个领导班子都说齐了。

这个时候又出来一个新鲜事儿,在改革浪潮下,文化系统都要年轻化、知识化。这时候就是竞聘、选、述职,通过这种方式选拔领导。有一个叫李晓秋的,他好像是1981年来的。他考上内蒙古大学图书馆学专业学习,回来以后,通过竞聘当馆长了。周纯就是副馆长。李晓秋1988年开始就当馆长了,这是一段。1992年6月时搞聘任制。1991年参加全区的竞赛以后,提了很多的副馆长,其中有我。我也是参赛人员。李晓秋是正馆长,张家谋是书记,我是副馆长。这是一届。2001年,李晓秋调到呼市工作去了,我2001年正式就任正馆长。那时候还有张海云书记,是副馆长,这是一届班子。班子都是连贯的。2006年开始书记有变动,还要提一个副馆长。2006年我仍然是正馆长,鞠红耘提了副馆长,张海云也是副馆长,书记换了李成林。班子情况就这样。

还有组织机构,1988年以前就那么几个组,也叫部,借阅部、蒙文部、辅导部、采编部。四个部一个办公室。就是这么简单的机构,对外开始工作了。后来就多了,自学部、阅览部、借书部、现代化部,还有一个特藏部,实际上是典藏部。那时候现代化部就是空的。办公室叫业务办公室、行政办公室。蒙文部归采编部了,采编干采编,期刊干期刊。辅导部归业务办公室了。前四个部里我负责两个,那时候做辅导部和蒙文部的主任。后来我当主要领导,业务工作由副馆长负责,内部工作由鞠馆长负责,对外工作是张馆长负责。组织机构就是这样。

服务窗口,一楼有个电子阅览室,二楼有个自学阅览室,紧接着是流通部。流通部就是往外借书,个人借书的地方。三楼是期刊部,期刊阅览室,包括蒙文的。四楼是一个综合报告厅。利用率很高,窗口就这么几个单位,两部一室。

馆藏方面,我1974年统计就21.5万册,中文图书包括期刊是16.5万册,古籍是1.2万多册。所谓古籍就是线装书。蒙古文,就是民族文献有2.3万多册,还有地方文献有将近3000册。我们馆藏比较好的有《四部丛刊》,都是线装书，《四部备要》《古今图书集成》《续修四库全书》《四库全书》（台湾版）。这都是百万元的，以现在的价值来说更贵了。还有《清史稿》《明实录》，蒙古文图书《蒙古秘史》《蒙古源流》，还有《黄金史纲》《水经注》等，还有《三合便览》。我记得非常清楚，有些东西都是从我手上购进来的，尤其是蒙古文图书《三合便览》。那也是古籍了，这是馆藏里比较重要的。这里面非常重要的还是《赤峰日报》，蒙古文、汉文版，这是很有特色的，是我征集来的。

民族文献我挺重视，当时也买不到。我又找赤峰学院（那时候叫赤峰民族师范高等专科学校），通过关系，把他们的复本给整出不少来，这也是我做的工作。还有关于赤峰市历史记载的一些重要书籍，书名我就记不清楚了，从内蒙古自治区社会科学院借书。那时候扫描也好，复印也好，整了一部分，也是我做的这个工作，这一部分叫特藏文献。因为筹备得晚，又经历了"文化大革命"，很多著名书籍都被烧了，非常可惜，基本上没了，但是内蒙古有些馆还是有的。

藏书体系主要是看你用什么方法建这个体系，我们采用的是《中国图书馆图书分类法》（以下简称《中图法》）详本，用作分类体系。那个排架索书号是用大连船舶学院图书馆编制的《中文图书著者号码表》，中文图书用这个，蒙古文图书用《中图法》简本。索书号用种次号，目录体系要用这个，这个著录就是制卡片的《普通图书著录规则》，简称空格法。1984年已经开始标准化了，全称《文献著录标准化条例》，这叫符号法，空格改成符号，因为需要机器辨认。1984年我开始推广这些东西。目录体系大概是十四套，很厉害。因为我们目录制的片子非常多，公务目录，中文的有分类目录，公务目录就是工作人员查的目录。要查重，就要分类目录一套、题名目录一套、读者目录三套。分类目录、主题目录，还有题名目录，期刊分类目录叫书名目录，古籍就是分类目录。还有报纸，还有一个典藏目录。典藏就是分类，清点数量用的。典藏目录用分类法，加上蒙古文的公务目录两套、书名目录、分类目录、读者的两套目录，还有其他目录，一共十四套目录。我们的目录体系在全区盟市图书馆中是比较完整的，所以我们的业务基础打得还是比较不错的。

读者到馆率我就无法统计了。一年一个样，一个时期一个样。

刘锦山：对。

宝音：我把座位这件事儿说一下。我们图书馆的建筑面积是4200平方米，借书的阅览面积是800平方米，座位是500个。那时候有淡季，也有旺季。有时候闭馆清点了，或者是有些特殊情况，就闭馆了，也受点影响。一年10万人次是没问题的。借阅率不高，一天有二三十册，四五十册书，平均一年也就有个6万来册书。用行话就是到馆率、图书借阅率。到馆率还是比较高的，因为赤峰市图书馆是赤峰市最大的图书馆，群众学习热情也非常高，就是这么个情况。

辅导工作的覆盖面方面，我们是十四个公共图书馆，其中十二个旗县区图书馆，还有少儿馆。加上大学、大中专院校、科研院校、科研、部队、工矿企业等等算下来，比较不错的辅导点一共是81个。还有个流通站，现在时髦的话叫分馆，我们都叫流通点。比较像样的有四个，空军、空军地勤、武警、监狱，这四个共建单位或分馆，图书是2万到3万册。

我们馆藏能力也很有限。筹备阶段是辽宁管辖，钱还是挺足，正好要高考了，数量还是很多的。开馆以前就临时到财政去要。1979年划到内蒙古来了，那时候就没有固定经费了。1983年以后到20世纪90年代中期，这个经费最高达到6.3万元，20世纪90年代中期到21世纪初，就是2000年以后，突然就减了，剩了3万块钱。

刘锦山：那太少了点。

宝音：根本就正常运转不了。办公经费按人头是400元还是700元，我记不清楚了。一人400块钱的办公费，差旅、水电费……根本不够。就得我们挣钱。刚才我漏说一个，设备还是我买的，就是购买ILAS软件以外，我还花了五六万块钱，买了10台电脑、2台激光打印机、1台扫描机，还有其他很多小件。又买了一辆面包车，花了20多万元，开着去北京拉便宜书。经费都是自筹的。那时候经费是非常紧张的。

六、图书馆成就显著

刘锦山：宝音老师，请您再结合整个内蒙古自治区公共图书馆的发展状况，甚至华北、全国图书馆的发展状况，谈谈赤峰市图书馆在您那时候处于什么样的位置？

宝音：我用事实来说明，我们馆在盟市馆行列，在业务知识方面不说排在第一，也是第二。我在内蒙古自治区办了三届各盟市都参加的知识竞赛。第一届是1991年，我们获得了团体第三名。那时候鞠红耘是做采编工作的，她获得个人分类第三名，很不简单。第一届我也参加了。第二届是1995年，我们获得了优秀组织奖，鞠红耘同志获得了分类第三名，一个是团体第三名，一个是组织奖。1999年是我带队去的，第三届竞赛当中我们获得团体第一名，鞠红耘同志获得了分类第一名，李灵芝同志获得编目第三名。这就是我们业务上的成绩，一年比一年要好。所以赤峰市图书馆参赛是很硬的。但是我们看了，和别人也有差距，比赛还得讲运气，也得讲功底。

那么你说处于什么位置？我把图书馆获的奖一一给你说。1990年，获内蒙古自治区首届群众文化"金牛奖"，这是我们上一任领导得的。1990年，获全国公共图书馆为社会主义精神文明建设服务先进单位，这是全国奖。业务奖我已经说了，就不重复了。1995年到1999年，被评为全区先进文化单位，这是挂牌子的。2005年，被赤峰市总工会评为五一女职工示范岗位。2006年被评为全市十佳服务窗口。总的来说，赤峰市图书馆当时还是比较不错的，自我感觉是名列前茅的了。所以我作为图书馆的一员也好、一个领导也好，很骄傲。这些获得的奖也要归功于我的上一届领导，有我的参与，有我的努力，有我的搭档，由我们全体同志不懈努力获得的。

图18 1991年，全区首届公共图书馆业务知识竞赛合影留念

图19 1990年9月，赤峰市图书馆获内蒙古自治区首届群众文化"金牛奖"

宝音：立德树人担使命   045

图 20　1990 年 12 月，赤峰市图书馆在为社会主义精神文明建设服务工作中做出成绩，受到文化部表扬

图 21　2000 年 10 月，赤峰市图书馆在"爱我中华"读书活动中被内蒙古自治区文化厅评为先进集体

046　赤峰记忆·第五卷　图书馆专题

图 22　1999 年 10 月，赤峰市图书馆在全国公共图书馆第二次评估定级工作中被评定为二级图书馆

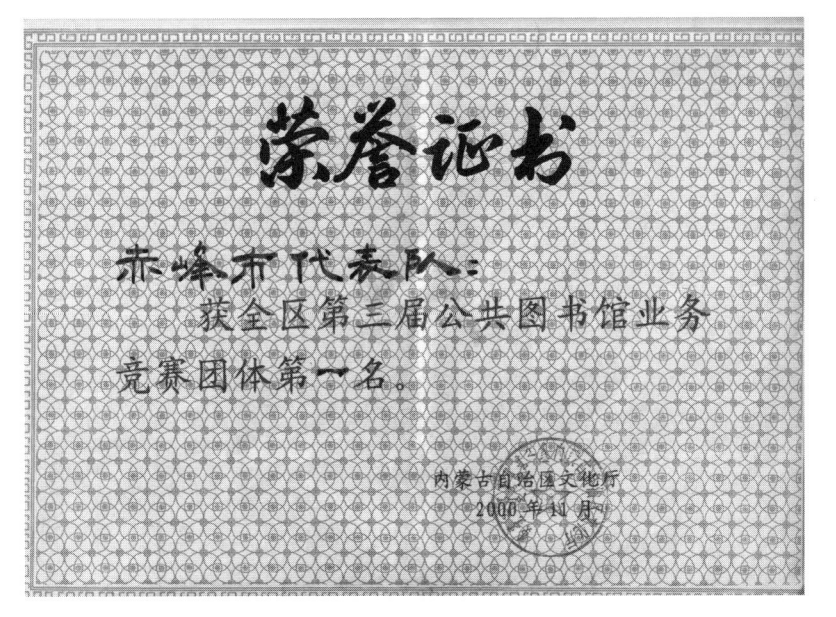

图 23　2000 年 11 月，赤峰市代表队（由赤峰市图书馆副馆长宝音带队，赤峰市图书馆鞠红耘、李灵芝和红山区少儿图书馆宋春梅组成）获内蒙古自治区第三届公共图书馆业务竞赛团体第一名

宝音：立德树人担使命　　047

图 24　2000 年 12 月 20 日，赤峰市图书馆被全国知识工程活动领导小组评为"读者喜爱的图书馆"

刘锦山：宝音老师，最后请您谈谈您在图书馆工作期间，给您留下印象比较深刻的一些事情或者活动。

宝音：我心目当中很难忘的一个事情，是经费严重不足，是束缚事业发展的最大障碍。文化事业在当时还是重视不够。这是我最痛心的一个回忆。3 万块钱购置费，经费不足导致很多的事做不了。

我再讲一个我们工作的失误，1985 年到 1987 年之间，图书馆非常盲目地学外地，在没有任何防护的情况下开架服务。盲目开架以后导致图书丢失，但这也是可以理解的，要没有改革哪有进步？那是我一生当中最痛心的一件事儿。因为本来书就少，又经费不足，没有维修费，上面漏，下面跑水，或多或少有损失。图书馆有个行话，防火、防虫、防腐蚀，我再加一个，防水。对图书馆来说非常重要，图书馆得保护，你得保护财产。所以漏了水以后，也损失了一部分书。我上任以后有维修费了，就把这个问题给解决了。这是我难忘的。所以处于那个时代，有些图书馆的发展非常缓慢。

刘锦山： 宝音老师，赤峰图书馆发展到现在，非常有影响力。这和前面您谈到的，和图书馆历届的同事、领导班子的努力都是分不开的，虽然说图书馆也受当时时代、生活条件的限制。比如说经费，那时候可能普遍对文化的投入都是不多的。

宝音： 太少，太少了。

刘锦山： 当时还有以文养文，还做一些创收。你看现在图书馆不能再去做创收这些事情了，所以有经费短缺也和那个时代有关。

宝音： 有这样的关系。

刘锦山： 谢谢您接受我们的采访。

宝音： 不客气。

刘淑华

培根铸魂守初心

采访时间： 2020 年 7 月 2 日
初稿时间： 2022 年 6 月 1 日
定稿时间： 2022 年 6 月 30 日
采访地点： 赤峰市图书馆"赤峰记忆"拍摄现场
版　　本： 文字版

刘淑华速写

　　刘淑华　蒙古族，中共党员，研究馆员，赤峰市图书馆党支部书记兼馆长。1967 年 5 月 21 日出生于内蒙古自治区赤峰市松山区，自幼喜爱读书。1987 年考入北京大学图书馆学专业，1991 年毕业后回到家乡工作，1996 年加入中国共产党。2011 年 7 月，通过公开竞聘任赤峰市图书馆馆长。

　　为做好图书馆工作，刘淑华认真钻研业务。2011 年以来，先后在《图书情报工作》《图书与情报》等核心期刊发表论文多篇，独著或者合作出版《图书馆业务外包及其发展趋势》《沉思与对话：城市图书馆运营创新》等著作；多次受邀在全国性图书馆学术会议做学术报告，受邀担任南开大学图书馆学硕士生导师、包头师范学院图书情报专业硕士生导师。

　　着力从治人、治馆、治业和治学四个方面探索图书馆高质量发展之路，为图书馆建立起一支年轻化、知识化、专业化的人才队伍，推动成立赤峰市图书馆理事会，创立"赤峰记忆"品牌，创办《赤峰读书报》，创建"松洲书院"，成立"诵读俱乐部"，顺利推动图书馆实现管理自动化、资源数字化、设施智能化、服务智库化，完成了从传统图书馆到现代化图书馆的转型，并向智慧图书馆不断迈进。推动建设城市书房"玉龙书屋"，建立起覆盖城乡的中心馆—总分馆四级服务体系，用先进文化引领阅读走向，将文化惠民服务送到千家万户，把图书馆打造成广大群众阅读学习、文化休闲、创新合作、滋养心灵的舒适场所，使赤峰市图书馆成为内蒙古自治区一流的、在全国具有相当影响力的公共图书馆。

担任自治区人大代表、党代表期间，认真履职，提出的关于修订《内蒙古自治区公共图书馆管理条例》的议案、关于在全区开展《中华人民共和国公共文化服务保障法》落实情况执法检查的议案、关于制定《内蒙古自治区全民阅读促进条例》等多项议案和建议被人大常委会列入立法规划和重点督办工作，对推动内蒙古自治区公共文化事业发展做出了积极贡献。

刘淑华和赤峰市图书馆的工作得到领导和群众的高度肯定。赤峰市图书馆先后获得地市级图书馆"国家一级馆""全国社科工作先进集体""全国文化战线先进集体""全国阅读先进单位"等多项荣誉。刘淑华当选内蒙古自治区第十次和第十一次党代会代表，自治区第十三届、十四届人大代表，担任第十四届全国冬运会火炬手，获得自治区"五一劳动模范"、2016年中国图书馆榜样人物、全国巾帼建功标兵、全国"三八红旗手"、全国文化和旅游系统先进个人等众多荣誉。

刘锦山：各位朋友，大家好！今天是2020年7月2日，这里是赤峰市图书馆，"赤峰记忆"第五期"图书馆专题"拍摄现场。今天我们邀请到的嘉宾是赤峰市图书馆党支部书记兼馆长刘淑华女士。刘馆长，您好。

刘淑华：您好。

图1 刘淑华（左）接受"赤峰记忆"采访

一、与图书馆的不解之缘

刘锦山：非常高兴您能接受我们的采访。刘馆长，我首先想请您给大家谈谈，为什么"赤峰记忆"第五期做"图书馆专题"。请您谈谈这方面的考虑。

刘淑华：好的。非常感谢刘总对我的采访。我觉得"为国存史、为民立传"是我们做"赤峰记忆"的一个宗旨。赤峰市图书馆从成立到现在已经走过了40多年的历程，经历了四代领导班子，取得了一些成绩。如果说赤峰市图书馆从小到大、从弱到强、从传统到现代，取得一些成绩的话，我觉得我们前行的脚步离不开市委、市政府的支持，离不开局领导的关心、关怀，更离不开我们几代图书馆人坚持不懈的努力，因为他们的坚守和执着，图书馆才有了今天。我们制作"赤峰记忆"也是想通过这种音频、视频的方式，把我们赤峰市这段历史给保存下来，"以史为镜，可以知兴替"，教育后人图书馆是怎么发展到今天的。出于这个目的，我们第五期就选择了"赤峰记忆"做"图书馆专题"这么一个访谈节目，就是想把这些图书馆经历过的人和事，给后人留下来，也做个纪念。

刘锦山：刘馆长，确实像您说的一样，图书馆是为社会、为人类保存文化、传承文明的一个公共文化服务机构，在保存历史、传承文化的同时，图书馆自身也是一个文化机构，自身的历史也需要保存。所以您刚才介绍了，第五期"赤峰记忆"做"图书馆专题"，我觉得是非常好的想法、非常好的创意。相信通过对图书馆40多年的发展历程进行总结，对于我们赤峰市图书馆以后的发展，会提供更好的借鉴和参考。接下来请您给大家谈谈您的个人情况和工作经历。

刘淑华：我跟图书馆这个行业有着不解之缘。小时候比较喜欢看书，但是那会儿生长在农村，应该说一书难求。就因为20世纪60年代的时候对书的这种喜好，长大以后变成了对图书馆的艳羡。天公作美，1987年考大学的时候，正好被北京大学图书馆学专业录取了。当我第一次走进北京大学图书馆的时候，我觉得我就走进了人间天堂。后来真的有人说，天堂是什么模样，天堂就是图书馆的模样。一个人能够读书、能够上学，我觉得这是人一辈子最幸福的一件事情。所以大学四年的时间图书馆是我最大的依赖，也是我终身的伴侣。我大学的时候如果说学业有所长进的话，应该说是得益于图书馆的滋养，所以从此就爱上了图书馆。

1991年大学毕业的时候，本来我最理想的职业，应该是到我们赤峰市图书馆来工作。但是阴差阳错，回到了松山区，被分配到了松山区文化局从事文化市场管理和旅游工作，一干就是20年。在这20年的时间里，我从事过文化市场管理工作、稽查工作，也从事过旅游工作，当过文化市场管理办公室的副主任，也当过稽查队的队长，同时也当过分管旅游的副局长。当时管文化市场的时候，我个人也获得过全国先进个人。我们制作的文化市场行政处罚案卷，是内蒙古首个获得全国优秀执法案卷的。后来好多盟市，好多业内人士，都到我们这儿来学习取经。我也被文化部聘请为特聘专家，到全国各地给文化执法人员进行培训、授课，同时我带领的这支团队也获得了很多荣誉。

2008年，我在松山区旅游局分管旅游工作。当时松山区旅游局应该说是名不见经传，第一是没有天然的旅游资源禀赋，第二也没有一支专业的旅游队伍。如果说按照业绩排名的话，松山区的旅游工作，当时在各个旗县中，应该是垫底的位置，但两年之后我们把旅游工作的各项指标，都干到了全市前几名的行列。我说这些的目的，不是为了炫耀自己取得的成绩，而是想说我这个人就是干一行爱一行，不管让我干什么工作，只要是把工作交给我，我都会尽心尽力地去干好。我没有选择工作的权利，但是我有干好工作的义务。所以这些年也取得了一些成绩，获得了一些荣誉。

但是从内心深处来讲，我总是觉得有与图书馆失之交臂的一种遗憾，这些年对于图书馆这个职业始终是心向往之，也一直因为没有从事这个职业，感觉到内心有一份缺憾。2011年，赤峰市委宣传部面向全社会公开选聘赤峰市图书馆馆长，当时好多朋友、好多领导也说，你学这个专业的，要不去考考试试。当时因为管旅游的时候是作为旅游局的副局长，一个是公务员身份，另外也爱上了旅游工作，觉得正干得风生水起的，也有一份不舍。但是后来好多朋友劝说，再加上自己多年来也有一个图书馆的梦，一方面是圆自己一个梦，另外一方面，也想换一个职业，重新激发一下自己的工作潜能。所以本着这个目的，也就加入了竞聘上岗的角逐，后来比较幸运地胜出了。2011年7月就走上了赤峰市图书馆馆长这个位置。对我来说，我是觉得实现了从一个爱书的读者，到了管理者的这么一个角色转变。

二、"四治"方略治馆为先

刘锦山：刘馆长，您刚才给大家介绍了您的个人和工作情况。据我们了解当年您上任，担任图书馆馆长职务的时候，由于历史的原因，赤峰市图书馆的发展状况、发展条件，与经济发达地区的图书馆还是有一定差距的。您到图书馆以后，带领领导班子，带领全体职工经过几年的发展，励精图治，把图书馆发展得非常好，现在在国内也是非常有影响力的。我想请您给大家谈谈您当时是怎么样和馆领导班子，带领大家把这个图书馆一步一步发展到现在这样一个状况的。

刘淑华：实际上一说起来到图书馆这个事儿，我记忆非常深刻。2011年7月4日那天，组织上把我送到图书馆来工作。来的那天，因为工作交接，我就坐在了我前任馆长办公桌对面的沙发上，还没说几句话，沙发腿儿就咔嚓一下断了，我重重地摔到了地上。我当时还跟宝音馆长开玩笑说，我说你这是对我的到来有意见啊！先给我个"下马威"。这件事就说明我们原来的图书馆确实也挺困难。来之前好多朋友也介绍过，我自己也相对了解一些，知道图书馆是很困难的一个单位，但是没想到会困难到那种程度，就说馆长办公室的沙发因为年久失修，腿儿都断了。

后来我来了之后，通过调查发现，很多办公室的沙发腿儿也断了，他们就用一摞砖头把那个沙发给支上。好多工作人员的办公桌都已经破损得不行了，年久失修，有的上面都掉了皮。设备非常落后。我1987年念大学的时候，我们就已经是计算机编程、计算机检索，基本上都实现了现代化办公。但是20年后我来到赤峰市图书馆的时候，只有采编室的人有三台电脑。图书馆完全处在那种传统图书馆阶段，人员老化、设备陈旧、馆舍破旧。另外还有一个更大的难题，就是面临着要往新城区的新馆搬迁。

面临这些困难的时候，我当时就觉得我选择了一条非常艰难的路，但是既来之则安之。就说你既然选择了这条路，你自己就是爬着也应该把它走下去。所以如何改变这种现状，也是经过了深入的思考。我上任的第二天找我们文化局的局长去报到，文化局的局长就跟我说，我们也比较了解你的工作能力，你是学图书馆专业的。群艺馆馆长我们给了她一年的时间，让她把整个群众艺术馆发生一下变化，图书馆我就给你半年的时间，你一定要让图书馆发生彻底的变化。我当时就跟局长说，半年的时间有点短，您给我三年的时间，我会让图书馆彻底脱胎换骨。实际上也就相当于在局长面前立了个军令状。

回去之后我就开始思考，怎么样才能让图书馆真正地脱胎换骨呢？我先做了将近一个月的调查，把馆里职工队伍的情况、馆舍的基本情况，包括资金的情况，整个都做了一下调研。后来在班子会上我就提出了一个三年行动计划，分三步走实施"治馆、治学、治业、治人"的治馆策略，后来总结成"四治"方略了。提出"四治"方略之后，我们就开始逐步实施。

第一年就是治馆。因为这个馆舍已经破旧不堪了。实际上2008年我们这个现有的馆舍，已经被市政府移交给了红山区，我们2008年就应该搬走。但是到2011年为啥还没搬走？就是因为没有搬迁经费。我们属于一直借驻在红山区图书馆里边，怎么样尽快搬迁这也是面临的一个最大的难题。后来我们就想治馆这一块，可能首要面临的问题就是经费问题。当时请示了局里给财政打报告，财政只给了50万元的搬迁经费。后来我们做了一些初步预算，整个要是从老馆搬到新馆，连人带物，包括在新馆这块图书上架，再购买新的设施设备，可能得需要370多万元的搬迁经费。但是我们手里只有财政给的50万元经费，还有300多万的资金缺口。资金怎么来？我们也是经过了几轮的讨论。

后来我决定主动出击，人不能坐等，我们首先要做到的就是转变观念，变被动等待为主动争取。所以当时我做出的第一个决定就是，我们要跑步进京、跑步进厅，政府也鼓励我们积极向上级部门争取资金，因为我们本级财政财力有限，财政的支持力度不大。在这种情况下就要充分利用国家相关政策，向上级部门去争取。我就跑到了内蒙古自治区文化厅，也跑到了内蒙古自治区财政厅，介绍我们的困难和情况。我找到了李晓秋馆长，当时他是自治区图书馆馆长。我就说我从文化部的网站上，看到我们图书馆有三大工程，一个是文化信息资源共享工程，一个是公共电子阅览室建设计划，还有一个是数字图书馆推广工程。我说我来到图书馆之后，图书馆面临着资金短缺的困难，怎么样帮我们通过这种国家工程，争取到一部分资金。李馆长说文化信息资源共享工程，它是针对旗县的，就是一竿子插到底的，跟盟市馆没关系。国家确实有这个资金扶持，但是盟市这块它是给跨过去的，盟市不享受这项国家扶持政策。盟市只有数字图书馆推广工程和公共电子阅览室建设计划。后来我就给李馆长打报告，我说得想办法帮助我们赤峰，把这两项工程争取回来。因为是第一批申请数字图书馆推广工程的，当时只给四个盟市，我们得到了120万元的数字图书馆推广工程的资金。第二年我们又申请公共电子阅览室建设计划，又给了350万元的资金。这是图书馆具备现代化建设的基础。

但是搬迁经费这一块，因为它是走专项资金，就不能从这里边出。搬不了家这是一个最主要的障碍。最后没办法我就跑到了财政厅，把图书馆目前的状况和面临的困难，和我们赤峰人的需求，给财政厅的领导做了两次汇报。最后财政厅给我们拨付了200万元的资金，第一年给了200万元，第二年又给了我们200万元的资金。加上国家的，加上自治区的，我们第一年就争取到了440万元的资金。再加上市级的，搬迁的资金基本上有了。

2011年7月我来之后，调查了两个月，从9月就开始组织大家打包，准备搬迁，一直到11月底我们就开始陆续地往新馆搬迁。因为我们新馆在新城区，2008年就建好了，2010年已经交钥匙了。年底把这400多万元资金争取来后，就举全馆之力开始往新城区搬迁。

搬到半道的时候我们于凤先局长上任了。当时他就说你先别搬了，咱俩去找市政府去，他说赤峰市作为一个文化大市，一个人文大市，咱们不能把图书馆搁到博物馆西边，一个小旮旯圈儿去。我们的方言"旮旯圈儿"就是一边儿的意思。他说咱俩找市政府，请求建新馆。后来我就跟于局长说，因为现在已经到这种程度，就是给建新馆，也不可能马上搬新馆，暂时也得搬到这边来。于局长跟我说后，我就开始打报告，汇报这个图书馆，不是我们理想中的现代化的图书馆。它的格局，包括它的弱电系统、承重系统，也都不是按照图书馆的格局要求来的。因为它是交钥匙工程，我来的时候人家就把钥匙给你了，整个格局都已经布置好了，你搬过来就可以了，所以也没办法去改变这个现实。所以一边向政府汇报了想建新馆的想法，一边就搬过来了。

我们全体职工加班加点的，几乎没休过，差不多有半年的时间。尤其男职工又少，我们单位那会儿就四个男职工，基本上承担了主要的、重要的工作。最主要的是那些脏活累活，男职工们承担了大部分的主要工作。女职工那会儿也都不休息，也不分男女了，女同志也当作男同志来使，在脏活累活面前都一视同仁。当时图书馆建馆将近30年，30年的书基本上上面全是尘土，而且借阅率不高，都是以收藏为主。现在我们说是基本上藏用结合，过去的图书馆基本是重藏轻用。我们的职工就戴着口罩，买了一把吹风机，一本一本地把书里面的尘土吹出去，然后再用消毒毛巾消毒，擦干净，一本一本再上架。差不多用了半年的时间，2011年11月开始动工，12月基本上把东西就运过来了。剩下的那些就是一点点地给书除尘，包括格局的布置，这就是慢慢来了。我们首先说要对社会免费开放，让老百姓能够尽快地走进图书馆，利用图书馆。所以我们最先就把少儿阅览室开办起来了，把自学阅览室开办起来了，把外借开办起来了，其余的我们是逐渐对外开放的。

家是搬过来了，但是又面临第二个困难，它基本是一个空壳馆。因为老馆往新馆搬的时候，那个设施、设备，都已经是破旧不堪了，不能再利用了。到了新馆之后既没有设备，又没有资源。你为老百姓提供服务，一个是靠先进的设备，一个是靠优质的资源来服务，但是我们目前什么都没有。馆搬过来了，人也过来了，但是没有资源、没有设备，也没有经费。所以横在我们面前的第二个任务就是需要再跑资金，还得需要再打造我们的基础设施建设，提升我们的资源总量，提升我们的服务质量。

于是我又开始跑自治区，跑赤峰市委、市政府、财政局，又开始打报告。还好，那些年国家对我们公共文化服务有很多利好政策，应该说"十二五"期间是国家公共文化服务政策出台最多的一个阶段，对公共文化服务比较重视。我们后来陆续地跟国家的相关政策对接，就是国家有哪些相关政策，我们就按照这个政策去打报告、打申请。接近一年的时间我们又争取了700多万元的经费，就把数字图书馆建起来了，电子阅览室建起来了，我们又建了3D影院，建了休闲书吧，建了文化长廊……利用这些经费，图书馆初具了现代化的模样。2012年，我们就开始从传统图书馆往现代图书馆转型。后来我们又陆续地买了一些VR蛋椅，海洋馆的一些数字资源，还采购了一些数字商的数字资源，增加了我们的数字存储量，包括音频、视频、电子图书。又采购了一些现代化的设备，比如说太空音乐椅、私人3D影院。到2015年的时候，图书馆的现代化这一块基本上就走在了自治区的前列。

我也经常给职工讲，我们的基础设施、基础服务条件，可能不如发达地区，但我们的理念不能落后，我们一定要用先进的理念来引领我们的图书馆工作。后来我们又争取资金采购了 RFID 系统，实现了自助办证、自助借还、自助盘点，整个现代化这块基本上就完成了。也算是完全实现了从传统图书馆到现代图书馆的一个质的飞跃。这是治馆这块。

三、图书馆的现代化转型

刘锦山：刘馆长，"四治"方略包括治馆、治学、治业、治人，您再谈谈其他几个方面。

刘淑华：完成了治馆的基础设施建设，接下来就面临着人才问题，这是立馆之本。我一直也认为人才是立馆之本，人才这块又出现了短缺。一个现代化的馆立在了你的面前，但是没有人会使用它，没有人会操作它，这又是一个难题。所以说第二个就是治人这一块。治人这一块我们一方面加强基础设施建设，另一方面我们就积极争取党委、政府的支持。一个是扩编，一个是利用现有的空编。我们从 2012 年开始，通过人事局的考录，面向社会招聘本科生和研究生。每年都得进两个到三个，甚至说三个到四个，到现在为止已经进了 6 个研究生、16 个本科生。整个人才队伍年轻化、知识化、专业化。人才引进来了，工作能力提升了，我们的业务服务水平，自然也就提升了很大一截。基础设施智能化、服务智慧化、资源数字化、管理自动化，基本上我们现在已经实现了这种完全现代化的建设。一方面是靠政府资金支持，现代化设施提档升级，另一方面跟我们这支年轻化、知识化、专业化的人才队伍是有直接关系的。所以说治人这块，到现在我们也坚持人才立馆这种思想不变，每年都积极争取考录指标，基本上形成了老中新的良性循环。老同志在逐渐地退出历史舞台，逐渐退休，新的年轻人（现在已经是 80 后）成为推动我们图书馆发展的一个重要力量，尤其是通过传帮带的方式，90 后现在也成为我们馆的中流砥柱。现在是整个人才队伍这一块，形成了一支有朝气的队伍，一个非常好的结构，也形成了一个非常好的学术风气。通过采取这些措施，现在已经基本上提升了我们这支队伍的整体素质和整体水平。

治业这块，刚才也说到了一些。治馆和治业，其实它们两个是相辅相成的。治馆是新馆搬迁，实施搬迁工程，另外一个也是积极争取资金，基础设施建设提档升级。治业这块，这些年我们也基本完成了从传统到现代的历史转型。我们每年都要把中国图书馆学会会议上最先进的一些东西引进到我们馆里来。

还有一个治学。随着我们馆的逐步发展，我觉得现在我们馆应该到了一个提档升级的阶段。基础设施打造好了，人员队伍组建好了，那么下一步就要提升社会服务能力，尤其是在互联网、大数据、智能化时代，图书馆也要实现服务能力的转型升级。所以现在我们都在提倡对馆员进行新型服务能力建设的教育，要求我们每个馆员要具备一专多能的能力。我们每年都要让馆员进行竞争上岗，目的就是要让所有的馆员有一种危机意识，有一种竞争意识。每年通过竞争上岗，通过这种硬化的、量化的指标考核，业务水平、发表的学术论文、出版的专著，包括参加的一些学术会议，通过这些硬性指标，要求每一个人提高自己的业务能力和业务水平。

这些年，我们为了让职工提高能力和水平，也采取了很多措施。我来的时候，发现最大的问题就是，职工语言表达能力不行、写作能力不行。甚至说有的职工干了一辈子工作，连个通知、小消息都写不了。我们一开始从赤峰市人民政府信息调研处，把一个叫王显明的处长四次请到馆里来，给职工进行培训，教大家如何撰写新闻稿件。从新闻稿件开始写起，写一个会议通知，写一个调查报告，写一个通讯，就从这种最基础的公文写作开始进行培训。我们也把中国国家图书馆的专家金龙，两次请过来对馆员进行礼仪培训。因为工作人员的穿着、语言表达能力、写作能力，都代表着图书馆的形象。所以我们从礼仪培训的角度，也对职工进行了多次培训，包括着装。为了让人感觉到这里是高雅之地、圣贤之地，我们也是想了一些办法。我刚来的时候，一些女同志穿着大花裤子就上班来了。后来我跟她们说，她们还说呢，图书馆还管穿和用？管形象？我说因为你不是代表你自己，在公共场合每一个人都代表着图书馆的形象。

一方面是自身气质和语言表达能力的提升，另一方面我们统一着馆服。应该说统一着馆服,在内蒙古各个盟市当中我们是走在最前列的。2011年我来了之后,就统一给大家制作馆服,春夏秋冬一年四季我们都有不同的馆服,而且找专人设计,一个是形象上、一个是颜色上,还有品位上。只要是上岗的人员,都要统一着馆服。一方面区分开工作人员跟读者。读者来了之后想咨询一些事儿,不知道去找谁,如果馆员穿个便装,读者就会把他当作一个读者。馆服上边都有胸章,写着工作人员的名字、号码,读者看见就能知道你是谁。另一方面就是着好馆服之后,对自身是个约束。作为一个图书馆员,其言行举止是要受社会、领导、读者们监督的,所以要注意自身形象。第三个我觉得着了馆服之后,可以打造一种团队意识。大家一统一着装,从心里就会认为这就是一个团队,我们要拧成一股绳,共同完成一项事业。所以通过这些措施,我们从理论基础、理论修养、语言表达,包括外在的形象,把他们打造成一支过硬的队伍。

这些年来,我们也请了这些方面的专家进行培训,现在职工的气质形象提升了不少。我们经常也开玩笑,一个员工来到图书馆的头半年和半年之后,他的气质、形象,包括他的穿戴,他的语言表达,会发生不小的变化,就感觉到有文化水平了。这就是社会锻炼人,环境改造人。每一个走进图书馆的工作人员,经过半年、一年的历练之后,就变成一个有文化的图书馆人。最起码跟文化沾边了,让人感觉他就是一个文化工作者,这些年我们做了很多这方面的工作。

四、强化馆员学术研究

刘锦山:刘馆长,您刚才向大家介绍了赤峰市图书馆从2011年开始,为了改变图书馆的面貌,完成从传统图书馆向现代化图书馆的转型升级,实施了"四治"方略。在这个实践过程中,您也对"四治"方略进行了总结,形成了一些成果。请您把这方面的情况给大家介绍一下。

刘淑华:我觉得任何理论都来源于实践,这些年我们通过这一系列的实践,把实践成果浓缩成一个理论的提升。我出版了两本著作,一本是《沉思与对话:

城市图书馆运营创新》，另外一本就是《图书馆业务外包及其发展趋势》。同时在一些重要的专业期刊和核心期刊上，也发表了很多论文。比如在核心期刊《图书情报工作》我发表了几篇，鞠红耘副馆长发表了一篇，乌云高娃副馆长在其他核心期刊上也发表过论文，都是以赤峰市图书馆为例，介绍我们图书馆这些年的社会服务能力和创新能力，包括我们的新型服务能力。我们都把它提炼成一些理论上的东西，然后在一些重要的刊物上去发表。同时我们在其他专业期刊上，对我们图书馆其他的业务工作，比如职业规划、业务外包，也都进行了总结。

我一开始来的时候，职工们都不愿意写论文。这些年我们通过业务培训，比如说我们把您请过来，对职工进行多次培训。把初景利老师也请过来，还有李国新老师、柯平教授、王子舟教授、刘兹恒教授……这些业内大咖，也都请过来

图2　国家图书馆出版社2014年3月出版的刘淑华与刘锦山合著的《沉思与对话：城市图书馆运营创新》

图3　国家图书馆出版社2015年4月出版的刘淑华的专著《图书馆业务外包及其发展趋势》

城市图书馆加强运营管理的探索与思考

■ 刘淑华

赤峰市图书馆 赤峰 024005

摘要：[目的/意义]运营管理是当前城市图书馆发展的重要任务。运营创新的根本目的在于降低城市图书馆的运营成本，提高运营效益。[方法/过程]结合内蒙古赤峰市图书馆的实践过程，探索城市图书馆运营管理的策略，总结城市图书馆运营管理需要解决的若干关键性问题。[结果/结论]提出推进城市图书馆成本、质量、时间的运营管理策略，并提出运用相对柔性的运营管理策略，使城市图书馆的运营管理达到最大效率。

关键词：城市图书馆 公共图书馆 运营管理 管理策略

分类号：G259.2

DOI：10.13266/j.issn.0252-3116.2015.18.013

我国目前正处于城市化建设从快速扩展转为内涵式发展的新时期，城市化的快速发展给城市图书馆事业带来了新的发展需求。城市图书馆是公共图书馆体系的一部分，在本文中主要是指市级公共图书馆。城市图书馆是城市文化和文明的重要标志，是公共文化服务体系的重要组成部分，是一个城市的知识中心、学习中心和文化中心，对当地城市发展的重要性不言而喻。因此，在国家重视城市化建设但对城市图书馆投入有限的时期，需要高度关注和重视城市图书馆的发展问题，通过强化运营管理促进城市图书馆可持续发展具有十分重要的意义。

1 加强运营管理是解决当前城市图书馆发展瓶颈问题的重要手段

运营（operation）指的是使一个机构有组织地开展各项工作的一种状态，运营管理（operations management）则是保障和推进机构有效运转所采取的各种手段和策略。在企业界，运营管理是关系企业运行和发展的重大战略，是整个企业健康和可持续发展的核心推动力量。但在图书馆界，关于图书馆的运营管理的研究较为薄弱，实践上的创新不够，理论上缺乏总结。

目前，我国城市化正在从快速扩张向内涵式发展转变，与此相对应，城市图书馆事业的发展也步入到内涵式质量提升的发展阶段。近20年来，城市图书馆的发展主要是一种外延式规模扩张，表现为新馆大楼像雨后春笋般拔地而起，建筑面积不断创出新高，城市图书馆正在成为一座城市的新地标和新名片，成为城市文化和文明的最重要的标志。但也应该看到，一些城市虽然投入巨资建起了体量庞大的城市图书馆，但图书馆持续运营所需的资金、管理和服务等问题并没有得到很好的解决，缺乏图书馆运营所需要的配套条件和措施。这种外延式规模扩张的发展思路在当前的城市图书馆中广泛存在，表现为城市图书馆大多缺乏长期的运营发展规划，系统运营水平偏低，追求表面上的"高大上"，管理效率不高，服务能力有限，城市图书馆服务距离真正的普遍均等的公共服务目标仍然有一定差距。

加强运营管理是解决城市图书馆发展中的这些问题的重要手段。在企业界，"运营管理包括高效生产、转换、配送产品或者服务的整个过程"[1]。在图书馆界，运营管理涉及从资源建设到用户服务的整个过程，因而广泛地存在于图书馆的各项工作中。加强资源保障、降低运行成本、提升服务质量、提高服务效能、优化人员素质、强化人文精神是城市图书馆加强运营管理的重要策略。通过运营创新，可以切实解决城市图书馆发展过程中出现的各种问题，促进城市图书馆事业不断向前发展。

2 强化城市图书馆运营管理的主要策略

2.1 加强资源保障

馆藏资源是图书馆提供服务的物质基础，资源的

作者简介：刘淑华(0000-0002-9431-9025)，馆长、副研究馆员，E-mail：liushuhua168@163.com。
收稿日期：2015-08-21 修回日期：2015-09-05 本文起止页码：83-90 本文责任编辑：易飞

图4 2015年9月，刘淑华在《图书情报工作》第59卷第18期发表学术论文《城市图书馆加强运营管理的探索与思考》

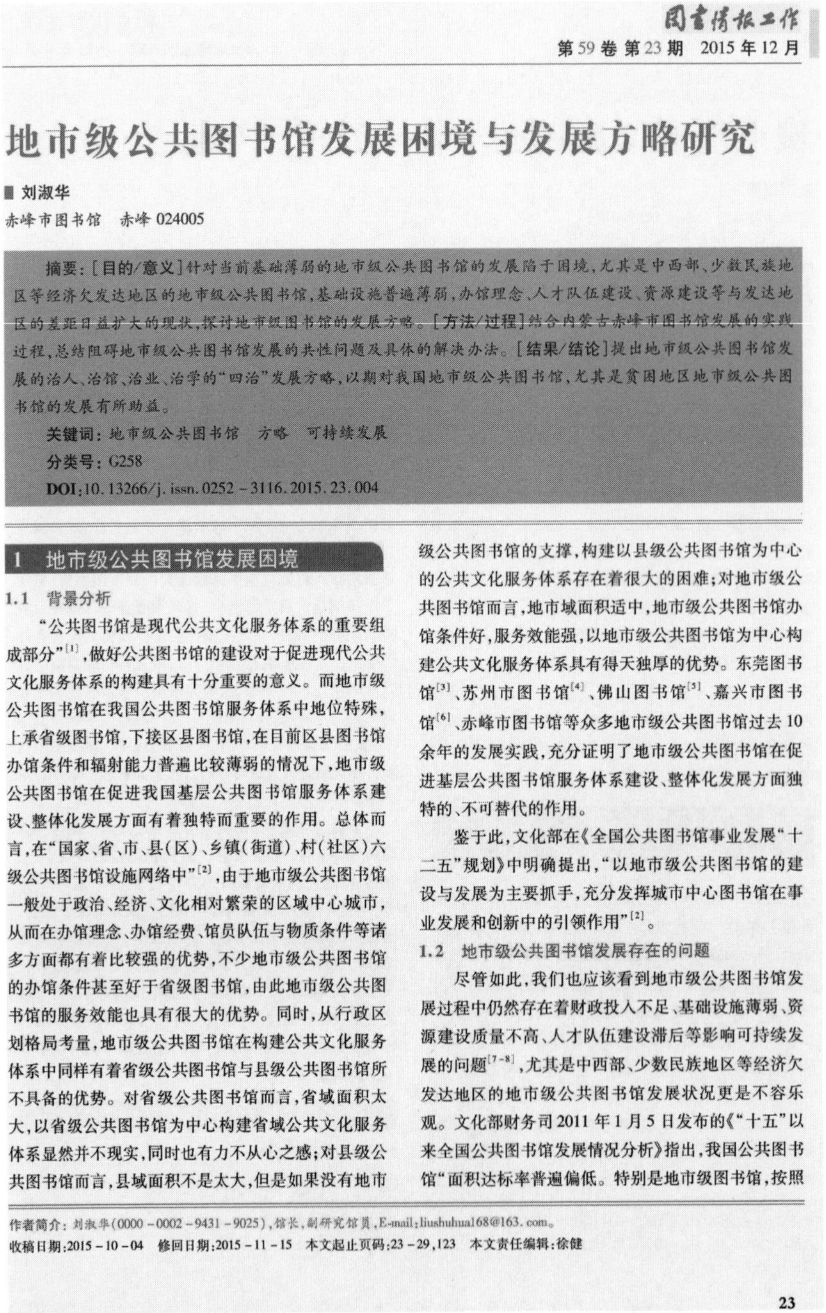

地市级公共图书馆发展困境与发展方略研究

■ 刘淑华

赤峰市图书馆 赤峰 024005

> 摘要：[目的/意义]针对当前基础薄弱的地市级公共图书馆的发展陷于困境，尤其是中西部、少数民族地区等经济欠发达地区的地市级公共图书馆，基础设施普遍薄弱、办馆理念、人才队伍建设、资源建设等与发达地区的差距日益扩大的现状，探讨地市级图书馆的发展方略。[方法/过程]结合内蒙古赤峰市图书馆发展的实践过程，总结阻碍地市级公共图书馆发展的共性问题及具体的解决办法。[结果/结论]提出地市级公共图书馆发展的治人、治馆、治业、治学的"四治"发展方略，以期对我国地市级公共图书馆，尤其是贫困地区地市级公共图书馆的发展有所助益。
>
> 关键词：地市级公共图书馆 方略 可持续发展
> 分类号：G258
> DOI: 10.13266/j.issn.0252-3116.2015.23.004

1 地市级公共图书馆发展困境

1.1 背景分析

"公共图书馆是现代公共文化服务体系的重要组成部分"[1]，做好公共图书馆的建设对于促进现代公共文化服务体系的构建具有十分重要的意义。而地市级公共图书馆在我国公共图书馆服务体系中地位特殊，上承省级图书馆，下接区县图书馆，在目前区县图书馆办馆条件和辐射能力普遍比较薄弱的情况下，地市级公共图书馆在促进我国基层公共图书馆服务体系建设、整体化发展方面有着独特而重要的作用。总体而言，在"国家、省、市、县(区)、乡镇(街道)、村(社区)六级公共图书馆设施网络中"[2]，由于地市级公共图书馆一般处于政治、经济、文化相对繁荣的区域中心城市，从而在办馆理念、办馆经费、馆队伍与物质条件等诸多方面都有着比较强的优势，不少地市级公共图书馆的办馆条件甚至好于省级图书馆，由此地市级公共图书馆的服务效能也具有很大的优势。同时，从行政区划格局考量，地市级公共图书馆在构建公共文化服务体系中同样有着省级图书馆与县级公共图书馆所不具备的优势。对省级公共图书馆而言，省域面积太大，以省级公共图书馆为中心构建省域公共文化服务体系显然并不现实，同时也有力不从心之感；对县级公共图书馆而言，县域面积不是太大，但是如果没有地市级公共图书馆的支撑，构建以县级公共图书馆为中心的公共文化服务体系存在着很大的困难；对地市级公共图书馆而言，地市域面积适中，地市级公共图书馆办馆条件好，服务效能强，以地市级公共图书馆为中心构建公共文化服务体系具有得天独厚的优势。东莞图书馆[3]、苏州市图书馆[4]、佛山图书馆[5]、嘉兴市图书馆[6]、赤峰市图书馆等众多地市级公共图书馆过去10余年的发展实践，充分证明了地市级公共图书馆在促进基层公共图书馆服务体系建设、整体化发展方面独特的、不可替代的作用。

鉴于此，文化部在《全国公共图书馆事业发展"十二五"规划》中明确提出，"以地市级公共图书馆的建设与发展为主要抓手，充分发挥城市中心图书馆在事业发展和创新中的引领作用"[2]。

1.2 地市级公共图书馆发展存在的问题

尽管如此，我们也应该看到地市级公共图书馆发展过程中仍然存在着财政投入不足、基础设施薄弱、资源建设质量不高、人才队伍建设滞后等影响可持续发展的问题[7-8]，尤其是中西部、少数民族地区等经济欠发达地区的地市级公共图书馆发展状况更是不容乐观。文化部财务司2011年1月5日发布的《"十五"以来全国公共图书馆发展情况分析》指出，我国公共图书馆"面积达标率普遍偏低。特别是地市级图书馆，按照

作者简介：刘淑华(0000-0002-9431-9365)，馆长，副研究馆员，E-mail: liushuhua168@163.com。
收稿日期：2015-10-04 修回日期：2015-11-15 本文起止页码：23-29,123 本文责任编辑：徐健

图5 2015年12月，刘淑华在《图书情报工作》第59卷第23期发表学术论文《地市级公共图书馆发展困境与发展方略研究》

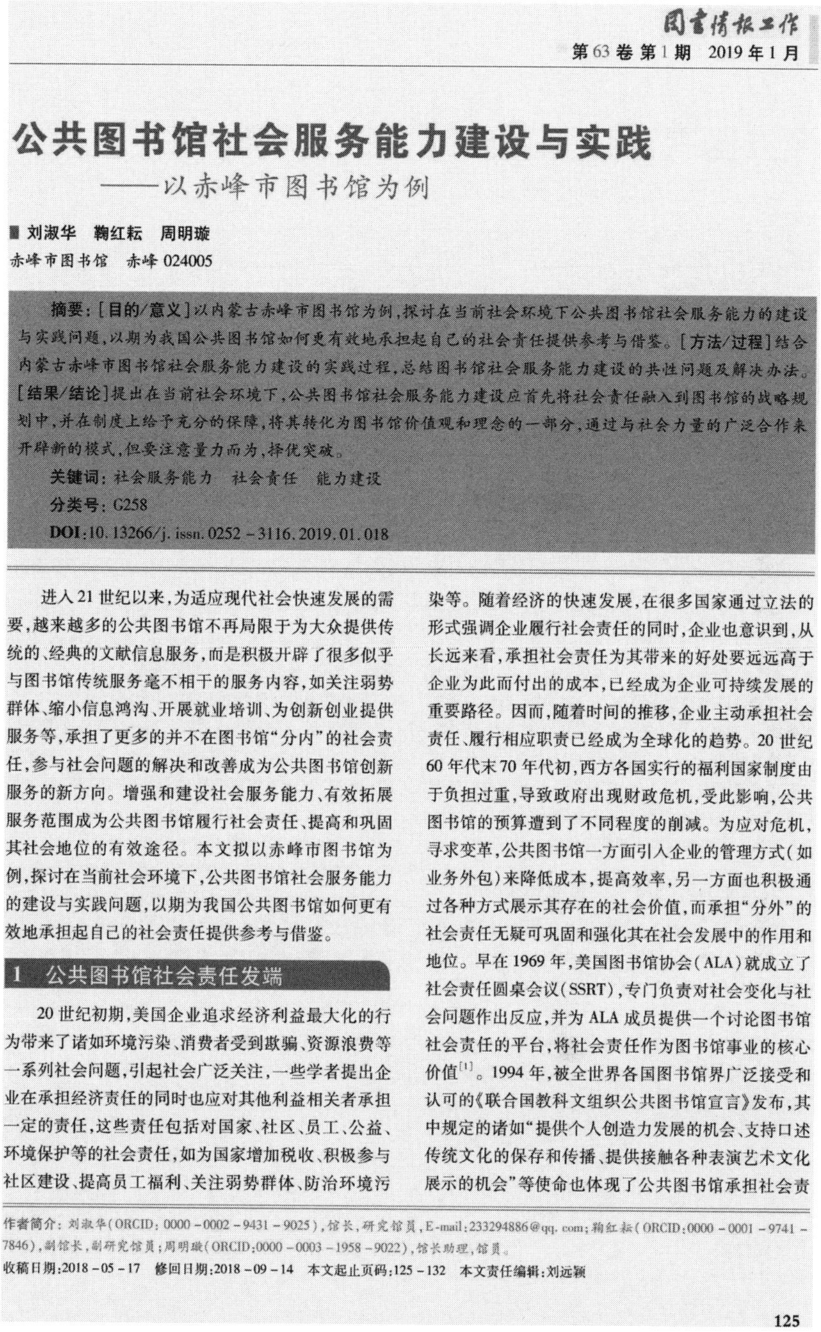

公共图书馆社会服务能力建设与实践
——以赤峰市图书馆为例

■刘淑华 鞠红耘 周明璇
赤峰市图书馆 赤峰 024005

摘要：[目的/意义]以内蒙古赤峰市图书馆为例，探讨在当前社会环境下公共图书馆社会服务能力的建设与实践问题，以期为我国公共图书馆如何更有效地承担起自己的社会责任提供参考与借鉴。[方法/过程]结合内蒙古赤峰市图书馆社会服务能力建设的实践过程，总结图书馆社会服务能力建设的共性问题及解决办法。[结果/结论]提出在当前社会环境下，公共图书馆社会服务能力建设应首先将社会责任融入到图书馆的战略规划中，并在制度上给予充分的保障，将其转化为图书馆价值观和理念的一部分，通过与社会力量的广泛合作来开辟新的模式，但要注意量力而为，择优突破。

关键词： 社会服务能力　社会责任　能力建设
分类号： G258
DOI： 10.13266/j.issn.0252-3116.2019.01.018

进入21世纪以来，为适应现代社会快速发展的需要，越来越多的公共图书馆不再局限于为大众提供传统的、经典的文献信息服务，而是积极开辟了很多似乎与图书馆传统服务毫不相干的服务内容，如关注弱势群体、缩小信息鸿沟、开展就业培训、为创新创业提供服务等，承担了更多的并不在图书馆"分内"的社会责任，参与社会问题的解决和改善成为公共图书馆创新服务的新方向。增强和建设社会服务能力、有效拓展服务范围成为公共图书馆履行社会责任、提高和巩固其社会地位的有效途径。本文拟以赤峰市图书馆为例，探讨在当前社会环境下，公共图书馆社会服务能力的建设与实践问题，以期为我国公共图书馆如何更有效地承担起自己的社会责任提供参考与借鉴。

1 公共图书馆社会责任发端

20世纪初期，美国企业追求经济利益最大化的行为带来了诸如环境污染、消费者受到欺骗、资源浪费等一系列社会问题，引起社会广泛关注，一些学者提出企业在承担经济责任的同时也应对其他利益相关者承担一定的责任，这些责任包括对国家、社区、员工、公益、环境保护等的社会责任，如为国家增加税收、积极参与社区建设、提高员工福利、关注弱势群体、防治环境污染。随着经济的快速发展，在很多国家通过立法的形式强调企业履行社会责任的同时，企业也意识到，从长远来看，承担社会责任为其带来的好处要远远高于企业为此而付出的成本，已经成为企业可持续发展的重要路径。因而，随着时间的推移，企业主动承担社会责任、履行相应职责已经成为全球化的趋势。20世纪60年代末70年代初，西方各国实行的福利国家制度由于负担过重，导致政府出现财政危机，受此影响，公共图书馆的预算遭到了不同程度的削减。为应对危机，寻求变革，公共图书馆一方面引入企业的管理方式（如业务外包）来降低成本，提高效率，另一方面也积极通过各种方式展示其存在的社会价值，而承担"分外"的社会责任无疑可巩固和强化其在社会发展中的作用和地位。早在1969年，美国图书馆协会（ALA）就成立了社会责任圆桌会议（SSRT），专门负责对社会变化与社会问题作出反应，并为ALA成员提供一个讨论图书馆社会责任的平台，将社会责任作为图书馆事业的核心价值[1]。1994年，被全世界各国图书馆界广泛接受和认可的《联合国教科文组织公共图书馆宣言》发布，其中规定的诸如"提供个人创造力发展的机会、支持口述传统文化的保存和传播、提供接触各种表演艺术文化展示的机会"等使命也体现了公共图书馆承担社会责

作者简介：刘淑华（ORCID：0000-0002-9431-9025），馆长，研究馆员，E-mail：233294886@qq.com；鞠红耘（ORCID：0000-0001-9741-7846），副馆长，研究馆员；周明璇（ORCID：0000-0003-1958-9022），馆长助理，馆员。
收稿日期：2018-05-17　修回日期：2018-09-14　本文起止页码：125-132　本文责任编辑：刘远颖

图6　2019年1月，刘淑华、鞠红耘、周明璇在《图书情报工作》第63卷第1期发表学术论文《公共图书馆社会服务能力建设与实践——以赤峰市图书馆为例》

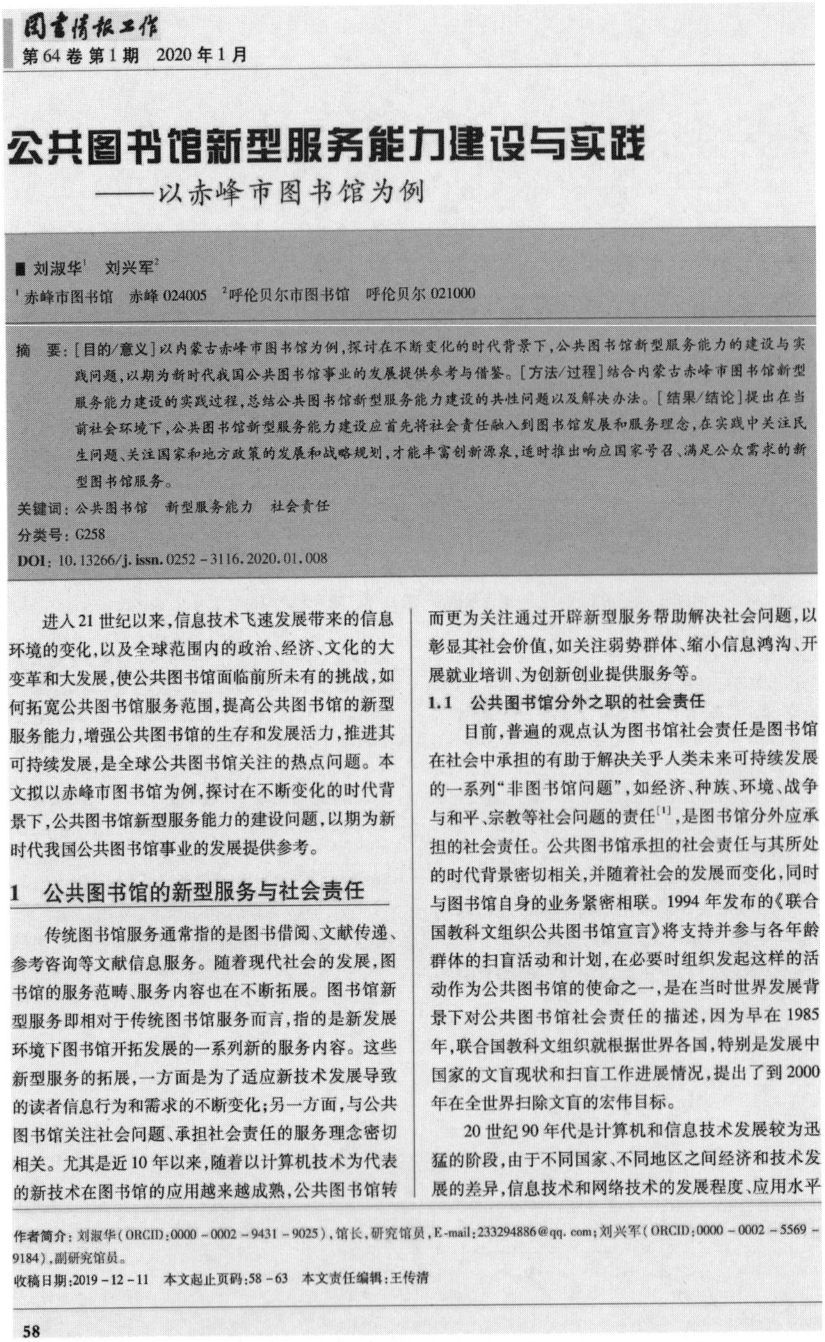

公共图书馆新型服务能力建设与实践
——以赤峰市图书馆为例

■ 刘淑华[1] 刘兴军[2]
[1]赤峰市图书馆 赤峰 024005 [2]呼伦贝尔市图书馆 呼伦贝尔 021000

摘 要：[目的/意义]以内蒙古赤峰市图书馆为例，探讨在不断变化的时代背景下，公共图书馆新型服务能力的建设与实践问题，以期为新时代我国公共图书馆事业的发展提供参考与借鉴。[方法/过程]结合内蒙古赤峰市图书馆新型服务能力建设的实践过程，总结公共图书馆新型服务能力建设的共性问题以及解决办法。[结果/结论]提出在当前社会环境下，公共图书馆新型服务能力建设应首先将社会责任融入到图书馆发展和服务理念，在实践中关注民生问题、关注国家和地方政策的发展和战略规划，才能丰富创新源泉，适时推出响应国家号召、满足公众需求的新型图书馆服务。

关键词：公共图书馆　新型服务能力　社会责任
分类号：G258
DOI：10.13266/j.issn.0252-3116.2020.01.008

进入21世纪以来，信息技术飞速发展带来的信息环境的变化，以及全球范围内的政治、经济、文化的大变革和大发展，使公共图书馆面临前所未有的挑战，如何拓宽公共图书馆服务范围，提高公共图书馆的新型服务能力，增强公共图书馆的生存和发展活力，推进其可持续发展，是全球公共图书馆关注的热点问题。本文拟以赤峰市图书馆为例，探讨在不断变化的时代背景下，公共图书馆新型服务能力的建设问题，以期为新时代我国公共图书馆事业的发展提供参考。

1 公共图书馆的新型服务与社会责任

传统图书馆服务通常指的是图书借阅、文献传递、参考咨询等文献信息服务。随着现代社会的发展，图书馆的服务范畴、服务内容也在不断拓展。图书馆新型服务即相对于传统图书馆服务而言，指的是新发展环境下图书馆开拓发展的一系列新的服务内容。这些新型服务的拓展，一方面是为了适应新技术发展导致的读者信息行为和需求的不断变化；另一方面，与公共图书馆关注社会问题、承担社会责任的服务理念密切相关。尤其是近10年以来，随着以计算机技术为代表的新技术在图书馆的应用越来越成熟，公共图书馆转而更为关注通过开辟新型服务帮助解决社会问题，以彰显其社会价值，如关注弱势群体、缩小信息鸿沟、开展就业培训、为创新创业提供服务等。

1.1 公共图书馆分外之职的社会责任

目前，普遍的观点认为图书馆社会责任是图书馆在社会中承担的有助于解决关乎人类未来可持续发展的一系列"非图书馆问题"，如经济、种族、环境、战争与和平、宗教等社会问题的责任[1]，是图书馆分外应承担的社会责任。公共图书馆承担的社会责任与其所处的时代背景密切相关，并随着社会的发展而变化，同时与图书馆自身的业务紧密相联。1994年发布的《联合国教科文组织公共图书馆宣言》将支持并参与各年龄群体的扫盲活动和计划，在必要时组织发起这样的活动作为公共图书馆的使命之一，是在当时世界发展背景下对公共图书馆社会责任的描述，因为早在1985年，联合国教科文组织就根据世界各国，特别是发展中国家的文盲现状和扫盲工作进展情况，提出了到2000年在全世界扫除文盲的宏伟目标。

20世纪90年代是计算机和信息技术发展较为迅猛的阶段，由于不同国家、不同地区之间经济和技术发展的差异，信息技术和网络技术的发展程度、应用水平

作者简介：刘淑华(ORCID：0000-0002-9431-9025)，馆长，研究馆员，E-mail：233294886@qq.com；刘兴军(ORCID：0000-0002-5569-9184)，副研究馆员。
收稿日期：2019-12-11 本文起止页码：58-63 本文责任编辑：王传清

58

图7　2020年1月，刘淑华、刘兴军在《图书情报工作》第64卷第1期发表学术论文《公共图书馆新型服务能力建设与实践——以赤峰市图书馆为例》

对员工进行了多次的培训，培养了大家的写作能力，大家也积极主动地发表一些论文。到目前为止，我们已经发了170多篇论文，出版了5本专著，在业界论文评奖中获得了不同的奖项。通过这种理论的总结和提炼，提升了我们馆员的学习能力，同时连带着也打开了工作思路，提升了服务能力。所以这些年我们对业务能力提升这块，是越来越重视，对馆员的综合素质这块也越来越重视。

图8　2014年8月10日，城市图书馆运营创新研讨会[①]在赤峰市图书馆召开

---

① 城市图书馆运营创新研讨会由北京雷速科技有限公司、北京碧虚文化有限公司主办，内蒙古自治区图书馆学会、赤峰市图书馆协办。赤峰市文化局局长于凤先、赤峰市文化局文化科科长薛瑞、内蒙古自治区图书馆馆长李晓秋、内蒙古自治区图书馆学会常务副理事长乌恩、北京大学信息管理系博士生导师李国新教授、广东东莞图书馆馆长李东来、上海浦东图书馆馆长张伟、赤峰市图书馆馆长刘淑华、北京雷速科技有限公司及北京碧虚文化有限公司董事长刘锦山出席会议，来自全国各地的120多位图书馆代表参加了会议。

图9　2015年6月21—23日，全国中小型公共图书馆联合会2015年研讨会[①]在赤峰召开

图10　2015年7月23—27日，2015 e线图情年会暨图书馆发展趋势与运营创新研讨会[②]在宁城县举行

---

① 本次会议由全国中小型公共图书馆联合会、中国知网、中国知识资源总库编委会主办，内蒙古自治区图书馆学会、内蒙古赤峰市图书馆承办。原文化部公共文化司处长白雪华，全国中小型公共图书馆联合会会长郭斌、秘书长董海，赤峰市文化新闻出版广电局局长于凤先、副局长吴立新等出席会议，来自全国各地图书馆界的150多位代表参加了会议。
② 2015e线图情年会暨图书馆发展趋势与运营创新研讨会由北京雷速科技有限公司和北京碧虚文化有限公司主办、赤峰市图书馆承办，2015年赤峰地区图书馆领导干部培训班由赤峰市图书馆主办。赤峰市文化新闻出版广电局副局长吴立新，宁城县政府副县长刘国印，中国科学院文献情报中心学位评定委员会主席、编辑出版中心主任初景利，国家图书馆研究馆员、《中图法》编委会常务副主编卜书庆，郑州大学图书馆馆长崔波，中原工学院图书馆馆长张怀涛，赤峰市图书馆馆长刘淑华，北京雷速科技有限公司、北京碧虚文化有限公司董事长刘锦山出席会议，来自全国各地公共图书馆和高校图书馆的代表201人参加了会议。

图11 2017年3月20日，绩效评估与民族文献阅读推广研讨会[①]在赤峰市举行

前段时间我们竞争上岗的时候，就制定了一个职称评定积分制，就是职称评审时实行积分制。这个积分制跟馆员的业务成果有直接关系，馆员每年发表多少学术成果就得多少分。前两年我们也制定了奖励办法，如果是个人完成学术作品，获得国家级奖励的，我们一个是加分，另外一个年终的时候给一部分奖励。通过积分制确定职称晋级标准，通过奖励机制，鼓励大家积极参与学术研究。我

---

① 绩效评估与民族文献阅读推广研讨会由中国图书馆学会民族文献阅读推广专业委员会、呼和浩特市图书馆、包头市图书馆、通辽市图书馆、鄂尔多斯市图书馆、呼伦贝尔市图书馆、赤峰市图书馆、北京雷速科技有限公司和北京碧虚文化有限公司联合主办。赤峰市文化新闻出版广电局副局长吴立新，中国蒙古语文学会副会长、内蒙古大学蒙古学学院博士生导师布仁巴图，中国图书馆学会民族文献阅读推广专业委员会主任、赤峰市图书馆馆长刘淑华，呼和浩特市图书馆馆长张浩如，包头市图书馆馆长高玉波，通辽市图书馆馆长王蒙，呼伦贝尔市图书馆馆长张承宏，北京雷速科技有限公司、北京碧虚文化有限公司董事长刘锦山，以及来自呼和浩特、包头、通辽、鄂尔多斯、呼伦贝尔、赤峰地区各地市、旗县区的170多位文化局领导、图书馆馆长和老师参加了本次会议。

们把年轻人的积极性都给激发出来了。现在不管是年老的还是年轻的，每年大概都有那么几篇论文获奖。

  这些年，我们也积极争取一些国家课题项目，以及市本级的、自治区的。像我个人，我的社科项目得过内蒙古自治区哲学社会科学政府奖二等奖，赤峰市哲学社会科学政府奖一等奖、二等奖、三等奖。我们的鞠红耘副馆长、乌云高娃副馆长，还有周明璇、祁鹏莉这些助理，她们的社科成果获得过我们市里的二等奖、三等奖，也获得过内蒙古自治区的三等奖。我们的学术成果在逐渐增加，职工整个的业务能力也在不断地加强，这是一个很好的发展趋势，也是一个很好的态势。

图12　2015年12月30日，《沉思与对话：城市图书馆运营与创新》（刘淑华、刘锦山合著）获赤峰市第三届社会科学优秀成果政府奖二等奖

图13　2016年12月20日，《图书馆业务外包及其发展趋势》（刘淑华著）获赤峰市第四届社会科学优秀成果政府奖一等奖

图14　2017年12月5日,《地市级公共图书馆发展困境与发展方略研究》(刘淑华著)获赤峰市第五届社会科学优秀成果政府奖三等奖

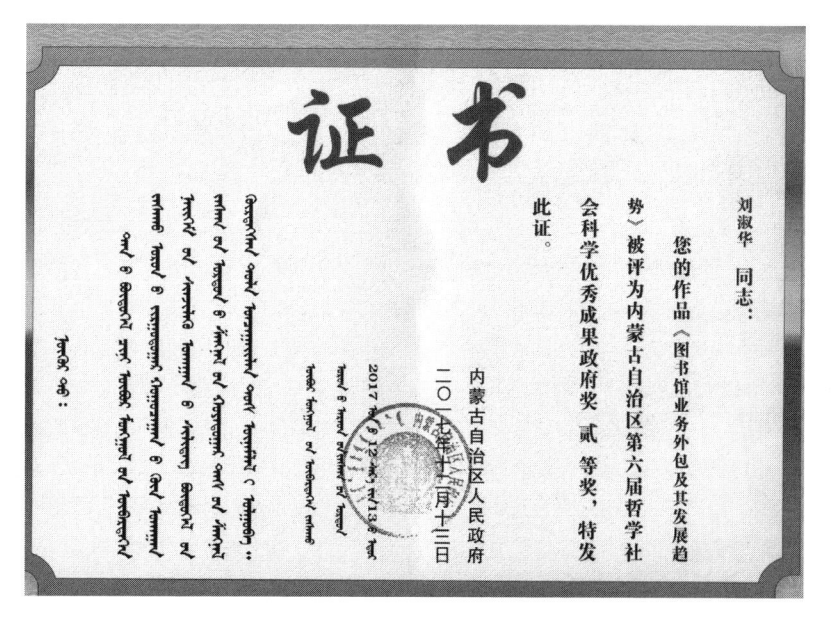

图15　2017年12月13日,《图书馆业务外包及其发展趋势》(刘淑华著)获内蒙古自治区第六届哲学社会科学优秀成果政府奖二等奖

图16　2018年12月7日，刘淑华在第一届全国灰色文献年会①做主题报告《赤峰记忆——赤峰市图书馆口述历史项目开发利用》

今后我们还要一如既往地把职工的学术能力作为我们衡量一个人工作能力的标准之一，也会更加严格地，或者说制定一个更加科学的激励机制，来激励这些职工，尤其是80后、90后的年轻人，让他们更好地参与到学术研究中来。

---

① 本次会议主题为灰色文献开发与利用，由东莞图书馆、赤峰市图书馆、鄂尔多斯市东胜区图书馆、《图书馆建设》编辑部、《图书与情报》编辑部、北京雷速科技有限公司与北京碧虚文化有限公司联合主办。东莞市文化广电新闻出版局党组副书记、副局长、东莞图书馆理事会理事长王旭辉，广东省立中山图书馆馆长刘洪辉，上海社会科学院信息研究所研究员王世伟，浙江省图书馆馆长褚树青，东莞图书馆馆长李东来，鄂尔多斯市图书馆馆长乔礼，赤峰市图书馆馆长刘淑华，安徽省高校图工委副秘书长林泽明，鄂尔多斯市东胜区图书馆馆长王芳，通辽市科尔沁区图书馆馆长王黎，黑龙江省图书馆学会副理事长、《图书馆建设》编辑部常务副主编毕洪秋，《图书与情报》编辑部副主编王景发，《图书与情报》编辑部常务副主编魏志鹏，北京雷速科技有限公司、北京碧虚文化有限公司董事长刘锦山等出席了本次会议。来自北京、上海、安徽、甘肃、广西、黑龙江、湖南、吉林、江苏、内蒙古、山东、山西、浙江和广东等地的200余位代表出席了本次会议。

五、着力推进新馆建设

刘锦山：刘馆长，我们知道赤峰市图书馆地处少数民族地区，按我们国家经济地区的划分，也处于西部地区，赤峰市图书馆这几年创新发展，形成的这一整套的实践经验，还有前面您谈到的总结的理论成果"四治"方略，我觉得非常有价值，对其他经济不发达地区的地市级公共图书馆的发展，也有比较好的参考和借鉴作用。这几年您和馆里边的同事，把咱们发展经验总结出来，非常有意义。您前面还谈到您刚进馆的时候，当时的主管局长，文化局的于凤先局长就跟您提到建新馆的事情，这几年你们也一直在争取建新馆。因为对赤峰来讲，赤峰是内蒙古人口最多的一个地级市，有460万人口，这样一个大市，我们现在的馆舍是1万平方米左右，显然是不够的。新馆建设这方面的进展情况怎么样呢？请您给大家谈谈这方面的情况。

刘淑华：其实我们申请新馆建设的这个脚步一直没有停歇过。从2011年我们搬过来，我们就在积极争取政府领导的支持，社会各界的支持、关注，包括老百姓的支持。从2012年开始我们就利用一些重要的场合、会议，我本身也是内蒙古自治区的人大代表、党代表、妇女代表，也是内蒙古自治区的劳模，利用我们这些身份，在一些场合去呼吁建新馆。我觉得呼吁多了，领导自然也就重视了。

实际上2017年我们市里就新馆建设这块也动议过、策划过。但是后来因为市政府的领导班子有调整，就停下了。2018年我作为人大代表在内蒙古自治区人民代表大会上就提过。在2019年底的内蒙古自治区第十三届人民代表大会第三次会议上，我又把图书馆的现状、群众的需求、国家的政策和法律依据，在会上给新市长做了汇报。我说现在我们提出了五个大市的创建目标，其中就有一个人文大市的创建目标，这离不开图书馆的硬指标，如果我们想实现五个大市的建设目标，实现我们人文大市的目标，我们要满足老百姓对精神文化需求的渴望，必须建新的图书馆来满足人们从物质文化到精神文化的这种需求。

图17　2019年1月，刘淑华参加内蒙古自治区十三届人大二次会议

　　这两年一个是在公共场合的呼吁，一个是领导高度重视，我们局领导、分管领导，包括社会各界人士，多次联名写信，请求建新馆。这些年，包括政协委员的提案、人大代表的议案，关于建新馆的呼声一年比一年高，所以逐渐引起了赤峰市委、市政府的高度重视。2019年的人民代表大会上，我们提了这个建议之后，王旺盛市长也很重视。2020年3月，他就到我们赤峰市图书馆进行了一次调研。他实地看了图书馆的现状之后，又听取了我们局领导的汇报，直接现场办公就说，一定要建一个像样的图书馆，而且我们要建一个自治区领先、全国不落伍的这么一个新馆。当时他提出要建一个不低于5万平方米的新馆，他说这样20年不落伍。

　　王旺盛市长提完之后，就立马开始进行这项工作的安排。他4月调研完了，5月就由我们分管副市长主持召开了专门商讨赤峰市图书馆新馆建设的一个专题会议，把赤峰市发展改革委、财政局、国土资源局、住房和城乡建设局，包括本级政府投资非经营性项目代建管理局、文旅局的领导们、一把手都召集起来，现场开了个会。2020年5月8日，王旺盛市长又亲自主持召开了一个全市的常务会议，在这个常务会议上，把新馆建设又提上了重要议程，制定了时间表和路线图，包括确定了建设面积、建设地点。我们作为建设主体部门做了一些工作，一个是政府重大项目要面向社会进行公布，要有知晓度，随后我们赤峰市文化和旅游局就在我们赤峰市的主流媒体发布了新馆建设公告，然后召开了专家论证会，同时又面向全社会发布了调查问卷，提高广大群众的知晓度和参与度。

整个这一系列工作做完之后，我们接到市政府的指示，开始面向全国征询一些设计单位，进行图书馆的形象设计。现在已经有八家单位拿出了设计方案。最终要通过招标的形式，确定一家设计单位来进行设计。其他的工作一个是立项工作，一个是项目可行性研究报告，包括政府采购这一块，都已经开始启动了。王旺盛市长说，今年年底之前要把前期工作都做好，包括设计图纸，包括审批立项，等明年4月左右就可以正式动工。一个现代化、高规格、独立建制、独立馆舍的图书馆，即将呈现在公众的面前。

刘锦山：计划什么时候建成？

刘淑华：两年到三年。要是今年跑前期手续，明年动工。

刘锦山：新馆的设计面积是多少？

刘淑华：4.9万平方米。

刘锦山：将来新馆建成以后，咱们现有的馆舍还保留吗？

刘淑华：保留。政府常务会上已经明确，新馆建成，旧馆保留。因为目前我们这个馆主要的服务半径，包括它的服务人口，几乎都是面对新城区的人口。新馆同样是建在松山区辖区，但是在松北新区。松北新区离市政府、新城区要有一段距离，所以说那块儿主要面对松北新区的人口服务。现在这个馆舍，面对新城区的人口服务更多一些。

刘锦山：这样非常好。

刘淑华：对。

六、发展成就与未来展望

刘锦山：新馆建设也是图书馆事业兴旺发达的一个标志。前面您也介绍了这个图书馆将近10年了，从2011年至2020年，经过全体职工的励精图治，发展得非常好，在国内也产生了比较大的影响，图书馆包括领导、职工，也获得了一系列的荣誉。请您给大家介绍介绍这方面的情况。

刘淑华：这些年随着我们赤峰市图书馆影响力的不断提升，也吸引了或者说我们也逐渐邀请了一些全国知名的学者、专家、明星馆长到馆讲学。我初步统计，到目前为止，图书馆界的那些大咖，百分之七八十都来过赤峰市图书馆。像李国新教授、柯平教授、初景利老师，他们都不止一次地来进行指导。还有其他的一些，像南开大学的徐建华教授，北京大学的王子舟老师、刘兹恒老师，一些知名的图书馆馆长也都来过。像李东来、褚树青、郭欣萍、张岩等许多。一个是对我们进行业务指导和交流互鉴，再就是他们的到来，对于提升我们赤峰市图书馆的影响力能起到一个推动作用。

因为这些年的努力，我个人和我们馆这块也获得了很多荣誉。2015年获得了文化部颁发的全国文化系统先进集体称号，包括我们现在也是全国社会科学普及基地。还有我们每年都参加一些业务竞赛，获得一些全国性的业务大奖。我本人是2016年中国图书馆榜样人物，获得全国社科工作先进个人，同时也是自治区五一劳动模范，自治区的三八红旗手，还当选了自治区的党代表、人大代表。我们的市级奖项就更多了，这些年每年市里的一些奖项，我们基本上都能够获得。

图18　2013年4月，刘淑华被授予赤峰市五一劳动奖章

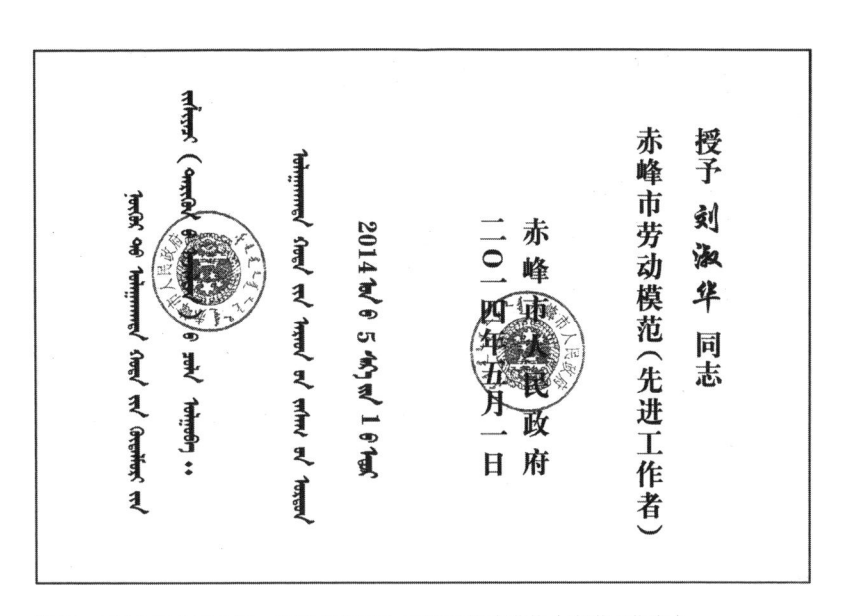

图 19　2014 年 5 月 1 日，刘淑华被评为赤峰市劳动模范（先进工作者）

图 20　2015 年 3 月，刘淑华被授予赤峰市三八红旗手标兵荣誉称号

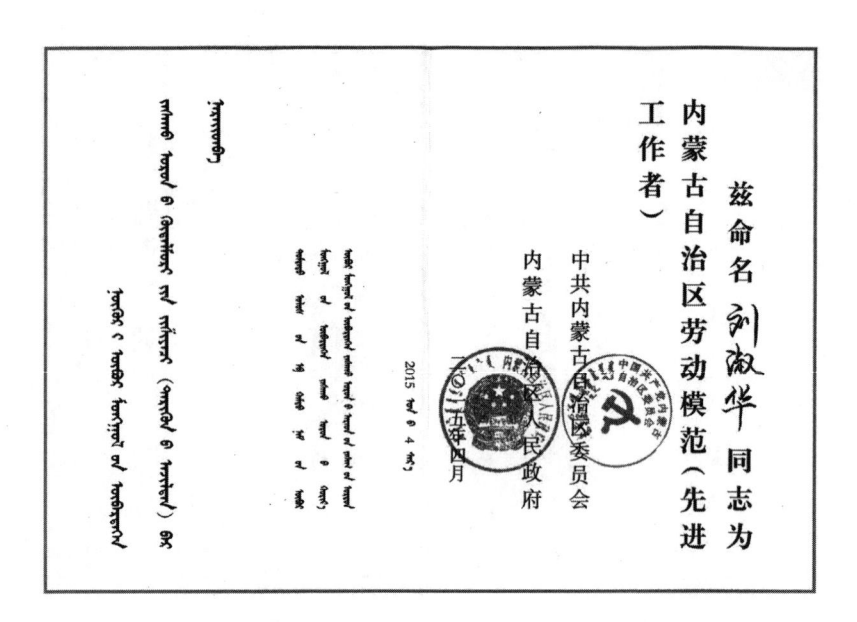

图21　2015年4月，刘淑华被评为内蒙古自治区劳动模范（先进工作者）

图22　2016年10月，刘淑华被评为"2016年中国图书馆榜样人物"

图 23 2016 年 12 月，刘淑华荣获内蒙古自治区三八红旗手荣誉称号

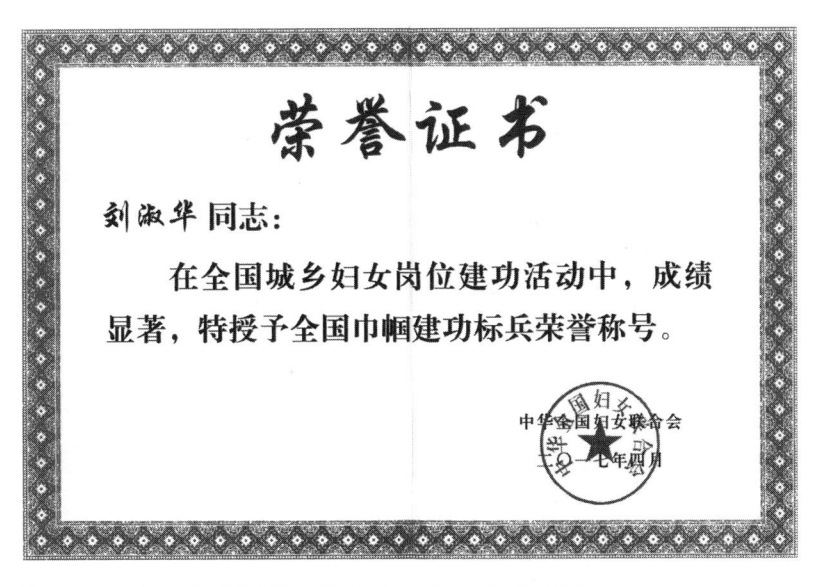

图 24 2017 年 4 月，刘淑华被授予全国巾帼建功标兵荣誉称号

刘淑华：培根铸魂守初心

图 25　2018 年 9 月，刘淑华被评为全国社科工作先进个人

图 26　2019 年 3 月，刘淑华被授予赤峰市三八红旗手标兵荣誉称号

这些成绩的取得，我觉得最主要的还是得益于我们市委、市政府的支持，得益于我们社会各界的关注和指导，同时也得益于我们这几代图书馆人的不懈努力。我经常说，我们图书馆职工要以滴水穿石的毅力和绳锯木断的韧劲，来完成我们的工作。这些年我们图书馆职工，这种坚韧不拔的劲头一直保持着，这种工作热情也一直保持着。去年我们上党课的时候，我说我们作为图书馆人要不忘初心、牢记使命，以"传承文明、服务社会"为宗旨，我们要永远记住，我们这一代人是肩负着一个使命的，不但要把图书馆事业提高到一个新的台阶，而且要引领后人提高到一个更大、更高的高度，我们不但在内蒙古自治区内，要做到领头羊的位置，同时还要在全国跟其他发达地区学习，跟我们内蒙古的先进地区学习，争取把我们馆提高到一个更高的高度。

刘锦山： 刘馆长，我了解到咱们图书馆，包括您自己也在行业内、行业外担任了一些其他的社会职务，您把这方面的情况给大家介绍一下。

刘淑华： 这些年我们通过学术平台也结识了一些人，扩大了赤峰的影响力。现在我是中国图书馆学会第九届、第十届理事会的理事，也是中国图书馆学会阅读推广委员会民族文献阅读推广专业委员会主任。初景利老师有一个学术专业委员会，我也是他们那个专业委员会的委员。后来初老师又把我拉到了《图书情报工作》的编委里边。这些年也在积极参与一些学术活动，主持编撰了阅读推广人系列教材，也参与了一些国家级的课题项目，比如说民族文献与图书馆的一些专题、课题研究。自治区这块，我是内蒙古自治区图书馆学会第九届理事会的副理事长，前几天又被选为内蒙古自治区图书馆学会第十届理事会的副理事长，也是我们赤峰市图书馆学会的理事长。

图27 2018年1月，刘淑华受聘为中国科学院文献情报中心主办期刊《图书情报工作》编辑委员会委员

图 28　2018 年 1 月 13 日，刘淑华被南开大学图书情报专业硕士（MLIS）中心聘为 2017—2018 学年最佳实践案例教学授课教师

这些年通过内蒙古自治区图书馆学会这个平台，我们凝聚了整个赤峰市，不管是高校馆，还是公共馆的这些力量，我们共同去做事；而且我们积极参与到全国公共图书馆大军当中来，贡献我们的一份力量。

刘锦山：赤峰市图书馆是 1982 年建馆，到 2022 年是建馆 40 周年的馆庆，您刚才也介绍了我们的新馆，大约也需要两三年的时间建成。新馆建设是图书馆发展的一个契机，是图书馆进行业务调整、转型非常好的一个时机，同时又赶上 40 年馆庆这样一个历史节点。下面我想请您谈谈咱们图书馆未来几年，或者更长一些时间的发展规划和思考。

刘淑华：我觉得首先是把新馆建起来，如果说能够把 5 万平方米的新馆建起来，这应该是图书馆发展史上具有里程碑意义的一件大事。另外我还想把图书馆 40 年的发展历程做一些总结，除了我们今天做的这个"赤峰记忆"访谈以外，我们还要出一部史志，出一部图书馆史。这些书，现在我们已经在起草，预计到 2021 年之前就能把这本图书馆史写出来。通过这本图书馆史，把我们整个赤峰市图书馆40多年的发展历史，做一些总结、提炼和升华。还有一个，我希望未来的图书馆，是一个让领导放心、让群众满意、现代化、高规格的图书馆，真正成为老百姓的精神家园。也想把图书馆这支队伍打造成在全国站得住、叫得响的专业团队，无论是业务上，还是学术上，培养出一支高素质的队伍来。由这些年轻人引领我们图书馆的未来，我觉得赤峰市图书馆一定会越走越远。

刘锦山：好。刘馆长，谢谢您接受我们的采访。

张淑珍

识古通今传文脉

采访时间：2020 年 6 月 29 日
初稿时间：2022 年 6 月 15 日
定稿时间：2022 年 7 月 15 日
采访地点：赤峰市图书馆"赤峰记忆"拍摄现场
版　　本：文字版

张淑珍速写

  张淑珍　汉族，赤峰市图书馆外借部原主任。1941年出生于内蒙古赤峰市红山区。1951年，进入赤峰市一完小。1956年，考入赤峰市师范学校。1959年7月毕业，分配到赤峰市阿鲁科尔沁旗，参加半个月教师集训后，分配到天山镇和平乡中心小学，教五年级。1960年3月，被抽到阿鲁科尔沁旗天山一中师训班学习，半年后顺利结业。1960年9月，分配到道伦百姓国营农场中学，教初中的文学课。1962年暑假，调到阿鲁科尔沁旗天山镇一小教书。1963年暑期，调到巴林左旗林东镇三小教书。1972年，调到林东镇二小教书。十几年教书生涯中都担任班主任。1977年5月，调到昭乌达盟农牧学院卫生所工作。1979年3月，调到昭乌达盟图书馆筹备小组工作。1979年4月20日，与筹备小组一行十几人去辽宁省图书馆学习业务，随后到大连、旅顺、黑山、锦州、抚顺等地学习参观。1980年，被抽调到赤峰市文化局文化科。1980年10月，参加内蒙古东四盟在赤峰市办的学习班。1981年春季，抽调到赤峰市文化局，送文化下乡。1983年，与几位同志被派到首都图书馆学习，回来后担任外借部和阅览部负责人，多次被评为先进工作者。1997年退休。

刘锦山：各位朋友，大家好！今天是2020年6月29日，这里是赤峰市图书馆"赤峰记忆"第五期"图书馆专题"拍摄现场。今天我们邀请到的嘉宾是赤峰市图书馆外借部原主任张淑珍老师。张老师您好。

张淑珍：你好。

一、到图书馆之前

刘锦山：非常高兴您能接受我们的采访。首先请您给大家介绍一下您的个人

图1　张淑珍（左）接受"赤峰记忆"采访

图2 1942年，张淑珍与母亲、姐姐合影（站立者为姐姐，1931年出生）

情况和工作经历。

张淑珍：好的。我是1941年出生的，今年80岁。

刘锦山：您身体真好。

张淑珍：我家就是赤峰市红山区的，儿时大杂院的玩伴很多。1951年，我进入赤峰市一完小念书。在校期间，除了学习，还参加各种文娱活动，腰鼓队、歌咏队、军鼓队。二年级时，学校号召为抗美援朝捐献飞机大炮，我们每次都捐五分钱。学校还号召给志愿军叔叔写信，我每隔一段时间就给志愿军叔叔写信，告诉他们学习情况、祖国建设情况。他们保家卫国的精神，不怕牺牲的精神，值得我们学习。在这期间，我还真接到志愿军叔叔的回信。那时小，不知道保存。至今很后悔。

  1956年，我顺利考上赤峰市师范学校。在校学习期间，我努力学习，各学科都能合格。我们除了学习，还勤工俭学，比如到火车站卸大煤，虽然累点但很高兴。三年的学习，收获多多，给之后的教育事业打下了基础。三年级的下半学期，就到附小实习，我们每位同学都担任班主任，体验当一名教师。一个月的实习结束，就复习功课，准备毕业考试。1959年7月完成了学业，顺利毕业，告别了尊敬的老师和培养我们的母校，分配到阿鲁科尔沁旗，在那里教书四年。

图3　1959年7月，赤峰师范学校原初三二班全体同学毕业留念

图4　1959年7月，赤峰师范学校同学留影（右二为张淑珍）

图5　1959年，毕业时的张淑珍

刘锦山：是在哪个学校教书？

张淑珍：1959年7月毕业后，我被分配到赤峰市阿鲁科尔沁旗。到阿旗先参加教师集训，集训半个月后，我被分配到天山镇和平乡中心小学。这所学校有五年级、六年级，一至四年级是复式班。我教五年级，担任班主任。学校有1名校长，4名老师。我在这所学校只教了半年书。1960年3月开学，我被抽调到阿鲁科尔沁旗一中师训班学习。在师训班学习的共12名学员，小学教师8名，高中学生4名。主要学习文学和数学，有两名老师，这两名老师很负责，教得好，我又认真学，半年我们12名学员顺利结业。

图 6　1960 年，张淑珍（第一排右二）在和平乡中心小学和学生留影

在那儿培训了半年以后，1960 年 9 月，我被分配到道伦百姓国营农场教中学，担任班主任。"道伦百姓"是蒙古语，汉语是"七间房"的意思。因为那所学校女同学多，都是住宿的，缺 1 名女教师，所以我就被分到那里。学校有 3 名教师，1 名负责人。我到那教初一、初二、初三班的文学课。我文学底子好，所以教学教得好，很受学生们的欢迎。后来我结婚，1962 年暑假，我调到阿旗天山镇一小教书，也是班主任，教二年级。1963 年暑期调到巴林左旗林东镇三小，在三小教了十年，担任班主任，一直是班主任。

刘锦山：您一直教语文？

张淑珍：那时候不分科。语文、数学都是班主任老师教。1972 年调到林东镇二小，也是班主任，数学跟语文都是我教的。我教学比较认真，对学生也很负责。我觉得我是个合格的教师，没有辜负国家的培养。我也把我的青春献给了教育事业。

图7 1961年，张淑珍（右二）在道伦百姓农场教书时与白音花学校教师留影

图8 1961年，张淑珍（右一）在道伦百姓农场教学时和两位同志合影

图9　1962年，阿鲁科尔沁旗道伦百姓农场教师合影（右一为张淑珍）

图10　1970年9月，送几位教师下乡改造（前排左一为张淑珍）

1977年5月，我被调到赤峰市。那时候成立昭乌达盟农牧学院了，因为老伴调到昭乌达盟农牧学院，我也就跟着过来了，开始新的生活。当时我没有从事教育工作，被分到卫生所工作。虽然隔行如隔山，但因大夫是中医，处方都是汉字。我那时是调剂，只管取药，只要认真，就不会有差错。我在卫生所工作了三年，没有出过一次差错，而且受到表扬。

刘锦山：张老师，您了解咱们图书馆20世纪70年代开始筹备，正式有批文叫昭乌达盟图书馆是哪一年？是1982年吗？

张淑珍：1983年开始叫赤峰市图书馆。

刘锦山：前面应该是叫昭乌达盟图书馆。市里边批准成立图书馆这个时间您有没有印象呢？

张淑珍：我是1979年来的，那时候都是筹备小组。好像是1975年。1975年的时候乌旭龄、沈可凯、徐绍德他们三个是筹备小组成员。那时候图书馆就那一片房子，都是平房，和博物馆组成文博图，是一个党小组。文博图是一起的。就是这种情况。1979年3月，我调到昭乌达盟图书馆。

二、筹建图书馆

刘锦山：张老师，您具体说说当时图书馆筹备阶段的情况。

张淑珍：我是1979年3月7日调来的，3月8日正好赶上三八妇女节。那时候乌旭龄同志是筹备小组组长，人员只有13名，在一起给我们庆祝三八妇女节，开了个会。那个时候图书馆还是筹备阶段，没有正式成立。

我们来的这几个同志有石丽娜、马瑞霞。马瑞霞已经去世了。有王爱莲，她是会计。还有个大斯琴，她也是会计。业务上就是我、石丽娜、马瑞霞几个人。当时我们没有别的事儿干，就是订昭乌达盟办的《昭乌达报》。报纸特多，什么《南方日报》《解放军报》《光明日报》，各省的都有。我们就订报纸，一个月一个月的，有一个木头锤子，一个钢针，我们就用它们订报纸。

那时赤峰归辽宁省管。我们一行十几人在1979年4月20日去辽宁省图书

图 11　1981 年文化下乡，张淑珍（右）与李丽娜在巴林左旗北塔留影

馆学习。通过学习，了解了图书馆的职责和业务。后来又到大连、旅顺、黑山、锦州、抚顺等地学习参观。那个时期图书馆还没有一席之地，和博物馆在一处房子，占城郊社的地方，有门面房四间，后面还有四间土房，一间是书库。我们除了订报纸，每月到新华书店买书打包，每次都买十几包，放在土房里，当仓库。我管仓库，钥匙我管。

我和魏宣彬老师1980年被抽到文化局帮忙，那时候文化科科长是于雅舟同志。也上宁城下乡，上喀喇沁旗送材料，那都我自己去。那时候还是年轻吧，也不累。到了1981年文化下乡，文化局抽调的是薛汉英同志，他是组长，图书馆抽的是我，博物馆抽的是李丽娜，艺术馆抽的是奥特根。我们上阿鲁科尔沁旗和巴林左旗文化下乡，先到的阿鲁科尔沁旗，到阿鲁科尔沁旗我和奥特根一组，薛汉英和李丽娜一组。到罕苏木了。罕苏木我知道，因为我在阿鲁科尔沁旗待过，就是罕庙。那时候还是公社，它那儿的社长、书记全是说蒙古语，我根本就听不懂。奥特根是蒙古族，他能听懂。然后我们从罕庙又到新民乡，新民乡是农区。到那块文化下乡，他们演出。他们都化装唱戏，给我们演出。那照片都有。阿鲁科尔沁旗有个叫海香的跟着我们，也是图书馆的。我们就是给他们讲一讲建图书角，因为那时候乡下不可能有图书馆，也不可能有图书室。后来又到道德木。道德木也是牧区。

图 12　1981 年文化下乡，张淑珍（前排左二）与阿鲁科尔沁旗新民乡演员合影

图 13　1981 年文化下乡，张淑珍（前排左二）与阿鲁科尔沁旗新民乡演员合影

刘锦山：也是文化下乡？

张淑珍：也是文化下乡。从阿鲁科尔沁旗回来就到林东了，到巴林左旗。把我和奥特根分到乌兰坝了。我跟薛汉英同志说，那里是蒙古族地区，我也听不懂啊。然后薛汉英说那你就别去了。

刘锦山：又回到图书馆了。

张淑珍：这是 1981 年的事情。在未正式开馆之前，内蒙古自治区图书馆来了几个同志，我们图书馆派我、包在老师，还有郑文超、陈洪勤在红山区图书馆参加学习。这是一个事情。还有一个，科学技术委员会邀请我们，也有包在老师，有陈洪勤，帮助他们整理图书。那时候也是辛局长辛瑞在科委当领导。还有刘军，我们在那儿整理图书。1980年11月，内蒙古文化局举办东四盟图书馆干部业务培训班。

刘锦山： 1980年？

张淑珍： 1980年11月25日，内蒙古自治区图书馆的林平老师，他给我们讲关于图书馆的作用、图书分类等方面的东西。那时候图书馆派我和包在老师参加学习，我们两个是主要成员。因为是在咱们赤峰地区召开，所以图书馆人员也都参加了。那都有照片。差不多学习了一个月吧。林平老师讲得很好，因为那时候我们对图书馆都不那么太明白。我记的笔记全面，后来让图书馆的一名同志借去至今没还，我觉得很可惜，因为那是我学习的心血。

图14 1980年11月，内蒙古东四盟图书馆干部业务培训班结业合影（最后一排左二为张淑珍，第二排左一为包在）

1979年4月20日，乌旭龄同志带领我们到辽宁省图书馆学习，有沈可凯、马瑞霞、王爱莲、石丽娜，还有格日勒，他们给我们上了几堂课。过去没接触过图书馆，那时候都不明白什么是善本书、手抄稿、孤本，通过学习知道分类是怎么回事。比如说百货公司吧，百货在哪一块，服装在哪一块，这就是分类，咱们图书也是。比如说小说就是文学，马克思列宁主义就是政治，什么军事、经济，什么语言文字、教育。这个都明白了。也发给我们一本小本的图书分类法。当时看了以后，又是A，又是1、2，不明白。后来逐渐明白了。这是我们上沈阳学习的经历，后来又到大连，到抚顺，然后又到锦州市图书馆。我们好像就是走马观花吧，都参观了，什么黑山这些都去了。

1979年开始建馆，要盖大楼，我们都参加劳动了。现在都是工程人员挖土样，那时都是我们图书馆的人挖。当时局长是辛瑞，他也来参加劳动，和我们一起。等到我们这个图书馆修建的时候是沈可凯局长，他是南方人，他可能按照南方那边图书馆的形式修建我们老馆那个建筑，所以都差不多是落地窗吧，那个墙也就这么高，全是玻璃，书库是从地下室一直到四楼。

三、正式开馆

刘锦山：张老师，您介绍一下图书馆开馆前后的情况。

张淑珍：1983年开馆之前，馆里派我和几位同志到北京首都图书馆学习，我牵头，还有吴丰平、乌云。魏宜彬老师他比我们资格老，因为他是中国人民大学档案系毕业，所以他都明白。但是他也去了，让我牵头。咱不是要开馆了嘛，上首都图书馆学习，主要看看首都图书馆的模式，学习图书分类、图书上架、外借、阅览等工作，还有办证、图书馆部门设置等。

开馆的时候，我跟领导说，是不是邀请首都图书馆的同志来参加，然后我给他们写了一封信，我们赤峰市图书馆开馆了，邀请你们莅临我们图书馆。然后他们回信说，祝贺你们开馆，就不参加了。

开馆后，我把首都图书馆的形式运用到咱们这个图书馆来，首先到印刷厂印了借书证、阅览证、索书条、记事本，完全是按照首都图书馆做的。一楼是自学阅览室。二楼后来也是自学阅览室了，那时候都挂着高尔基的“书籍是人类进步的阶梯”。找艺术馆的人用那个板写的图书分类法。

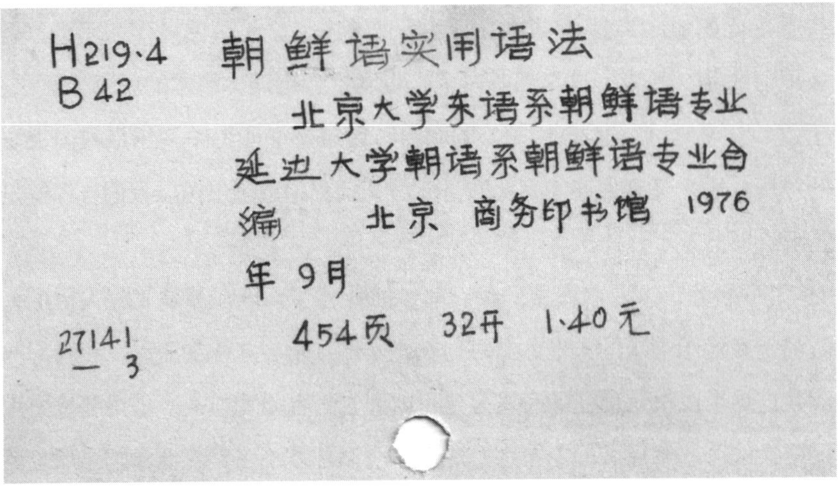

H219.4 朝鲜语实用语法
B42
北京大学东语系朝鲜语专业
延边大学朝语系朝鲜语专业合
编 北京 商务印书馆 1976
年9月
454页 32开 1.40元
27141
—3

图15 20世纪80年代，图书馆油印的目录卡片

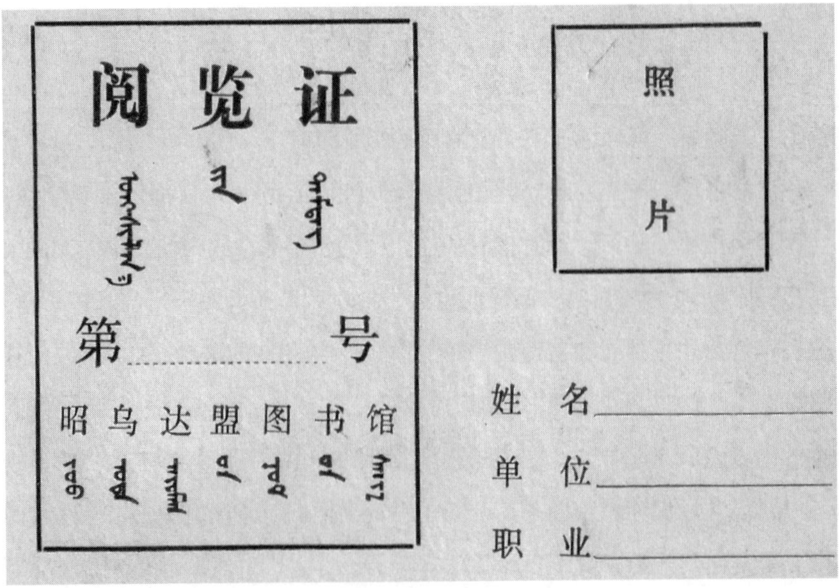

阅览证

第……号

昭乌达盟图书馆

照片

姓名

单位

职业

图16 20世纪80年代初，昭乌达盟图书馆阅览证

刘锦山：找艺术馆的人给写了字，是吧？

张淑珍：写的图书分类法。

刘锦山：ABCD 的那个。

张淑珍：ABCD。等我回来以后吧，就是上架。有打号登记，他们楼上有采编的、分类的，我们要从第一本书开始打号，1、2、3、4、5……流水登记。我们那个号是首页有一个书号，29 页有一个书号。这是规定的，我们自己规定的，这个号必须得打上，在首页和 29 页。上架就按照首都图书馆的模式，这边首先是 A，是马列主义、毛泽东思想，它排架也是从上到下、从左到右。比如说 A，第一个比如它是 1，就 1、2、3 那么排，从上到下，从左到右。

我们那儿有辅助书库。为啥叫辅助书库呢？是与馆藏书库相对而言的。比如说我们从书店买回五本书，得给辅助书库三本，馆藏书库留两本。因为我们不是要流通嘛，图书馆的工作主要有两项，第一项是流通，第二项是馆藏。我就是管流通。因为外借是前哨，同时也是桥梁，也是媒体媒介。

我的排架方式是啥呢？从 ABCDEFG 一直到 K，就是到历史、地理，都摆这边。因为咱们文学特多，这边全是文学，一楼是社会科学。上面那层是自然科学。自然科学就比如数理化，什么农业、植物、动物，还有医药卫生，什么航天航空、工业，就是按照这个排的。借社会科学的多，自然科学借得少。读者分学生、工人、科技人员。有集体外借，如守备区通讯连陆军同志，每次都借 50 册，押金 50 元，按期还了再借。那时候我是负责人，还有刘树森、吴丰平，我们几个同志管借。我还管书库。

刘锦山：外借总共几个人呢？

张淑珍：外借也就四五个人。我还刻过钢板，因为那时候没有打字机，我做的事挺多的。

当时阜新的韩保才同志上图书馆来馆际互借，想要找关于辽沈战役那时候情况的书。那天正好我休息，外借处星期一休息。好像是阅览那屋有人告诉他我家在哪儿。这个同志找到我家了。我有两个女儿，她们俩都上学呢。他找到我家来，然后我就跟着他来馆里，他借了两本书，留下押金就走了。后来他把书寄回来了，还回来以后我就把押金给他邮过去了。他还给我写了一封表扬信。我不知道这封表扬信图书馆还留没留着。

刘锦山：这是哪一年的事了？

张淑珍：这都是20世纪80年代的事。

刘锦山：咱们开馆了没有？

张淑珍：开馆了，已经正式开馆了。

四、读者外借服务

刘锦山：张老师，当时读者外借服务情况请您介绍一下。

张淑珍：有一个老同志，他是咱们郊区的。那时候刚实行大棚种韭菜。然后他上这儿来，我就给他找农业里头关于建大棚的图书，借给他了。他特别高兴，后来他还给我们送了一点儿韭菜。咱们服务态度都比较好。因为图书馆就是前哨，所以你工作必须得认真负责。但是有时候也有漏洞。比方有一次，精装的《黄帝内经》那本书还回来的时候，我们有的同志就没打开看。等到后来上架一看，里边全是社会上的一些乱七八糟的东西。这就说明工作上面有漏洞。

图书馆做外借工作，是挺辛苦的。有一次我哥哥在红庙子那块治病，他得的是肺结核。那时候市里还没有结核病医院，他病重了，然后我就去了。从红庙子村回来以后，我就跑到彭书记家，彭书记他们家就在图书馆那块儿不远的那个楼。我把书库的钥匙交给彭书记，我说彭书记我家有事，我哥哥生病了，我要照顾他。彭书记挺支持我的。虽然工作很辛苦，但我在图书馆工作学习真是收获特大，书的海洋，在那里遨游。特别是我管书库，管外借，和借书的同志感情特别好。还回来的图书都在那儿搁着，等到下班以后我们得上架，全都得上架，所以也挺辛苦的。

再有一个就是从1982年、1983年开始，咱们图书馆有外借，有自学阅览室，那时候正是高考。高考恢复以后，有的考不上大学，但咱们不是有电大嘛。那时候借图书的太多了，阅览的也多，自学阅览室的人也多，特别拥挤。等到

1990年以后借书的就稍微少点，阅览室的人也少点。我写了一篇文章，就是图书馆备忘录式的。那时候就是李晓秋馆长了，李晓秋馆长看了我写的这篇文章以后，可能有点感想。正好电视台白瑞莲来采访。我那时候不在外借了。1993年，我也快要退休了，就上了工具书阅览室了。李晓秋就让白瑞莲采访我，后来在电视台《一刻钟》栏目播了。

刘锦山：就是没人去看书了。

张淑珍：没人看。我当时看文章写的上海图书馆里，有很多图书都在"闺"中。就写了一篇文章，李晓秋挺认可，所以白瑞莲来采访的时候就让采访我。我就把咱们图书馆为什么萧条了讲了讲，因为都下海经商去了，读书的人好像少了。就是这种情况。

刘锦山：您当时写的那篇文章的题目叫什么？

张淑珍：好像是《图书馆备忘录》。

五、职称评审

刘锦山：张老师，当时评职称方面的情况您给介绍一下。

张淑珍：当时评职称的时候也非常难，就是中级职称。那时候宝音被抽到文化局评职称的领导小组去了，他说图书馆一个指标都没有。我知道后，就给张廷武市长写了一封信，还举例子说明，博物馆、艺术馆都有指标，我们都是中师毕业，在图书馆工作很多年，希望有职称指标。张廷武市长就把这封信交给文化局了，文化局接到以后就给了我们五个指标。

刘锦山：五个中级职称的指标？

张淑珍：五个中级职称的指标。那时候李晓秋还不是馆长呢。李晓秋知道这个事儿以后就说，张老师得有你，还有一个包在老师，宝音也得有。再有就是李晓秋，还有一个好像是乌云。那时候我们还学习古汉语呢，考试不考外语，考古汉语。有一个师专的姓王的老师上课，晚上我们都来听课。考古汉语我们都过关了。

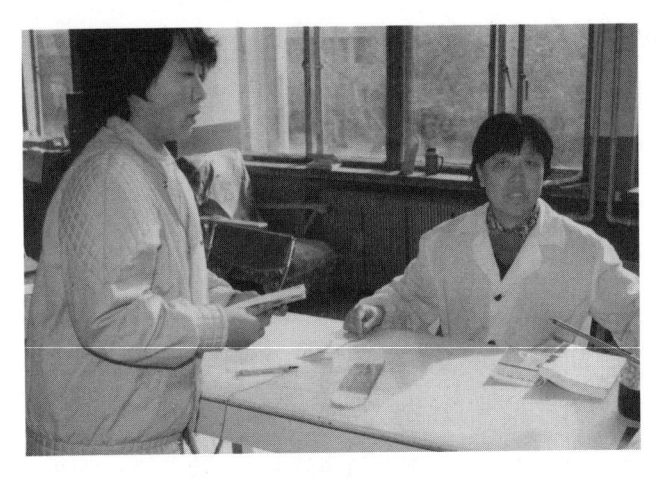

图17　20世纪80年代，工作中的张淑珍（右）

刘锦山：考一门古汉语，还考什么？

张淑珍：就考古汉语。

刘锦山：评职称有哪些条件，要什么材料呢？

张淑珍：就是写论文。我那个论文写的是《从读者借阅情况看图书馆的工作》。然后师专他们那个评委给我评的，说我写的论文主题突出，写得很好。

刘锦山：当时最高的职称也就到中级了？

张淑珍：这个没有。那时候有个叫崔佩珍的，她是从红山区图书馆调到我们这块来的，她可能是在图书馆待了很长时间，从1953年就开始待，她可能评的是高级。

刘锦山：副研究馆员是哪一年评的呢？

张淑珍：1987年。

刘锦山：1987年评的职称，那时候您还在外借部。

张淑珍：在外借部。我在外借工作真是认认真真，不辞辛劳。我这个人工作吧一直都很认真，在学校教书的时候我就不误人子弟，都是认认真真。那时候哪有说给学生补课要钱啊。比如说成绩不好的学生，六点钟下班后，我会把这些不会的学生留下，再给讲一遍，你会了我才让你回去。那时候我孩子很小，在幼儿园。人家妈都回来了，我还没回去。就那样，我都把学生当成自己的孩子。

刘锦山：您对学生这样，对读者也很认真。

张淑珍：对读者也是这样的。所以那时候我年年是先进工作者。

六、光荣退休

刘锦山：张老师，您是 1993 年调到工具书阅览室的?

张淑珍：是。

刘锦山：工具书阅览室是不是相对来说轻松一点?

张淑珍：轻松一些。

刘锦山：您是 1979 年到图书馆的，中间被文化局借调过。

张淑珍：借调好几次。

刘锦山：1996 年退休?

张淑珍：1997 年 1 月退休。

图 18　1993 年冬天，张淑珍（右一）和图书馆同事堆雪人

图 19　1993 年，张淑珍和图书馆同事去军队飞机场（右一为张淑珍，中为图书馆书记彭彦博）

图 20　1993 年 7 月 4 日，张淑珍（后排左六）与同事参加红山公园游园活动留影

图 21　1996 年 10 月 4 日，张淑珍（前排右二）参加纪念红军长征胜利全市文化系统歌咏大会后在图书馆门前合影

刘锦山：1997 年 1 月退休，在图书馆工作了 19 年，那在这 19 年过程中间还有没有什么您觉得比较难忘的事情？再给大家聊一聊。

张淑珍：没有什么了，刚才都讲了。比如说我们节假日都不休，但是给我们工资是 300%。

刘锦山：您还有没有印象，您退休的时候馆藏的图书有多少册？

张淑珍：就是我管的辅助书库有十几万册。馆藏书库那就多了，那得 20 多万册。

刘锦山：1979 年刚建的时候书不多吧？

张淑珍：没那么多，但堆得满屋都是，从书店打包回来就堆在那块儿了，每个月都得去买一次书。

刘锦山：买一次书大概得花多少钱？

张淑珍：我们不太清楚，会计应该清楚。

刘锦山：您去就是选书，结算是会计他们做的？

张淑珍：识古通今传文脉　　**103**

张淑珍：会计去结算的。

刘锦山：当时书的品种多不多呢？

张淑珍：各类的图书都有。文学特别多，因为文学借的人多。那时候特别时兴看武侠小说，金庸的多。还有琼瑶的，年轻人借得特多，中老年借得不那么多。20世纪80年代高考那时候，借书的人特别多，借教育类的特别多。

刘锦山：张老师，请您谈谈您退休后的生活。

张淑珍：退休后，我参加各种社会活动，打腰鼓。因为我小学学过腰鼓，所以腰鼓队成立后，都是我教的，最多时60多人，我们参加各种活动。北京奥运会火炬在赤峰传递时，腰鼓队参加了表演。2008年我参加老年大学书法班，学习六年，取得了一定的成绩。投稿得了很多奖。2016年，全国知识青年书法大奖赛在赤峰市召开，投稿作品有1500多幅，我得了优秀奖、金奖、银奖、铜奖各一个。这个奖很重要，现在我是赤峰市书法家协会会员、内蒙古书法家协会会员。现在我每天下午都写书法，笔耕不辍。除了写书法，我还参加社区合唱团，

图22　腰鼓队参加活动后留影（前排右一为张淑珍）

图 23　2008 年，张淑珍在老年大学学书法

图 24　2011 年 6 月，赤峰市老年大学书法班庆祝建党 90 周年演出合影（指挥者为张淑珍）

张淑珍：识古通今传文脉

图 25　2013 年，张淑珍在北京中华民族博物院

图 26　2019 年 6 月，赤峰师范毕业 60 周年同学会合影（后排左七为张淑珍）

每个节日都参加演出。因为我参加各种活动，身体好、精神好、心态好。希望大家都做到精神好、心态好、身体好。

刘锦山：张老师，谢谢您接受我们的采访。

张淑珍：谢谢。

斯琴

方寸之间见乾坤

采访时间：2020 年 6 月 29 日
初稿时间：2022 年 6 月 17 日
定稿时间：2022 年 7 月 17 日
采访地点：赤峰市图书馆"赤峰记忆"拍摄现场
版　　本：文字版

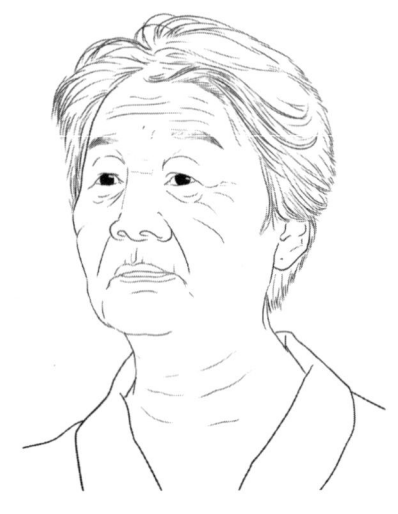

斯琴速写

　　斯琴　1949 年 10 月出生，1964 年 8 月参加工作。1964 年 10 月—1973 年在翁牛特旗格日僧苏木供销社担任售货员，1973 年担任翁牛特旗格日僧苏木妇联主任，1975 年担任翁牛特旗格日僧苏木供销社副主任，1979 年 5 月 10 日调到昭乌达盟图书馆筹备小组工作，曾任赤峰市图书馆期刊阅览室主任。2004 年退休。

　　刘锦山：各位朋友，大家好！今天是 2020 年 6 月 29 日，这里是赤峰市图书馆"赤峰记忆"第五期"图书馆专题"拍摄现场。今天我们邀请到的嘉宾是赤峰市图书馆原期刊阅览室的主任斯琴老师。斯琴老师，非常高兴您能接受我们的采访。

　　斯琴：谢谢。

图1　斯琴（左）接受"赤峰记忆"采访

一、职业生涯

刘锦山：斯琴老师，首先请您向大家谈谈您的个人情况和工作经历。

斯琴：我是1949年10月8日出生。1964年8月，当时翁牛特旗和全国各地一样，搞社会主义教育运动。从农村招收了一批青年干部，我们大队就推荐了我。那时候我小学毕业，在农村算是比较有文化的人，就被推荐了。1964年8月起，在翁牛特旗党校学习了一个多月，就让我们去白音他拉苏木继续培训学习，在白音他拉苏木学习了一个多月。我那个时候很不适应食堂的饮食，肠胃不好，泻肚泻得不行。培训结束后，要去巴林右旗开始搞社会主义教育运动。当时的领导是翁牛特旗的组织部部长萨格拉同志，考虑到我身体不好，照顾我，就把我留在途中的格日僧供销社。我从1964年10月至1973年就在格日僧供销社做售货员工作。

1973年公社缺一名妇联主任，组织上考虑到我。当时的我工作积极向上，

斯琴：方寸之间见乾坤　　109

严格要求自己，在群众中还是比较有威信的，就被推荐到公社做了妇联工作。当时也数次出席过旗里的先进个人表彰会议。

刘锦山：那是20世纪70年代。

斯琴：1973年。我参加工作以后，表现还比较不错。但那是牧区，我学的是汉文，一般和农村的女同志沟通，还得用蒙古语，但是蒙古语我还不太熟，文字啥的我还念不了，也碰到一些困难，在同志们的帮助下坚持下来了。尤其是我们有一个同志叫扎木森，他是管青年的，我是管妇联的，开个会干啥的，他帮着组织。就这么着，一直到1975年以后。后来我就有孩子了，有孩子我就不能下乡了，就把我又调回供销社当副主任。那是1976年。我爱人在内蒙古歌舞团是小提琴手，后来调回赤峰市民族歌舞团。他是1978年调回来的，我是1979年调到图书馆的。从1979年5月10日，我就在图书馆，一直干到退休。

刘锦山：您是哪一年退休的？

斯琴：我是2004年退休的。

二、图书馆的工作

刘锦山：斯琴老师，接下来您给大家把在图书馆工作的这段经历详细介绍一下。

斯琴：在图书馆工作，我不像张淑珍老师。张老师挺全，她是一直在业务上。我这是又一种情况。1975年开始筹建图书馆，刚才张老师也说了，由乌旭龄、徐绍德、沈可凯他们几个筹建的。我们就是采购书，整理报纸。

后来等到7月的时候，有我、格日乐、陈洪勤、单井云，还有郑文超，把我们五个就派到红山区图书馆学习去了，一直学到年底。在那儿我们可是开了眼界了。那个时候也可能是"文化大革命"刚结束，各条战线不太正规，可一到红山区图书馆，图书馆的工作人员那服务态度，对读者那叫一个好，那时受了一次很深刻的教育。我们从基层开始学习，在采编部整理图书，后来又分到各个阅览室、外借部体验体验，学习学习。一直学到年末，我们就又回来了。

回来之后我们也是整理报纸。正式开馆好像是1982年。1982年开馆之后，我在张老师的外借部，干了可能三四年。后来基藏库成立个辅导部，基藏库缺人了。那个时候是白云深同志负责基藏库，就让我去管基藏书库了。张老师那是辅助书库，往外流通的，我那个是保藏书库。1987年，财会岗缺人了。我原来不是当过售货员嘛，站了九年柜台，扒拉算盘，又把我调到财会当会计。我又当了五年多将近六年的会计。这可能就已经是20世纪90年代了。1998年，我就去期刊阅览室了，让我当主任。图书馆还是比较正规，那个时候读者素质就特别高了，读者也特别好。

在图书馆工作25年，也可能是身边围绕好多书，有时间我们就看书，有时间我们就学业务，学到很多知识。尤其是在红山区图书馆学的那半年，我就觉得红山区图书馆的工作人员素质真高。所以我觉得这25年在图书馆没白待。我自己学到了很多知识。

图2 1983年，赤峰市抽调一批干部到巴林右旗搞调查工作，巴林右旗文化工作人员与市里干部合影（前排右三为斯琴）

图3　1983年，在巴林右旗参加调查工作的斯琴（右）与赤峰市群众艺术馆赵玉珍合影

图4　1983年，在巴林右旗参加调查工作的斯琴（左）与赤峰市群众艺术馆赵玉珍合影

图5 1993年7月4日，斯琴（后排左九）参加红山公园游园活动留影

图6 1996年10月4日，斯琴（第二排左三）参加纪念红军长征胜利全市文化系统歌咏大会后在图书馆门前合影

图7　1997年6月11—14日，赤峰市图书馆全馆人员到北京图书馆（现国家图书馆）参观学习，图为斯琴在北京图书馆前留影

图8　斯琴在期刊阅览室整理期刊

图9　1997年6月11—14日，赤峰市图书馆全馆人员到北京图书馆（现国家图书馆）参观学习后游览八达岭（前排左一为斯琴）

三、贴心服务读者

刘锦山：您当会计时当时图书馆的经费情况怎么样？有印象吗？

斯琴：这个我没大的印象了，反正那个时候经费还是比较充足，购书费还是比较充足。

刘锦山：您把担任期刊阅览室主任那段工作情况再讲一下。

斯琴：蒙古文期刊有多少种我记不太清了。汉文期刊一共是213种。我在图书馆工作还是比较认真负责的。

刘锦山：当时期刊阅览室有几位工作人员呢？

斯琴：那个时候有鲍金花，还有吴宏，我们三个。

刘锦山：三个人？

斯琴：对。他俩倒班，我正常班。这样的。

刘锦山：当时读者的情况怎么样？

斯琴：读者特别好。我在的那个时候可能学电大的、函授的比较多，有的时候，下边那个自学阅览室装不下，比较熟悉一点的读者，也要求上我那儿学去，我也就让他们在那儿补习。

刘锦山：您是2004年退休的？

斯琴：对，2004年退休的。

刘锦山：那时候馆长是？

斯琴：李晓秋。

刘锦山：斯琴老师，谢谢您接受我们的采访。

斯琴：谢谢。

郑文超

倾情服务传文脉

采访时间：2020年6月29日
初稿时间：2022年6月15日
定稿时间：2022年7月15日
采访地点：赤峰市图书馆"赤峰记忆"拍摄现场
版　　本：文字版

郑文超速写

　　郑文超　1975年毕业，先后在交通局、昭乌达盟运输公司工作。后调到昭乌达盟图书馆（今赤峰市图书馆），曾任赤峰市图书馆期刊阅览室主任。2012年退休。

　　刘锦山：各位朋友，大家好！今天是2020年6月29日，这里是赤峰市图书馆"赤峰记忆"第五期"图书馆专题"拍摄现场。今天我们邀请到的嘉宾是赤峰市图书馆原期刊阅览室主任郑文超老师。郑老师您好。

　　郑文超：您好。

图1　郑文超（左）接受"赤峰记忆"采访

一、图书馆筹建开馆

刘锦山：非常高兴您能接受我们的采访。首先请您给大家谈谈您的个人情况和工作经历。

郑文超：我1975年毕业，1976年下乡。我参加工作的时候是在赤峰县交通局，从赤峰县交通局到昭乌达盟运输公司，从昭乌达盟运输公司调到图书馆工作。那个时候图书馆正在筹备阶段，1982年建馆，应该是1983年开馆。但是我到馆的时候不是阅览室主任，1979年到1981年为了开馆筹备各项工作，主要是去书店进图书，外地学习。

刘锦山：1982年之前是在哪儿办公的？

郑文超：是在原来艺术馆的老院，现在就是图书馆的旧址。有艺术馆、文物站、图书馆，那个时候三个单位是一个支部。

刘锦山：多大的办公面积？

郑文超：面积不大。因为三个单位在一个地方办公，比较紧张，面积是很小的。那个时候因为是筹建阶段，到馆之后学习一些有关图书馆方面的知识。后来1982年筹备开馆了，就做了一些图书馆开馆之前的准备工作。像去书店，都集体去，到那儿去进一下图书，回来加工整理，做这些工作。1983年图书馆落成、开馆。1980年正在图书馆筹备阶段。建图书馆的时候，我们都到那儿去挖土样。大家都能做点力所能及的事情。

刘锦山：为什么要挖土样？

郑文超：建图书馆需要土质检测。

刘锦山：那老馆是多大面积，几层楼？

郑文超：红山区钢铁街西段原图书馆共四层，面积4500平方米。

刘锦山：当时搬过去以后，图书馆大约有多少职工？

郑文超：大概是36人。建馆的时候，馆里有蒙古族的、有汉族的。

二、期刊阅览服务

刘锦山：郑老师，您在1992年做了一年的期刊阅览室的主任是吧？负责期刊部的工作，请您谈谈当时一些具体的情况。

郑文超：那个时期，书标都是自己去用纸贴，不像现在有电脑打印，都是自己整理、上架。自学阅览室主要就是接待周边这些中学的学生，让他们来学习。高考的时候，图书馆要延长开馆时间，晚上一般我们都开到9点。9点闭馆，但是我们职工走的时候，大约就是9点半了。因为图书要上架，还有杂志上架，还要搞卫生，不像现在有保洁。

刘锦山：当时期刊阅览室，您还记得订了多少刊吗？订了一些什么样的刊物？

郑文超：那时候就有300多种。

刘锦山：300多种，那也不少了。

郑文超：对。因为咱们这是中心馆，面向的读者群比较多，方方面面的都有。工、农、商、学、兵。

刘锦山：期刊阅览室的读者多不多？

郑文超：期刊阅览室的读者挺多的，有一些老干部，还有社会上的一些群体。工具书阅览室主要就是接待一些写书的、查资料的、搞科研的读者。

刘锦山：您当了期刊阅览室主任之后，又做过哪些工作？

郑文超：我又到行政做了一些办公室的工作，后来我又借调到文化局。

刘锦山：您哪一年到的文化局？

郑文超：大概是1980年。

刘锦山：1980年就借到文化局了，借了多久？

郑文超：借了将近两年吧。

刘锦山：文化局那边是做什么工作？

图2　20世纪80年代末，在期刊阅览室工作的郑文超

郑文超：是在落实政策办公室。

刘锦山：1984年回到图书馆，后来在哪些部门工作过？

郑文超：在行政上也做，在业务上也做。

刘锦山：行政就是办公室，做一些办公室工作。

郑文超：是的，负责办公室的日常工作什么的。

刘锦山：那其他业务上的工作做过哪些呢？

郑文超：业务上我一直也就是在阅览室。

刘锦山：阅览室，是哪个阅览室？

郑文超：我当时在期刊阅览室和工具书阅览室工作。

刘锦山：一直工作到什么时候呢？

郑文超：我工作到2007年，因为身体也不是特别好。正好有一个政策，我正好符合就提前退休了。

三、图书馆发展变化

刘锦山：郑老师，您从1984年回到馆里做行政，也做业务工作，从20世纪80年代到2000年，图书馆有哪些变化？

郑文超：我还管过三产，以文补文嘛。有一些闲置的房子就租出去了，我负责这个。

刘锦山：这个房子是什么时候开始出租的？

郑文超：那是20世纪90年代了，大概是1995年吧。

刘锦山：一年能租多少钱呢？

郑文超：那个钱不是特别多，就是以文补文，租出点钱来，好买一点图书什么的。因为那时候国家拨款也不是很多，资金不是特别多。

刘锦山：那时候馆长是哪一位呢？

郑文超：开始是周纯馆长，后来就是李晓秋，书记是彭彦博。

刘锦山：图书馆期刊阅览室订的刊有没有变化？

郑文超：那个没有啥变化，基本上还是面向工、农、商、学、兵。那个时候还是一直就在老城那个图书馆。

刘锦山：后来看书的人也比较多。

郑文超：读者还是比较多。因为咱们属于中心馆，像旗县有些资料不全的，他们也到咱们馆里查阅。后来就搬到新馆，新城区，所有的就都变了。再就是等电脑操作的时候，我就退休了。

刘锦山：郑老师，您在图书馆工作这么多年，有没有您现在印象比较深、比较难忘的一些事情？

郑文超：好像就感觉那个时期人和人的关系和现在的不一样。那个时期咱没有手机，大家工作之余都在一起乐一乐，和现在不一样。工作的氛围和现在也不一样。那个时候工作就是工作，也没有其他的东西来干扰，像手机、电脑。现在人们用电脑也方便了。那时候都挺忙的，几乎是没有闲着的时间。上班，是一个环节一个环节的，它都是有衔接的，你有一个环节不到位，那你下一个环节是没法工作的。

刘锦山：工作比较紧张。

郑文超：紧张。但是那个时候人们都挺高兴的。现在有些工作不用再面对面去交接了，那个时候都得交接。像借书部这块，它也都是有分类的，有登记。图书进馆之后它不是直接到阅览室的，得先登记，登记了之后加工整理，再上架。人与人有很多接触，现在和过去不一样了。

刘锦山：现在有电脑了。

郑文超：对，先进了。

刘锦山：郑老师，您看还有什么补充的？

郑文超：我别的就没有什么补充了。因为这时间也太长了，你看我进馆的时候23岁，现在63岁。

刘锦山：40年了。郑老师，非常高兴您能接受我们的采访。

李灵芝

继往开来逐梦行

采访时间：2020 年 6 月 30 日
初稿时间：2022 年 6 月 21 日
定稿时间：2022 年 7 月 21 日
采访地点：赤峰市图书馆"赤峰记忆"拍摄现场
版　　本：文字版

李灵芝速写

  李灵芝　汉族，1962 年 2 月出生于赤峰市阿鲁科尔沁旗双胜镇红星村。1980 年从赤峰市阿鲁科尔沁旗天山一中考入吉林大学中文系汉语言文学专业。1984 年 7 月，毕业被分配到赤峰市图书馆工作。1987 年被聘为图书资料系列助理馆员，1994 年晋升为馆员，2001 年晋升为副研究馆员。曾在阅览部、采编部、咨询辅导部、业务办公室和文史办公室等部门工作，先后任咨询辅导部主任、业务办公室主任、特藏部主任、文史办公室主任等职务。在省级专业期刊发表专业论文 10 余篇，多次参加市级、自治区级、国家级论文研讨会并获奖。多次被评为全馆优秀专业技术人员。2000 年 11 月，参加全区第三届公共图书馆业务竞赛，荣获团体第一名、文献编目单项第三名，并荣获 2000 年度全市公共图书馆系统先进工作者称号。2008 年，荣获赤峰市人事局三等功奖励。

  2019 年、2020 年，连续荣获赤峰市人力资源和社会保障局事业单位记功奖。

长期担任馆里文字工作和对外宣传工作，先后在《赤峰日报》《内蒙古日报》等媒体发表报道文章80余篇。1991—1994年，先后担任《赤峰文化志》责任编辑、《赤峰市志》文化篇编辑和公共图书馆篇撰稿人。2000年3月，荣获赤峰市人民政府"全市文化信息工作优秀信息员"奖励。2013年，专著《中华龙俗》由内蒙古人民出版社出版，并于2016年8月荣获赤峰市人民政府授予的赤峰市第三届哲学社会科学优秀成果政府奖一等奖，同年12月又荣获内蒙古自治区人民政府授予的内蒙古自治区第五届哲学社会科学优秀成果政府奖二等奖。2018年起负责赤峰市图书馆1975—2011年馆史资料的整理编写工作。

刘锦山：各位朋友，大家好！今天是2020年6月30日，这里是赤峰市图书馆"赤峰记忆"第五期"图书馆专题"拍摄现场。今天我们邀请到的嘉宾是赤峰市图书馆文史办公室主任李灵芝老师。李老师，您好。

李灵芝：您好。

一、勤勉敬业履职尽责

刘锦山：非常高兴您能接受我们的采访。李老师，首先请您谈谈您的个人情况和工作经历。

李灵芝：我是1962年2月生人，出生地是赤峰市阿鲁科尔沁旗双胜镇红星村。我1980年从阿鲁科尔沁旗天山一中考入吉林大学中文系读书，1984年7月被分配到赤峰市图书馆工作。当时是内蒙古自治区教育厅负责大学毕业生分配，说让我去高校工作。我当时不喜欢当老师，家里人又想让我回来，然后我就要求回到了赤峰。当时赤峰市是教育局管分配。管分配的领导问我想去哪儿，我当时其实是想从事文学创作工作，就说去文化局吧。因为我听说那里有一个创编室，他就让我去文化局了。

图1 李灵芝（左）接受"赤峰记忆"采访

    等我到文化局报到那天，在人事科，当时图书馆的彭彦博书记也在那儿呢。侯志忠科长就说图书馆正招兵买马，要大学生，就说，要不你去图书馆吧，你去文物站也行。当时的文物站就是后期的博物馆了，那时候还没建楼呢，就在图书馆楼的后面平房里，就是我们单位老馆的后面。我说，我考虑考虑。当时我在等分配的时候住在第二招待所，跟我同住一室的那个人，她也是阿鲁科尔沁旗人。她说："我嫂子刚调到图书馆，那个单位特别特别好，新建一个大楼，条件特别好，多少人找关系都进不去，你快去吧。"当时我一个吉大校友（家在赤峰，也在等分配）建议我去，这个老乡也让我去，这么着我就去了。

    到了图书馆之后，领导把我分到了综合阅览室。当时是在二楼，综合阅览室就是读者可以在那里自习，也可以在那里阅览。阅览室配了好多书，《中国图书馆分类法》22大类的书，它基本上都有，尤其是有一部分工具书。我在那儿工作一段时间，到了年底馆长又让我去了采编部，在采编部工作了将近一年的时间。1985年11月，我们馆里第一次招聘，就是说要改革，实行招聘制，是在党支部领导下的馆长招聘制,全称是这样。要求自己随便报名,报哪个部门都可以。那时候咨询部是刚成立的新部门,大家都往那儿报名。我也想往那儿报,可报完了人家说就要两个人。后来采编部报名的人就有点失控了,我一看情况不太好,想想那我还是回阅览部吧,就又回阅览部了。回阅览部这是1985年年底。

等到1988年6月李晓秋当馆长以后,他让我到辅导部工作。一个是从事继续教育工作,针对全市基层图书馆,辅助当时的崔佩珍老师做业务辅导工作。另一个是做馆里的文字工作,即对外宣传,这才是我的主要工作。那时候办了一些小报什么的,李馆长一上任,跟我说要让图书馆走向社会,必须加强对外宣传力度。我从1988年6月去辅导部后,一直做辅导和文字工作。1991年的5月,我被借调到赤峰市文化局。当时要编写《赤峰文化志》,让我去担任责任编辑,一直到1992年年底。一年半的时间,一直在创编室从事那个工作,就不在馆里了。但是馆里的文字工作,我还是一直兼着。从我一进馆,党支部的文字工作,或者是馆里的好多文字工作,都让我去做。那时候我是兼职,就是我承担着业务工作,其他大多数都是业余时间写东西,经常夜间加班加到很晚,一直是那种状态。等到《赤峰文化志》完成之后,我回到馆里,领导又让我回采编部工作。那时候是要加强采编部的工作,我就去了采编部。

图2 1993年7月4日,李灵芝(后排左二)与同事一起参加红山公园游园活动留影

我一开始是组织目录，过了几年又让我著录，当时我们采编部一共才四个人。我在做采编工作的同时，仍然兼着馆里的文字工作，基本上是晚上回家加班写东西。1996年7月，内蒙古自治区文化厅与内蒙古医学院联合举办了全区公共图书馆微机理论与操作培训班，那时候图书馆就要尝试计算机编目了，然后我们领导就让我去学习，鞠红耘、牡丹也要求去，后来我们就一起去那里学习了22天。当时培训用的是286计算机，学会了计算机的基本操作，回来后因为馆里没有计算机，就等于没用，但是算是长了见识了。又过了将近一年的时间，1997年，李馆长带着我们去国家图书馆参观，参观完了之后，馆里就买了5台586奔腾计算机。因为我们头一年已经在内蒙古学了计算机，掌握了一定的技能，所以馆长就让我们试着在计算机上编目。那时候大家都不会用（电脑都在四楼微机室，没有给采编部专门配备），一开始是在计算机上打印著录草片之后，再去采编部油印目录。因为图书馆从一开始目录就是油印。

刘锦山：对。

图3　1996年10月4日，李灵芝（前排右三）与同事参加全市文化系统歌咏大会后在馆舍门前留影

李灵芝： 我们开始用计算机著录的时候也是油印。等到第二年的时候，也就是1998年，李馆长在社会上招聘了一个女孩儿，叫丁宏达，她专门负责电脑打字。我到图书馆以后从事文字工作，所有的东西都是手写。我们单位是从1982年开始，才配备铅字打印机著录，一般都是到年底领导班子上报年终工作总结的时候，手写完了文字稿再用那个铅字打印机打印。一直到1998年的时候，才真正用电脑打字了。当时我们采编部著录是手写著录草片之后让丁宏达去打印，也就是单位所有的文字材料都是手写完了，再让丁宏达去打印。

2001年，我离开采编部到新成立的咨询辅导部担任部主任。因为我2000年11月跟鞠红耘一起参加全区第三届公共图书馆业务竞赛得了团体第一名，我个人是编目第三名。当时我已经38岁了，是我们参赛选手里年龄最大的。宝音馆长带队参赛，竞赛之后他就说从现在开始你得带个年轻的了，不能再让你编目了，你得干别的工作。我竞赛回来之后就开始带周岚，她是1999年从内蒙古大学毕业之后到图书馆工作的，宝馆长让我带她编目，而且给她专门配备一台电脑，她自己在计算机上编目，不用再让丁宏达打印了。带了几个月的时间，她基本上可以独立工作了，这样我就去了咨询辅导部。

宝音当馆长以后，我在咨询辅导部从事全市图书馆继续教育工作、馆里公文写作和对外宣传工作。那时候我办了一个小报，就是《信息参考》，每个月出一期，8开纸，反正面都有。我自己没有电脑，我从报纸、刊物上搜集一些东西，能复印的就复印，不能复印的东西我就抄下来，然后让采编部周岚给我打印，打印完了我再校对。因为当时年轻人打字都是盲打，速度快但是错字特别多，我在校对的过程中就特别麻烦。小报每个月出一期，我在一张白纸的正反面粘贴上稿子，又是复印稿又是打印稿的，到印刷厂再进行正规排版。他们得给我打印出两到三次清样让我校对，校对那密密麻麻的小字特别费事。当时就是这个情况。

2006年年底，在新一轮招聘后，咨询辅导部更名为业务办公室。我和乌兰一起工作，馆里也给她配了专用电脑。无论是小报还是其他文字稿依然是我手写完了让她打印，然后我校对。到2007年的时候，保管部牡丹也配备了电脑，这

图 4　2001 年 7 月，赤峰市图书馆领导和职工参加"学树"活动留影（前排右三为李灵芝）

时电脑已经不是专门配给年轻人了，我才跟宝音馆长说，你快给我也配个电脑吧，我这来回来去的太费事了，我手写了让乌兰给我打印，打完我还得校对，你给我配个电脑就省事了。那时候才给我配了电脑，之后我就自己直接在电脑上打字了，后期我的工作，程序上相对要简单一些。

刘锦山：工作量减了。

李灵芝：工作量一直也没减少，业务办公室开始的时候，我还负责办证处，后期办证处不让我管了，我就专门在业务办公室从事文字工作，还有继续教育培训工作和小报的编辑工作。2006 年以后，乌兰兼任了档案员、古籍库管员和部分人事工作，本部门工作基本上是我一个人承担。

2011 年以后，刘淑华馆长来了。那时候我这个工作部门又不叫业务办公室，而是叫咨询辅导部了，我又成了咨询辅导部主任，工作内容也差不多，但是小报的编辑工作由部门里的年轻同事诺敏承担了。2014 年的时候又把我们的部门变成特藏部，特藏部带蒙文阅览室、蒙古文库，还带着一个古籍库，我在馆里的工作内容就多一点。那时候我们还是负责全市的继续教育。

2017年，刘馆长说，你就专门负责馆志的写作吧。在2016年的时候，刘馆长请了两个专家跟我们座谈馆志写作的事，让那两个专家写馆志。但是那两个专家说，得你们给我们整理出资料来，因为你们这是专业志。你们这专业我们也不懂，你们得给我们整理出资料，然后我们再去写。于是将搜集资料工作分配到各个部门，每个人都承担一部分搜集资料的任务。可是等到了年底，一个字也没交上来。大家都说这时间太长了，我们都想不起来，问谁谁不知道，没法搜集。这怎么办？后来刘馆长就跟我说，你看这个事儿，我都跟局里头汇报了，要不你承担这个工作吧？我说我承担，现在我也不知道从哪块儿下手啊。因为刘馆长那时候文字工作就更多了，我说我现在也没有时间呀。后来刘馆长和鞠红耘副馆长就一起跟我商量说，那你就从现在的档案那块下手吧，看看情况能搜集多少算多少。我是一面做着文字工作，一面断断续续地整理档案。我们馆1975年筹建，一直到了20世纪八九十年代的时候，档案里的大部分资料都是手写的（还是好几人的笔迹），字迹特别潦草，有的字都模糊不清了。我说就认字都特别费劲，有时候好几天我都认不出这个字到底是什么，问谁谁也不知道，就是这么一点点地弄出来。

到了2018年的时候，我跟刘馆长说，这样进度太慢了，我担任这么多的文字工作，没有太多的精力整理档案，就算我自己体力上能受得了，我眼睛也受不了，天天在电脑前耗着，眼睛疼得不行。后来她说，要不你就专门干这个工作，尽量给你减少别的文字工作吧。2018年7月，领导就让我从二楼搬到一楼档案室，说在档案室这不收集资料方便嘛，让我上那儿专门搜集资料了。那个时候就是2018年的下半年了，包括2019年整个一年，馆里一些重要的上报文字材料，还得我负责。我还连续两年做了赤峰两会专题汇编，让我审稿、定稿，这个也挺费时间的。这段时间，除了馆里让我写的东西，我就是一直整理资料。一想到快退休了还有馆志这个重要工作要完成，我就特别着急。

一直到2019年的年底，我把1975年到2011年赤峰市图书馆整个传统图书馆阶段的档案资料，基本上整理完了，一共是80多万字。当时我就跟刘馆长说，你是要写馆志还是写馆史？现在你得确定，我把这个资料整理出来，你看按什么写。我说我看了《科尔沁区图书馆史》，那是刘锦山刘总他们写的，我看那个体例挺适合咱们馆的整个情况。跟刘馆长说完后我也跟鞠馆长说了，征求她们意见到底是写馆志还是写馆史。最后刘馆长拍板了，她说，那你就按照馆史的体例写吧。就这样，我开始写馆史了。

我搬到档案室之后，刘馆长就说，我这块叫史志办或者叫文史办，当时就是那么一个称呼。就我一个人做这个工作，别人也没有时间参与。时间跨度那么长，几十年的事，因为我是1984年就来馆了，好多事我还知道。再说我一直从事馆里文字工作，就只能我一个人干这个工作了，大致就是这样。

二、故纸案头梳理馆史

刘锦山：李老师，咱们档案办公室，现在馆藏的关于图书馆自身的档案材料，有多大的量？您给介绍一下。

李灵芝：每年它都有一个永久卷，这么厚、这么高的一个盒。

刘锦山：每年都有。

李灵芝：每年都有一个。我主要整理的就是永久卷。等我整理完了，因为新冠疫情突然闭馆，我无法进入办公室写作，一直到2020年2月正式恢复开馆，我才正式着手写作。这个时候，我发现，我整理的这些资料，就是1975年到1982年永久卷的内容，根本就成不了型，因为它太少了。于是只好再找长期卷和其他的档案资料，从当时建馆时候一些建筑方面的资料中找到一些有用的东西。通过看那些资料我才知道，我们说是1975年筹建，究竟是几月筹建，那个时候才知道是11月开始筹建的。这就是说我们档案资料不全，也不系统。

刘锦山：档案资料除了文字资料，有图片及其他形式的资料吗？

李灵芝：那也有，但是也不多。1996年以前是吴宏担任档案员，之后她停薪留职了，是田晓担任档案员，她们两人管档案的时候档案保存整理得比较规范。

等 2006 年之后，就是我当业务办公室主任的时候，让乌兰兼任档案员，还让她管古籍库，还得管工资什么的。那个时候，档案断档挺严重的。

刘锦山：其中有没有比如说过去文化局下发的一些文件，关于图书馆的文件。

李灵芝：那个有，我整理的都有。我写那个东西，我昨天还跟刘馆长说，我是按照编年体写的，上卷是编年，历史编年，从 1975 年一直到 2011 年，写的整个传统图书馆阶段。就是从老馆搬到新馆这 36 年的时间。我现在写到 1990 年了。

但是下卷是我系统地整理出来的比较完整的文史资料，所以我给它起名叫《治馆辑录》。它的第一辑就是文件类，都是上面下发的公文。第二辑就是行政管理类。我们馆第一任党政领导班子 1984 年才配齐。就是说，1975 年到 1982 年建馆之间，一直没有馆长，只有一位业务负责人。第一届的党政班子配齐之后，他们在行政管理方面和业务管理方面，制定了特别详细的规定。第三辑是业务管理类。第四辑就是 1985 年第一次实行招聘制，算是我们馆第一次改革。图书馆学会当时也有特别多的文字材料。在资料这方面我是尽量把它整理全了。

刘锦山：馆史的资料，您整理出 80 万字，然后现在又按照这个体例开始写。

李灵芝：对。

刘锦山：编年这部分写了一部分。后面就是按您说的这个公文的、行政管理类这些结构来构架的。

李灵芝：我在整理资料的过程当中也发现了，他们这些领导在任的时候，其实关于改革，关于创新，他们真是一以贯之的，始终都是在朝着这个目标努力。由于当时历史的局限性……

刘锦山：时代背景。

李灵芝：时代背景。周纯馆长那个时候，因为是党支部负责制，党支部书记是第一决策人，负责全面工作，馆长负责业务工作，副馆长负责行政工作，那样一个布局。等到李晓秋当馆长之后，实行的是馆长负责制。那时党支部书记就是监督保障作用。整个在编年体里头，就是彭彦博书记从 1984 年上任到 1988 年这个过程当中，关于政治学习方面的内容特别多。到了李晓秋馆长上任之后，党务工作就稍微弱化一点。因为当时十三大的精神就是，提倡以文补文，这是第三产业，再就是行政领导负责制。当时依照这个精神，文化局搞了一次改革，就是说在二级单位实行行政领导负责制，然后就实行了承包制。

1988 年 6 月 7 日，文化局在我们馆四楼报告厅举行竞聘大会。我们单位当时是四个人报名，文化局说是在馆内竞聘。书记彭彦博、馆长周纯，还有李晓秋和丛禹，他们四人竞聘馆长。文化局列出了赤峰市文化局和赤峰市图书馆的承包合同书。按照那个承包内容，他们首先自己演讲，然后是个人答辩，再就是群众打分，最后是文化局组织的考评小组打分。到最后是李晓秋竞聘成功了，6 月 7 日他正式被聘任为馆长。也就是当天文化局下发文件，聘任李晓秋为赤峰市图书馆馆长，该馆原行政领导职务同时免除。就这样，新领导班子陆续组成。李晓秋的承包期是 1988 年 7 月 1 日到 1990 年 12 月 31 日。从 1988 年下半年开始，之后每年文化局都有承包合同的执行情况考核。考核一共分了 24 项。这 24 项完成的情况，还有合同外的项目，李晓秋馆长每一年都完成得很好，尤其是合同外的这些项目，像图书馆学会成立内蒙古图书馆学会东部区协作委员会这些。当时他在以文补文这个项目上，1989 年的合同规定他完成 15000 元就是顶格，但是他完成了 42000 元。他在第三产业和以文补文这块儿，一直是成绩挺出色的。

到 1990 年 12 月末的时候，他这个合同期就结束了。1992 年的 5 月，正式任命他为馆长。那个时候不实行承包制了，彭书记临近退休，文化局文化科的副科长张家谋到图书馆来担任书记，宝音被任命为副馆长。那是 1992 年 5 月组成的第二届党政领导班子。等到了 2001 年 8 月，李馆长调到内蒙古自治区群众艺术馆当馆长，宝音就成了赤峰市图书馆馆长，那时候还是张家谋当书记，张海云当副馆长，一直到 2006 年鞠红耘才当副馆长。

2010 年的 12 月，赤峰市委宣传部、赤峰市人力资源和社会保障局、赤峰市文化局联合向社会发出公告，公开选聘赤峰市图书馆馆长。12 月发的公告，

2011年1月组织开展了笔试。1月26日是面试，就在文化局小礼堂，当时宝馆长、张馆长、鞠馆长这些领导班子成员，还有我们这些部室主任担任群众评委，上这儿来参加他们的面试，还要给他们打分。等到面试的时候，也首先是个人演讲，然后是公开答辩。袁首力是红山区图书馆的馆长，当时他笔试是第一名，松山区文体局副局长刘淑华是笔试第二名，二人笔试成绩相差两分。但是面试时袁首力因为刘淑华是北大图书馆学专业出身而压力太大了，有点过度紧张，而刘淑华面试时却表现得很出色，她总成绩超过袁首力，最后就胜出了。

因为当时刘馆长是旗县的编制，她到市区这一步走程序特别复杂，所以她一直到2011年的7月4日才正式上任。上任之后，她说这个馆（老馆）已经破旧得不行了，我们不能在这块儿工作。现在这个馆2010年的8月就建成了，但是没有搬迁经费，也没有设备费。刘馆长经过四个月的努力，到了10月时候，她就要来了400多万元。当时把我们吓坏了啊，图书馆从来没听说过有这么多钱。刘馆长上任不久就说，你们一面着手打包，我一面在这儿跑经费。到了2011年的12月19日，正式搬到了这个新馆，当天搬了一部分，后来陆陆续续到月底就搬完了。

我写馆史就是写的整个传统图书馆阶段，写到2011年的12月。等到了2012年2月开始正式开展读者工作的时候，那时候馆里基本上走向现代化了。我就跟刘馆长说，按照我的观点，这时就是现代图书馆阶段了，我这快退休了，有可能完不成这个任务，我把传统图书馆阶段这个任务完成就行了。刘馆长说你尽力。现代图书馆这块，我说这些年所有的资料都在电脑里了，搜集起来特别方便。再说现在的年轻人比我搜集资料、打字都快，应该对他们来说不成问题，那我就完成传统图书馆阶段吧。刘馆长说那你就先写着吧。现在就是这么一个情况。

刘锦山：您这块做了不少工作，为将来正式写馆史，奠定了很好的资料基础。

李灵芝：在资料这方面，我把这个东西写完了，成型了，以后他们年轻人再想整理馆里的这些资料，就永久卷这块，他们基本上就不用费力了。差不多所有带文字的东西，事无巨细，我都给敲到电脑里了。我跟刘馆长说，就我这个打字速度，用两年时间我弄了这些字，我感觉我的工作量也够大的。她说是呢，我天天泡在电脑前边，没完没了地敲这些字，字又不好认，保存得也不算太好，味道特别大，年轻人可能不愿做这工作，以后现代图书馆阶段这些材料反正都是在电脑里边，可能就好弄一点了。

三、筚路蓝缕创馆之初

刘锦山：李老师，您刚才介绍的是文史办公室的工作。您大致把咱们图书馆发展的过程做了一下梳理，当时 20 世纪 70 年代昭乌达盟还属于辽宁，是吗？

李灵芝：对。

刘锦山：正式成立是不是有一个文件？从哪一年成立？把筹建这块的情况给大家介绍一下。

李灵芝：1975 年 11 月，当时还叫昭乌达盟革命委员会，昭乌达盟行政公署，那时候就决定建昭乌达盟图书馆。但是成立的是昭乌达盟图书馆的筹备小组，当时把乌旭龄调到这块来，担任筹备小组的副组长，一直是副组长。

组长没说，我估计应该是局长。因为是文化局成立的筹备小组，应该是局长担任的组长。乌旭龄就是副组长。副组长的主要工作就是筹备，一个是馆舍，一个是人员。这是他当时的任务。那个时候全国各地都建公共图书馆，因为中央有文件，县级以上都要建立一所公共图书馆，所以各级政府也就开始重视起来。尤其在辽宁，像辽宁省图书馆、大连市图书馆、锦州市图书馆，都已经发展得挺有规模的了。因为当时昭乌达盟在辽宁省算是比较偏僻、不发达的地区，辽宁省别的地级市都建了图书馆，所以昭乌达盟也必须建盟市级图书馆。就这样，盟里决定要建盟图书馆，就成立了筹备小组。

但是筹备过程的进展非常缓慢。我在馆史里写的是，乌旭龄是我们馆的第一人。因为他既是负责人，也是唯一的工作人员。到 1978 年，在给辽宁省上报的图书馆工作人员的报表中，说是图书馆编制两人，但其实也就一个人。到了

李灵芝：继往开来逐梦行　　**135**

1978年年末的时候又来了一个沈可凯，他是从新华书店调过来的，是个大学生。这算是两个人了。1979年的时候，馆舍一直也没有地方，不知道到底在哪儿建。前前后后找了十多个地方，不是这个地皮太贵，就是那个人家搬迁户不同意，反正就一直在纠缠这个事儿，馆址一直也定不下来。一直到1979年1月了，盟公署说这实在没办法了，要不就把新华书店的建筑用地转让给图书馆吧，就是我们老馆那个地方。它已经打地基了，因为那个地方还有几间平房，他们职工还在那里住。说转让给图书馆，但是图书馆那个建筑费用就11万块钱。后来又经过了一些周折，把这11万元付给他们了。但是人家说一共需要13万多元。当时一两万块钱，那真是天文数字。后来就说那你们建完了之后，把一部分房间给我们用，你们就按年折算，等到你们什么时候把我们的钱给还上了，我们再把这个房子给倒出来。一直到1987年，才把拖欠的这些钱一点点还上了。之后他们才把这些房间腾出来。

我们老馆建筑是临街的，是呈L形的，南面临街，西面也临街。南面和西面临街房子设计的是主楼的裙房，主楼南面和西面有一圈平房，南面的裙房后面还有一个天井，整个是一个庭院式的建筑，特别好。新华书店要的是西侧那面的四五个房间。1992年以后，李馆长就说，要开发第三产业，那时候就把临街的裙房都改建成了商业用房。南面那个裙房打通了，一直把天井都给连上了，就是往后延伸了一段。建成后的房子往外出租。裙房改建后就把整个大楼的建筑格局都改变了。

刘锦山：您刚才介绍筹备组当时就一个人。

李灵芝：就一个人，就是乌旭龄，他现在还在大连，今年已经94岁了。

刘锦山：他筹备，然后咱们馆正式下文成立图书馆是什么时候呢？

李灵芝：那是1982年7月17日，昭乌达盟编委批编了，正式成立昭乌达盟图书馆，撤销昭乌达盟图书馆筹备小组。

刘锦山：当时任命的负责人是谁呢？

李灵芝：乌旭龄1975年就是筹备小组的副组长。到了1979年的9月，文化局又派来了宋文升担任图书馆的党支部负责人。他当时还没正式任命党支部书记，但也是筹备小组的副组长。档案里就没显示乌旭龄还是不是副组长，就记载宋文升任副组长。等到1980年，正式任命宋文升为党支部书记，乌旭龄为党支部委员，他是组织委员，还有你们前两天采访的那个斯琴，她是宣传委员。他们三个人组成了党支部。这是1980年。等到1981年党支部又改组了，赵武常任图书馆党支部书记。1980年的时候就开始筹备业务工作了。

刘锦山：业务筹备是不是也开始办公了？

李灵芝：就是学业务，因为大家都不懂图书馆是什么。到1979年的时候馆里已经陆续调进20多个人了，但是当时整体文化水平特别低，有小学学历的，有初中学历的，高中都没有几个。像宋文升和沈可凯，后来又来的魏宜彬，他们是大学本科毕业生，其余的基本上都是初中文化。像乌旭龄是初中，后期彭彦博也是初中。整体文化水平特别低，不知道图书馆是干什么的。于是就专门聘请内蒙古自治区图书馆辅导组李淑玲老师，来馆给大家辅导了几个月，教大家怎么做图书馆工作，也就是办培训班。那时候昭乌达盟相当于现在的赤峰市，原赤峰市相当于现在的红山区，当时也经常请原赤峰市图书馆的崔佩珍老师来昭乌达盟图书馆指导这些人学习业务。业务上一直处于学习阶段，不知道怎么做，就一边在本地办班，一边派出去到外地学习，主要是到沈阳、锦州、大连等地图书馆学习。当时是乌旭龄担任业务负责人，没有正式任命。

1979年1月，才把新华书店的建设用地转给图书馆，当时是辽宁省给下拨了130万元的建筑资金。1979年7月1日不就划到内蒙古了嘛，这时候还没动工呢。在建筑经费上又出现了一些问题。

刘锦山：辽宁不管了。

李灵芝：辽宁不管了，内蒙古这头当时也不想管。又耽搁了一段时间，到9月才开始破土动工。但是动工的整个过程就是缺钱。1982年7月17日正式批编，那个时候馆舍还没建成，到了1982年的12月才基本完工了。等到后来验收完之后，说这个大楼还有好多地方不太合格，又用了半年时间，到1983年的5月才交付使用，7月4日举行开馆典礼。

举行开馆典礼之后，阅览室和外借处就可以接待读者了。但是当时整个大楼

图5　1983年5月，昭乌达盟文化局领导验收昭乌达盟图书馆馆舍大楼时与图书馆领导合影

没有暖气，到冬天的时候就闭馆了。业务人员继续学业务，那个时候就是学怎么分类，怎么编目，大致就是这样。

等到了1984年周纯担任馆长之后，算是第一任党政领导班子配齐了。他们就开始加强各方面的工作，在业务方面逐步地走向正常化。当时周馆长也不懂业务，他虽然是研究生但是是学马列出身，是从师专政教系过来的。我1984年来馆，因为我是学中文的，所以我到单位来之后基本上也不算作一个专业人才，因为不是图书馆专业。你看鞠红耘是1987年来的，她一来之后全馆当宝贝似的，因为她是学图书馆专业的。我一直是一面做着业务工作，一面业余时间加班加点负责馆里的文字工作，但是领导就认为你不是专业人才。所以一直到2000年我参加全区公共图书馆业务竞赛，才被群众认可了，好多同事说没想到你业务这么厉害，成天写材料，居然上内蒙古竞赛还能得奖。因为在这之前，1990年全区首届公共业务竞赛是在我们馆举办的，袁首力当时得了目录组织单项第一名，我们馆宝音参赛的项目是分类，就没得着什么奖，单位好像得了一个组织奖吧。1994年，鞠红耘参加了第二届全区公共图书馆业务竞赛，她得了分类第二名，在团体这块没得着奖。等到2000年第三届全区公共图书馆业务竞赛，那次我们得了团体第一（以分类＋编目总分决定团体名次），鞠红耘是分类第一，我是编目第三。这次回来之后馆里大张旗鼓地奖励了我们一下。这回是领导和群众都认可了我的业务能力，都感觉到了我这么多年的不容易。

周馆长来了之后，就是因为当时职工文化水平低，专业水平更低，所以他们的工作重点就是培养人才。1983年内蒙古大学办了一个图书馆学专业班，李晓秋和丛禹通过选派的形式，就去那块儿学习，1985年毕业。他们回来之后，在全市就那么两个专业人才，那可是了不起啊。1985年白云深考上了北京师范大学民族图书馆专业班，1987年毕业，回来后正赶上1987年第一次评职称，可以学历倒挂，他们几人是专业人才，都评上了中级职称。等到鞠红耘来了那就更不得了了，图书馆专业，还是本科生。当时专业人才受宠，就是那种情况。

刘馆长曾说我，你这个人，天天好像与世无争的样子。我说我习惯了，在我意识当中我不是专业人才就是不行的。刘馆长说你怎么就不行，为什么你就不争？在思想意识里一直认为自己不行，是因为1982年馆里分来一个学畜牧的本科大学生，他1985年的时候就调走了，专业不对口一直不受重视。我是第二个本科生，鞠红耘是第三个本科生。等第四个本科生贺悦欣来了没到半年就调走了，他也说专业不对口，他是学哲学的，调到团市委去了。第五个本科生是江取珍，她是学情报学的，情报学跟图书馆学应该是相关专业，但是她也是没几年就走了。前些年反正我们单位本科生，基本上就是鞠馆长我们俩。她在业务方面是挺厉害的，我主要是做文字工作。我说你是主业，我是副业，这么多年一直就是这样的。

李晓秋能顺利地当上馆长，是天时地利人和。十三大之后正好从中央到地方都提倡专业化，大形势、大背景，就非常有利于李晓秋。再加上他是我们单位最早的专业人才，工作上又在最受重视的采编部，他当采购员，也从事分类工作。他工作上能干，跟群众关系处得特别好，竞争的时候群众投票肯定就高啊。

刘锦山：咱们正式成立图书馆，盟里边下的文件是1982年，是吧？但1982年之前听您刚才介绍，盟里面也任命了图书馆党支部的书记，也招了人，当时也有人，在什么地方办公呢？

李灵芝：图书馆楼前面有四间平房，就在那块儿办公。弄出一小块地方，说假期的时候当阅览室，其实也没咋开展工作。赵武常书记我没见过他，因为我是1984年7月来馆的。1984年4月第一届领导班子组建时，赵书记就调走了。

刘锦山：您看咱们这个时间，实际上1982年之前图书馆人也有了，党支部的书记也有了，也有了办公的地方，但是建馆时间还是确立到1982年。

李灵芝：对，就按照昭乌达盟编委的批文时间，按那个时间是正式建馆。那时候就撤销了筹备小组，正式成立了昭乌达盟图书馆，等到1983年的10月10日赤峰市建立之后，就更名为赤峰市图书馆。

四、砥砺奋进开拓前行

刘锦山：李老师，下面再请您给大家介绍一下，当时行政区划和建制方面的情况。

李灵芝：红山区图书馆一开始叫赤峰县图书馆，后来它又叫赤峰市图书馆了。

刘锦山：它是县级市。

李灵芝：它多次更名，1958年之前叫赤峰县图书馆，1958年10月之后叫赤峰市图书馆，这个赤峰市是县级市。1983年昭乌达盟改为赤峰市（地级市）建制以后，它又变成红山区图书馆了，就是这个情况。

刘锦山：咱们当年筹备图书馆的时候，叫昭乌达盟图书馆，红山区图书馆叫赤峰市图书馆，是吧？

李灵芝：对，它那时候还叫赤峰市图书馆。

刘锦山：昭乌达盟撤盟建市的时候，昭乌达盟图书馆变成赤峰市图书馆，它就改成红山区图书馆了。

李灵芝：所以有时候一写发展概况的时候，这个赤峰市图书馆括弧里头就反复介绍，这个赤峰市图书馆是怎么回事儿。因为一开始红山区图书馆叫赤峰市图书馆，后来我们叫那个名字，反正就有点儿不好弄，别人容易混淆。

刘锦山：就跟现在通辽的科尔沁区图书馆一样。以前通辽的科尔沁区图书馆，叫过通辽县图书馆、通辽市图书馆。

李灵芝：对，它也是。

刘锦山：还叫过哲里木盟图书馆，现在跟红山区那个情况一样。

李灵芝：就是那个情况。我昨天跟刘馆长说，我现在是活在过去，每天都是几十年以前的事儿，天天跟那些人打交道。因为以前天天忙工作，有些事儿我也不知道，这一次整理馆史资料的时候我才知道。我说这几届领导班子都不容易，他们都非常敬业，他们都是想方设法为图书馆争取最大的利益，但是因为各方面的条件限制也没办法达成预想的效果。

像宝音馆长那个时候最惨的是什么，是购书经费。我们从昭乌达盟图书馆一建馆的时候，每年购书经费就是3万元，当时那3万元一年能买1万多册书。等到1992年，就是市场经济之后，书价连番几倍地涨，那个时候就不行了。等李晓秋当馆长之后，他一直在争取经费，后来他争取到6万元，又争取到7.3万元。等到宝音2001年当馆长之后，2002年就给降到6万元了，等到2003年就又给降到3万元。你说降到3万元，就那个时候和当初建馆的3万元，那就差别太大了，所以一年也买不了几本书。

因为李晓秋那时候建那一圈裙房，就一直靠那个出租补充经费。宝音馆长最亮点的工作是自学阅览室弄得挺好。2003年非典的时候，那不是闭馆了两个月嘛，他利用那两个月空闲的时间，把二楼自学阅览室装修了。因为我们老馆的空高特别高，4.8米的空高，它前后都是玻璃，整个墙几乎没什么砖，都是通体玻璃，夏天的时候特别热，冬天的时候特冷。他利用那两个月的空闲时间，把二楼的自学阅览室装修了。那年正好是市里要美化临街的房子，就把前面临街的钢窗都换成塑钢窗了，宝馆长就把二楼阅览室后边的窗户也给改造了。改造了之后又进行了装修，那里的条件就好一点。所以自学读者特别特别多，自学阅览室里面和外面的工作台里面都是读者，一到寒暑假的时候读者更多。第二年就把四楼的报告厅装修成多功能厅，一到寒暑假就当做临时阅览室，那个地方人都爆满。这是他工作的一个亮点，也是阅览室办证创收最高的阶段（也是全市公共文化的一大亮点，赤峰市各大媒体都多次予以报道）。

1998年评估的时候，全国公共图书馆第二次评估我们馆已经是二级图书馆了，到2003年评估就掉到三级了，因为购书经费和藏书总量不够。2009年是第四次评估。评估之前宝馆长就说这次得争取上ILAS，但是政府还是给不了钱，他就自筹资金（商业裙房、办公室出租、阅览证、借书证办证费等）了，上了ILAS设备，那是2007年。2009年第四次评估的时候才保住了三级馆，要是不上这些设备三级馆都保不住了。就是这样一个情况。

刘锦山：2007年上的ILAS。

李灵芝：那个时候我们馆从传统图书馆逐步向现代化方向发展，开始建数据库，传统目录基本上就退出历史舞台了。原来目录都是用油印的，还要排列到目

图6　2009年6月24日，赤峰市图书馆与赤峰实验小学举行有奖征文活动颁奖典礼（左二为李灵芝）

录柜中，特别麻烦。宝音馆长其实也挺努力的，但是当时就是要不来钱，购书费一直上不去。再就是这个新馆，是 2010 年 8 月就建成了，宝馆长多次向上级打报告就是要不来搬迁费，文化局一直说没有钱。在购书经费和藏书总量不够，现代化设备落后又无法实施搬迁的情况下，文化局向社会公开选聘馆长，刘馆长来之后，大刀阔斧地就把搬迁费什么的都要来了，整个现代化设备都上来了。

刘馆长这些年确实是太不容易了，她来了之后，我们馆真是发生了翻天覆地的变化。现在她不又着手新馆建设嘛，说我们现在这个馆舍太小。因为当时这是在新城区，是按照分馆规模建的，书库、承重都没有，也不知道什么时候能建成。但是刘馆长一直朝着这个目标努力。这些年各届领导班子真的都挺敬业的，在改革创新这条路上，他们一直都在往前走、往前闯，一直都在百折不挠地奋斗着。

刘锦山：谢谢您接受我们的采访。

鞠红耘

牢记使命创辉煌

采访时间：2020年6月30日
初稿时间：2022年6月7日
定稿时间：2022年6月7日
采访地点：赤峰市图书馆"赤峰记忆"拍摄现场
版　　本：文字版

鞠红耘速写

鞠红耘　汉族，群众，研究馆员，赤峰市图书馆副馆长。

1983年9月至1987年7月就读于武汉大学图书馆学系图书馆学专业，1987年9月分配到赤峰市图书馆工作。1988年6月担任采编部主任，其间规范了赤峰市图书馆的采、分、编业务工作。2001年被提拔为馆长助理，2006年9月被任命为赤峰市图书馆副馆长。2001年7月取得图书资料系列副研究馆员资格，2019年晋升为研究馆员。

工作期间两次被抽调作为专家组成员参加内蒙古自治区公共图书馆评估，通过参加评估工作了解了自治区公共图书馆的发展概貌。自第二次全国公共图书馆评估到第六次一直作为赤峰市评估组成员参加赤峰市公共图书馆的评估工作，因此对整个赤峰地区的公共图书馆发展状况有比较深入的了解。多次承担赤峰市图书资料系列继续教育专业课的讲授工作，特别是担任副馆长之后全面负责赤峰市公共图书馆的继续教育工作，课程安排和讲授多亲力亲为，对赤峰市公共图书馆事业的发展做出了一定的贡献。2012年以后组织了几届赤峰市公共图书馆业务竞赛，推动了赤峰地区公共图书馆专业化建设工作。

工作期间积极从事学术研究，出版学术专著一部，在学术期刊上发表论文8篇，收录到论文集和在学术会议上获奖的论文20余篇。

2001年至2007年任第四届赤峰市政协委员期间，积极参政议政、献智出力，为促进大团结、大统一做出了应有的贡献。

多年的努力工作得到了肯定。1995年，参加内蒙古自治区第二届全区公共图书馆业务竞赛获分类项目第二名；2000年，参加内蒙古自治区第三届公共图书馆业务竞赛获得分类项目第一名、团体第一名；2001年3月，被赤峰市文化局授予2000年度图书馆系统先进工作者；2010年，被赤峰市人民政府授予二等功奖励；2015年被内蒙古自治区图书馆学会评为2010—2014年度先进人物、2016年被评为"2016年数字图书馆业务技能能手"；2018年，论文《县级公共图书馆人才队伍建设研究——以赤峰地区为例》获"赤峰市第六届社会科学优秀成果政府奖三等奖"；2019年8月，在由中共内蒙古自治区委员会宣传部、内蒙古自治区文化和旅游厅、内蒙古自治区教育厅、内蒙古自治区文学艺术界联合会联合主办的2019第二届中国马文化节首届内蒙古国际马文化博览会——第七届中国童话节之草原童话节中被评为优秀组织策划者；2019年，作为主持人的赤峰市社会科学科研课题项目"赤峰市传承弘扬中华民族优秀传统文化对策研究"获得良好等级。

刘锦山：各位朋友，大家好！今天是2020年6月30日，这里是赤峰市图书馆"赤峰记忆"第五期"图书馆专题"拍摄现场。今天我们邀请到的嘉宾是赤峰市图书馆副馆长鞠红耘女士。鞠馆长，您好。

鞠红耘：刘老师好。

图1 鞠红耘（左）接受"赤峰记忆"采访

一、科班出身

刘锦山：非常高兴您能接受我们的采访，首先请您给大家谈谈您的个人情况和工作经历。

鞠红耘：我叫鞠红耘，我出生在昭乌达盟赤峰县，现赤峰市红山区，1964年12月生人。1972年开始读小学，1983年，当时赤峰已经划回内蒙古自治区，在松山区的老府中学参加高考，考上了武汉大学图书馆学系。

我就说一下我在大学里面学过什么课程吧。我们当时学图书馆学的主要都是传统图书馆那个阶段的课程，比如说图书馆学基础，这是我们第一要学的，然后是图书分类学，还有目录学。要是学过图书馆学或者了解图书馆学这方面的，就知道特别有名的彭斐章教授，他是教目录学的。目录学主要学的是古代的一些东西，就是目录的发展过程，比如说刘歆的《七略》等。另外我们还要学编目，还要了解国外编目的发展情况，比如说《英美编目条例》的若干版本情况，还有西文编目，各种文献的编目。这是跟基础业务相关的一些课程。

一进学校，老师给我们灌输的是，图书馆学要求博，不是特别要求专。就是说我们要懂得的专业特别多。我们作为图书馆学科的学生，都是文科生，但是我们必须学一门理科的课程，物理、化学和生物这三门中必须学一门。我们必须学高等数学，为什么学高等数学呢？我们有一门课叫文献计量学，文献计量学就涉及了数学方面的知识，所以我们必须学高等数学。外语我们学的是英语，有专业英语，而且是必修课。也可以选修一些其他外语，我们称之为二外，必须是在你完成了你的英语学习，成绩达到一定程度的时候才可以选。我们当时规定的是，英语在统考的时候达 72 分以上的才可以选。我们好多人没能选二外，因为他们好多都达不到要求的成绩。我们那个时候大多数的学生外语都比较弱一些，尤其是像我这种来自老少边穷地区的学生。而且我们要学哲学、心理学，要懂读者心理，哲学要有逻辑思维，还要学自然科学史，就是了解自然科学，也是为分类这个方面打基础。我们那时候也学了计算机课程，我当时还接触了一些编程方面的

图 2　1984 年，大学时期鞠红耘（二排左三）与全班同学合影

图3　大学期间，鞠红耘（二排右一）与宿舍同学合影

图4　1987年4月28日，鞠红耘在武汉大学行政楼前操场留影

内容。还有古代汉语，我们学了一年，是为以后学习《中文工具书》打基础。

我们的专业课还有比较重要的工具书课程，中文、西文工具书检索的相关课程我们都有学。我们还有科技情报检索课程。我大学毕业进入赤峰市图书馆的时候，我们图书馆有一个图书馆学电大班，我来了正好要开这门课，就是科技情报检索，这个课我在武汉大学的时候学过。张琪玉老师是我们武汉大学的一个教授，他应该是教这个课的，等我学的时候张琪玉老师被调到上海的中国人民解放军空军政治学院当教授去了。正好我回来的时候，我们这个电大班要开这个课，说没人讲，就决定让我讲。我刚从学校走出来，对讲授这门课心里还是很忐忑的，但馆领导说你毕竟学过，有一定的基础，这样我算是硬着头皮接受了这项工作，正好1987年12月在上海中国人民解放军空军政治学院举办培训班，让我去参加。12月我就去上海听张琪玉老师讲这个课了。在张琪玉老师讲那个课的时候，有一半听课的是我们武汉大学毕业的校友。回来以后我就给电大班上这个课，所以我们电大班好多毕业的学生，见着我都特别客气，他们都喊我鞠老师。

我们在武汉大学学的东西其实很多、很杂。那时候也是很喜欢学那么多东西，因为就听老师说了，要学好多东西，要学得博一些，所以学的课程很多。但是走向社会上用得最多的，就是分类和编目，再就是检索这方面用得比较多。像我在咱们赤峰市图书馆这块，一个公共图书馆，又是一个市级馆，它小，它用得少。像现在我的一些同学在大学图书馆，主要都是做查新、查重这些工作。这就是高层次的工作了，至于借借还还的，他们都没再从事这样的工作了。

1987年7月，我从武汉大学图书馆学系毕业，9月来赤峰市图书馆工作至今，现在是赤峰市图书馆副馆长。到现在我已经工作了30多年了，一直就在赤峰市图书馆工作。曾经担任过采编部主任、馆长助理，2006年9月我被任命为赤峰市图书馆副馆长，分管业务工作。我是1995年晋升的中级职称，2001年晋升副研究馆员，2019年晋升研究馆员。

在这30多年里，业务工作这块儿，我就按照内蒙古自治区图书馆的要求，对图书馆工作可以说是一步一步进行了规范。因为我们图书馆是后组建的，多数

图 5　1988 年 5 月，鞠红耘（前排右一）与赤峰市图书馆同事合影

图 6　鞠红耘（二排右一）与赤峰市图书馆同事在红山合影

工作人员都没有从事过图书馆工作,所以都不怎么太正规。他们去了好多图书馆学习,天津图书馆去过,因为一开始我们属于辽宁省,辽宁省的图书馆他们也去过,就是各种图书馆都去学,其实是想学好的东西,但是不一定适合咱们馆,有些东西搬过来就不是那么太适合。所以我来了以后就规范了一些业务,图书馆这个团队一直真是挺好的,每次给他们说什么,他们都很认真地就给修改过来了。

另外我们图书馆特别重视培训工作,尤其是从国家倡导继续教育开始。我们馆从1993年开始,每年都要办全市图书资料系列的培训班,就包括我们自己馆的工作人员,还有整个社会上的、学校的、公共图书馆的,还有厂矿的、企业的图书资料的人,全都参加这个培训。1993年的那个时候我也参加了讲课。我记得第一次在继续教育培训班上讲课,讲的是《图书馆的科学管理》,之后我就经常要参加这种班。我们赤峰不是地域比较大嘛,后来我们办培训班就分东部班和西部班。有的时候还要去旗县讲一遍,我们去阿鲁科尔沁旗、翁牛特旗都讲过课,就是分开讲。自从国家规定继续教育以后,我们一直都没有间断继续教育工作。所以我们赤峰的传统图书馆阶段的业务,在自治区这块儿还是比较好的,是能占到前列的。《中国图书馆分类法》的改版,还有编目规则的改版,我们除了参加自治区老师办的培训班,我们学完了在自己系统也要办培训班,我也经常讲课。

继续教育,就是2011年之前,我们主要都是围绕着传统业务这块儿做的,《中国图书馆分类法》、文献编目、期刊的管理,都是这些方面的。等到2011年刘淑华馆长来了以后,她就请一些外边的专家给我们讲课,我们就接触了更多现代图书馆的一些理念,这是培训这块儿。其实,在20世纪90年代,内蒙古自治区文化厅和自治区图书馆也很重视业务工作,经常开展业务培训,举办各类培训班,比如计算机使用培训班、机读目录格式培训班等,还组织了几次业务竞赛。像我,两次参加了我们内蒙古自治区组织的公共图书馆业务竞赛,其中1995年那是第二届我参加了。因为我那时候还没正式搞分类,1988年我就做采编部主任了,但是我一直担任分编总校对。就是分类有分类的人员,编目有编目的人

图7 2000年，鞠红耘在赤峰市全市图书资料系列专业技术人员继续教育培训班讲课

员。我就是看看他们做得对不对，发现问题就给他们修正一下。我一直做这个工作，还有目录组织，就是排目录这个工作。1997年之后，我才开始正式接触分类。

二、业务竞赛

刘锦山：鞠馆长，您再详细介绍一下您参加竞赛的经历。

鞠红耘：1995年我参加竞赛的时候还没正式做这个工作，那时候很紧张，因为毕竟是全区的竞赛，又代表着整个赤峰市。我们当时组队是从红山区图书馆，抽了一个编目的工作人员，我负责分类，准备了一段时间。11月举行竞赛，我就有点胆怯了。我找了当时的李晓秋馆长说，我太差了，要不咱们弃权吧。内蒙古自治区图书馆的常作然老师管这个事，他是辅导部主任，然后他就说这项工作每个馆都不能弃权。李晓秋说那我们赤峰的水平啥样？他说你们肯定是打狼没问题。然后李晓秋馆长就说，那我可不陪着你去了，让宝音馆长（宝音当时是副馆长）带他们去吧，我可不想跟着他们丢人。那时候压力真是特别大，毕竟自己也是学这个专业的，如果说太惨了就感觉特别没面子。然后顶着压力就去了，等到初赛下来以后成绩还可以，好像是第二。那时候还是从外头打电话，我记得特别清楚，去拿一个硬币放到电话亭里头这样打电话，给李馆长打电话说我们进决赛了。然后李馆长就相当高兴，那天晚上就坐飞机飞到呼和浩特市去了。等到决赛的时候，我没想到自己能发挥得那么好，决赛的时候也有点胆小了。当时答风险题的时候我犹豫了一下，我要当时答那个30分的风险题，我就第一了。结果我有点害怕了，我就没敢要那个30分的题，就求稳，要了个20分的题。最后我跟第一名以9分之差，得了第二名。

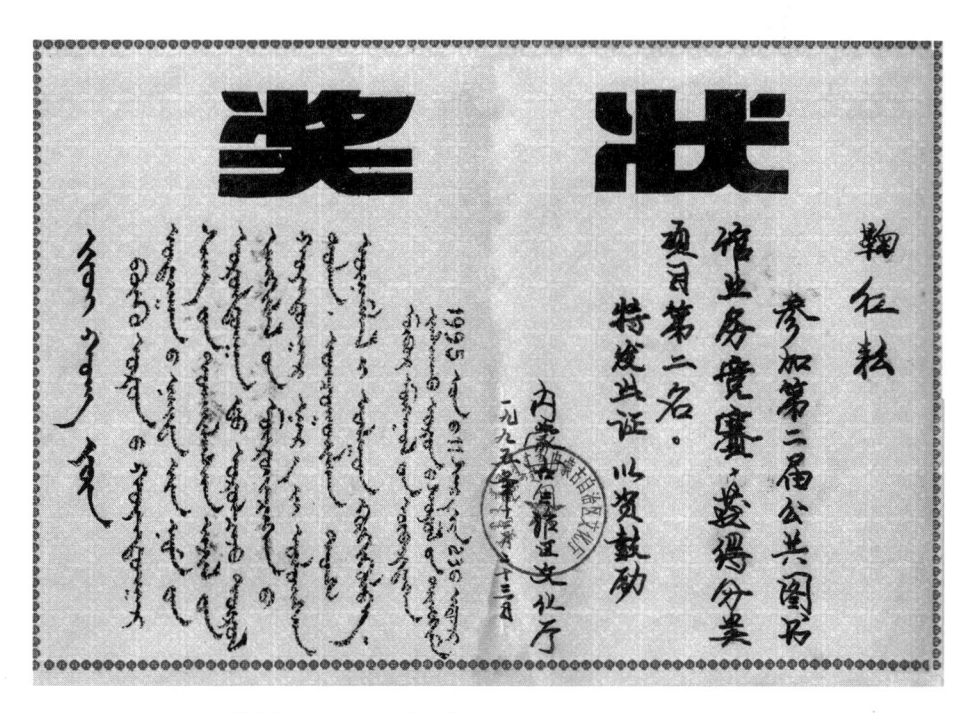

图8　1995年12月，鞠红耘在内蒙古自治区第二届公共图书馆业务竞赛中获得分类项目第二名

刘锦山：第一名是哪里的？

鞠红耘：第一名是鄂尔多斯市图书馆李晓冬馆长。等到2000年又开始举办第三届竞赛，那时候我年龄就有点大了。我跟李馆长说我不想参加这个竞赛，培养点年轻人。然后他就开始找，我们馆也选不出来合适的人选，旗县馆也选不出合适的人选，最后他就定了说，还是你跟李灵芝你们俩上吧。没办法，实在找不着太合适的人。

11月竞赛，"十一"之后正好包头图书馆搞一个班，主要是针对竞赛的培训班，我们"十一"之后就去包头参加这个班，接着就开始准备。在11月又参加了我的第二次竞赛。第二次竞赛的时候也特别紧张，毕竟我参加了第一次竞赛，就是整个自治区公共图书馆这块儿，好多人已经认识我了。可以说有的人就是冲着我来的。我也特别紧张，初赛和复赛我都是第一名，那次赤峰市图书馆发挥得都特别好，我们编目的李灵芝同志她取得了第三名。我们参加机读目录编目的是红山区民族少年儿童图书馆出的队员，她叫宋春梅，她得了第一名。我们获分类

图9 2000年11月，赤峰市代表队在内蒙古自治区全区第三届公共图书馆业务竞赛现场合影（左一为鞠红耘，左二为宋春梅，左三为宝音，左四为李灵芝）

图10　2000年11月，鞠红耘（左一）在内蒙古自治区全区第三届公共图书馆业务竞赛颁奖现场

图11　2000年11月，鞠红耘在内蒙古自治区全区第三届公共图书馆业务竞赛分类单项赛中第一名获奖证书

鞠红耘：牢记使命创辉煌

图12 1998年6月9日，内蒙古自治区公共图书馆评估组西部小组合影（前排左起依次为包头市图书馆吕跃华、自治区图书馆常作然、自治区文化厅齐宝海、乌海市图书馆王晔，后排左起依次为通辽市图书馆包和平、乌兰察布盟图书馆敖日格勒、内蒙古自治区文化厅白俊明、赤峰市图书馆鞠红耘）

第一名、计算机编目第一名和团体第一。四个第一名，我们赤峰市得到了三个。只有编目是被乌兰察布图书馆的李丽芳馆长得了第一。我们业务那个时候真是很强的。

刘锦山：您说那个比赛一个是李灵芝老师，一个是红山区民族少年儿童图书馆的老师，另一个是谁拿的名次？

鞠红耘：对。我是分类第一名，李灵芝是编目第三，宋春梅老师是计算机编目第一名，但是计算机编目不往团体上记名字，李灵芝我们俩的分加在一起，我们就得了团体第一名，所以我们有三个第一。李晓秋馆长那次很风光，很给他长脸。

这些年大的业务活动我也参加过几次，尤其是这种公共图书馆的评估，自治区级的我参加了两次，一次是1998年，一次是2009年。因为我们内蒙古地面比较宽广，我们评估都分东西部，东部的去西部评，西部的来东部评。我是跟通辽市图书馆的包和平，后来他调到大连民族大学图书馆当馆长，还有乌兰察布盟图书馆的敖日格勒馆长，我们是去西部评估，大约评估了一个月。第二次我是跟王黎参加的，也是去西部评估，也是一个多月。

刘锦山：这是哪一年呢？

鞠红耘：这个是2009年。1994年有一次评估，但是那次评估我们工作人员都不太知道。我们在竞赛中还出了评估结果的题，就是谁评上一级馆了，谁评上二级馆了,我都没答对。1998年那次评估,我被抽去,一个是先参加我们整个赤峰市,我们馆的初评,还有我们12个旗县区馆的评估,我都参加了。之后被抽到自治区,参加自治区的评估。红山区有个少儿馆,我们一共有13所公共图书馆,旗县区这块,我都参加了评估。这些大型业务活动我一直都在参与。

这些年虽然很辛苦,但是我很满意我的工作状态,因为我也取得了一些成绩,领导也很肯定我。在2001年到2007年,我担任市政协委员,我们那届政协委员是最长的一届,七年,一般都是五年。为啥是七年呢?因为我们内蒙古自治区是1947年成立的,所以它的政协成立比全国政协早两年,为了跟国家的时间上找齐,我们那届就是七年。

担任政协委员的七年真的让自己见识增长很多。每年都至少要写一份提案,然后也为图书馆呼吁。因为2001年到2007年,正是我们赤峰市图书馆的低谷。当时因为赤峰市的整个经济不好,我们的购书费由原来的7.5万元,被砍成3.5万元。那是最困难的时候。那时候要把我们赤峰学院从专科提升到本科的提案我也提了。反正也做了一些工作。

图13　2004年,鞠红耘出席赤峰市政协四届第四次会议

图14　2007年1月19日，中国人民政治协商会议赤峰市委员会对鞠红耘担任政协委员期间做出的贡献予以表扬

这几年，我的工作有一个明显的分水岭。在旧馆的时候我们基本处于传统图书馆阶段。虽然我们在2008年也引进了ILAS Ⅱ这个管理系统，但是我们的管理系统只用于编目，其他的子系统我们都没有使用，没有使用的原因是一些配套的设施跟不上。因为你要是流通就要有门禁这些，这些我们都没有钱买，就一直没上。我们只限于编目。一直到刘淑华馆长来了，往新馆搬的时候，我们才开始采购防盗系统，在流通环节用了管理软件，ILAS Ⅱ管理软件，之前就是传统的、手工的图书馆阶段。2012年开始，从刘淑华馆长来了之后，可能刘总你也有印象，我们开始采购Interlib这个管理系统，另外还采购了大量的数字资源。采购了Interlib系统，我们好多子系统都开始应用了，用得最多的当然还是编目和流通这两个子系统。随着我们上了远望谷的自助借还系统，之后我们又进了大量的电子书借还机、电子期刊借阅机，标志着我们图书馆进入了现代图书馆阶段。也不能完全叫现代图书馆阶段，应该叫复合型图书馆阶段。这是当时大家统一说的一个名词。

在这个阶段来了一些年轻人，因为不能把传统的图书馆业务丢掉，我们也组织了一些培训，这个是我的强项，让他们把传统业务跟现代技术进行融合。尤其是我们两年一次的业务竞赛，我们从2012年开始，2012年、2014年、2016年、2018年，今年我们又要举办了。我前几天还跟祁鹏莉沟通了，我们这次竞赛想采用网上的形式，以前我们的竞赛都是很传统，比如说初赛的时候都是笔试，有实践，有理论，等到决赛的时候，我们就是坐在台子上，有必答题、抢答题、风险题，也是很传统的这种。但是我觉得通过这些年的几次竞赛，年轻人的业务水平还是提高了很多。

不仅是我们馆的工作人员业务提高了，像旗县的图书馆，他们那些新的工作人员也成长得很快。给我印象最深的就是巴林右旗图书馆。巴林右旗图书馆你可能了解，可以说大部分员工都是蒙古族，他们的汉语水平相对较低。有一个研究生叫道日娜，她很快地掌握了分类全部的技能，而且分得比较准，成长得很快。还有宁城县图书馆、翁牛特旗图书馆。翁牛特旗文化局原来有一个小戏团，就是唱小戏的，他们解散了，这批人全都给翁牛特旗图书馆了。他们都是几岁就开始学唱戏，文化水平特别低。经过这几次竞赛，他们对图书馆业务掌握得也特别好，这个竞赛还是起到了很大的作用。

另外，在2018年，我们是以赤峰图书馆学会的名义和赤峰市图书馆联合举办，把高校馆也纳进了我们竞赛的队伍里了。我们的队伍就扩大了。有三所高校馆参加了，赤峰学院图书馆、赤峰工业职业技术学院图书馆，还有内蒙古交通职业技术学院图书馆，这三所图书馆都派工作人员参加了。他们很喜欢这种形式。赤峰学院图书馆陈晓华馆长就跟我说，他说这种方式促进他们学一点东西，还是很有好处的。另外像评中级职称，如果是在市级有什么奖项，他们在学院那块就很好用，所以他们也很乐意参加。

这种方式我们觉得还是挺好的。所以我们今年也想还接着做这件事情，一个是督促年轻人学习业务，另外就是让图书馆的工作人员也有一种活力。通过这种方式，我觉得提升了大家的工作劲头吧。

我个人这些年成绩虽然不是特别突出，但是我很努力，也写了一些东西，有公开发表的，有收到论文集的，还有获奖的。我的论文有20多篇，还编了一本书。得到了领导的认可，也得到了一些奖励，政府还有文化局的奖励我都得到过。

图15 1993年5月17日，鞠红耘的学术论文在内蒙古自治区图书馆学会东部区图书馆学会第二次学术研讨会上被评为优秀论文

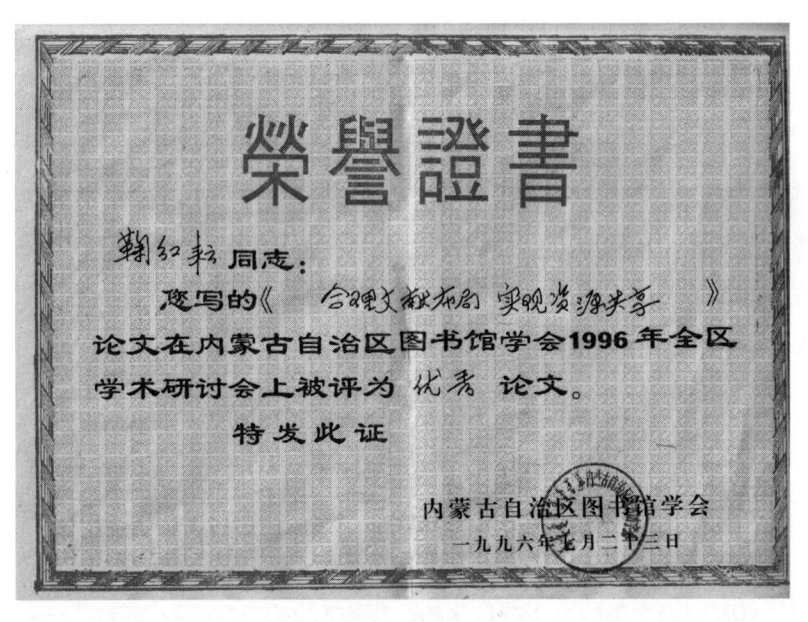

图16 1996年7月23日，鞠红耘的论文《合理文献布局 实现资源共享》在内蒙古自治区图书馆学会1996年全区学术研讨会上被评为优秀论文

图17　1999年12月20日，鞠红耘的论文《特色服务是县级公共图书馆为经济建设和社会发展服务的新途径》在全区公共图书馆发展建设理论研讨会议上交流

图18　2001年6月22日，鞠红耘与魏金芳合著的论文《西部大开发与图书馆》在内蒙古自治区图书馆学会2001年东部区学术研讨会上被评为优秀论文

图19 2001年9月，鞠红耘的论文《发展图书馆事业 服务于大西部开发》在中国图书馆学会2001年学术年会征文活动中被评为大会交流论文

图20 2001年10月26日，鞠红耘在第七次全国民族地区图书馆学术研讨会上提交的论文获三等奖，并收入正式出版之《论文集》中

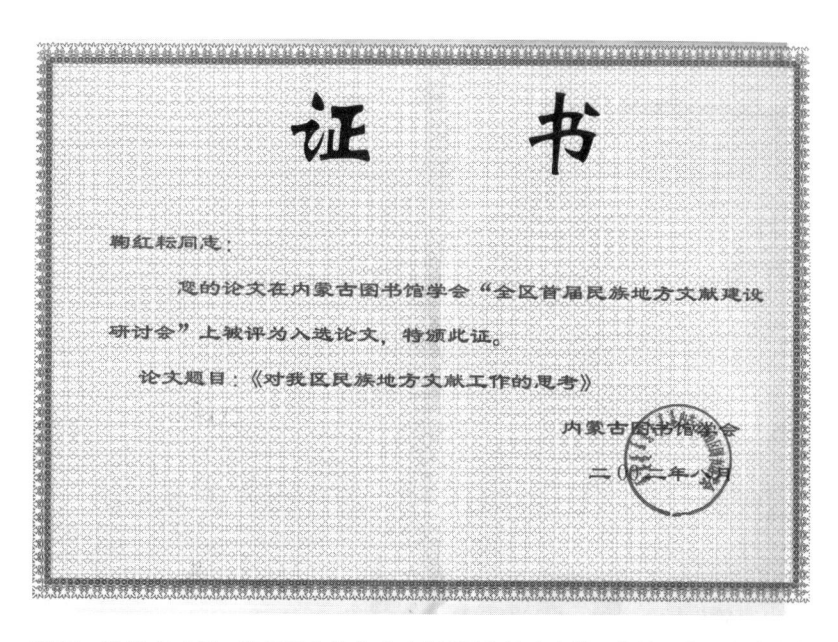

图21　2002年8月，鞠红耘的论文《对我区民族地方文献工作的思考》在内蒙古自治区图书馆学会"全区首届民族地方文献建设研讨会"上被评为入选论文

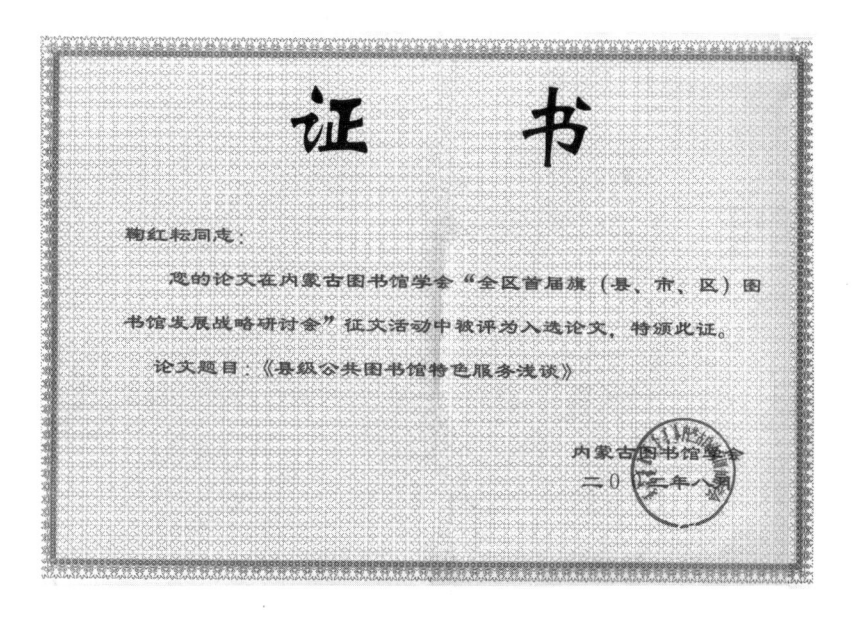

图22　2002年8月，鞠红耘的论文《县级公共图书馆特色服务浅谈》在内蒙古自治区图书馆学会"全区首届旗（县、市、区）图书馆发展战略研讨会"征文活动中被评为入选论文

图23 2007年9月15日，鞠红耘的论文《赤峰地区公共图书馆事业发展概述》在内蒙古自治区图书馆2007年学术研讨会上被评为三等奖

图24 2008年10月，鞠红耘的论文《中小型公共图书馆民族古籍工作浅谈》获第十次全国民族地区图书馆学术研讨会优秀奖

图25　2015年5月5日，鞠红耘的论文《中小型公共图书馆的延伸服务》被评为全国中小型公共图书馆联合会2015年研讨会征文一等奖

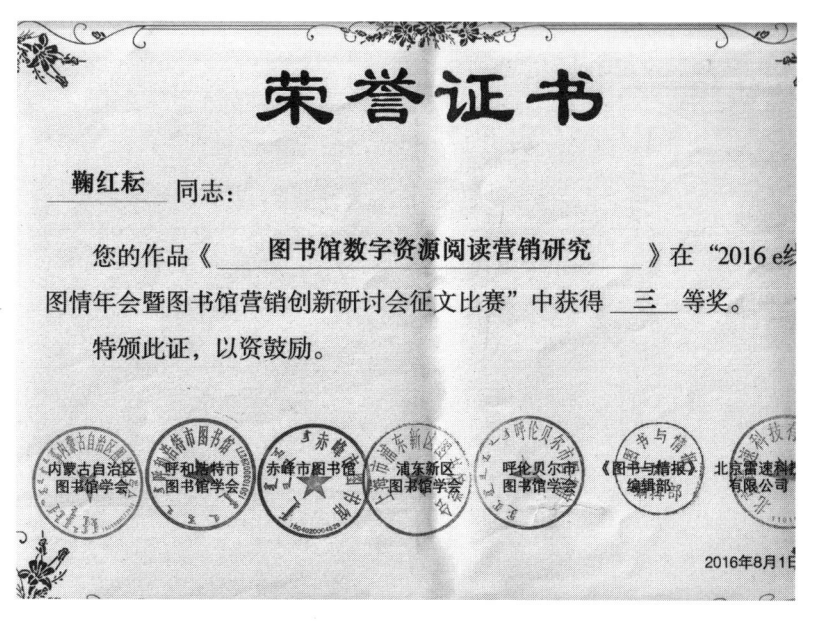

图26　2016年8月1日，鞠红耘的论文《图书馆数字资源阅读营销研究》在"2016e线图情年会暨图书馆营销创新研讨会征文比赛"中获得三等奖

图27　2017年6月，鞠红耘的论文《赤峰地区县级公共图书馆人才队伍建设研究》被评为全国中小型公共图书馆联合会2017年研讨会论文三等奖

图28　2017年12月，鞠红耘的论文《民族文献阅读推广活动的组织与开展研究——以赤峰地区蒙古文民族文献为例》在2017年"图书馆与民族文献阅读推广"主题征文活动中获二等奖

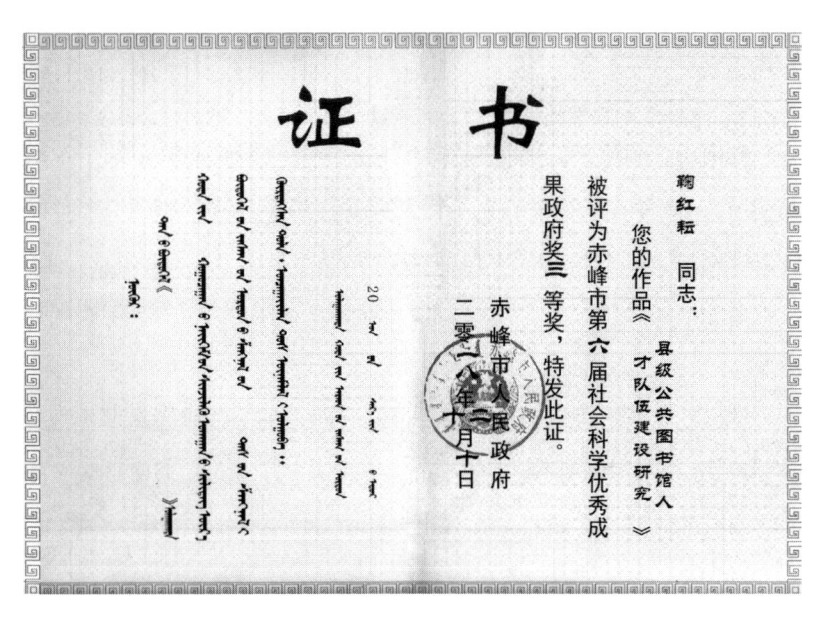

图29 2018年12月10日，鞠红耘的论文《县级公共图书馆人才队伍建设研究》被评为赤峰市第六届社会科学优秀成果政府奖三等奖

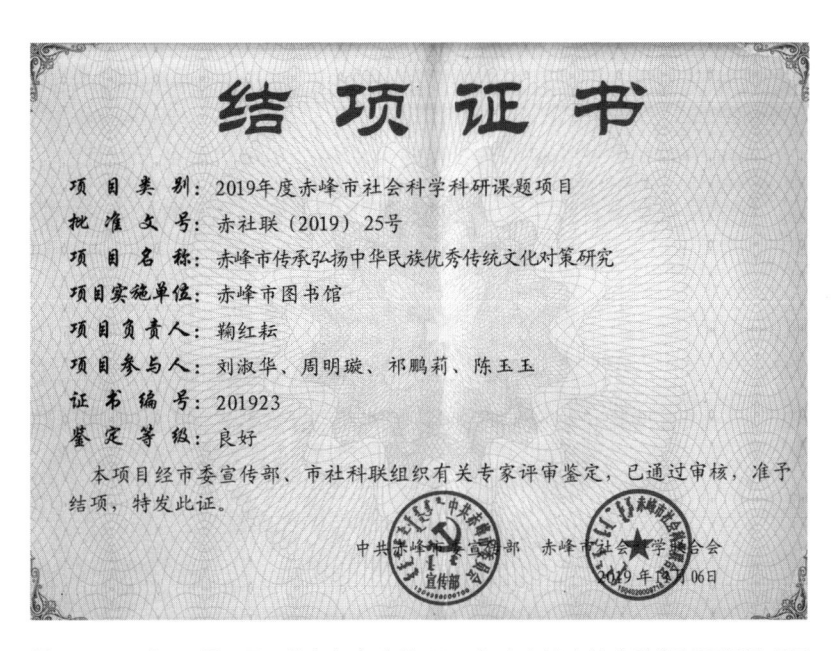

图30 2019年11月6日，鞠红耘负责的2019年度赤峰市社会科学科研课题项目"赤峰市传承弘扬中华民族优秀传统文化对策研究"通过评审鉴定，鉴定等级为良好

鞠红耘：牢记使命创辉煌　　**167**

三、馆藏建设

刘锦山：鞠馆长，您是1987年大学毕业分配到赤峰市图书馆的，到现在有33年了。33年，从我们国家来讲发展变化也非常快，对图书馆行业来讲也是一样的。所以下面我想请您分几个层面来谈一下图书馆这30多年来的发展变化。首先请您从资源建设这个角度谈谈，赤峰市图书馆从1987年到现在的发展变化情况。

鞠红耘：开始建昭乌达盟图书馆的时候，那个时候还是很重视的，当时给的购书经费，我听他们说是7.5万元。当时7.5万元的购书费是很多的，因为那时候的书有的才两毛多钱。

我记得1987年来赤峰市图书馆的时候，正好赶上馆里搞剔旧工作。一开始来，把我分到期刊阅览室。我在期刊阅览室工作了大约不到一个月的时候，当时有一个叫崔佩珍的老师，她是原来赤峰市图书馆（即现在红山区图书馆前身）的工作人员，对图书馆工作特别热爱，业务在当时算比较精通，然后就把她调到我们馆来了。她就跟我们馆长建议说，她是学专业的，得让她到采编部，她懂业务。

后来我就被馆长也安排到采编部，跟着他们清点图书。就那时候图书的复本量，你都没有想到它有多大。比如说鲁迅的小说集《呐喊》这种小册子，很薄的小册子，复本有的达到30个。所以我们单位大规模地往出剔除。那时候是手工操作，可能有一些失误，现在我回想起来，有些不应该剔的给剔了。但是因为复本量太大，也没有人看，所以就是有一些剔除还是应该的，要不然它也占架子。

那个时候我们馆的购书还是比较好的，但是主要还是以期刊、报纸和图书这三种类型为主。像期刊订的也很多，现在我们还有，装订成册了。还有什么《数学》这种特专业的期刊，我们都订了。我们订购的图书，采编部不能当年加工完，还是很多的。我来采编部的时候，一直在整理积压的图书，一直到1994年、1995年的时候，好像还没有完全弄完。所以那时候的资源还是可以的。可以说，比红山区图书馆要好一些。

2001年之后，开始给我们馆减购书费。购书费减了以后，恰逢书的价格也开始上升了，我们的购书量就越来越少。其实那些购书费几乎就买不着什么书了，订完期刊（期刊的数量也在逐年减少），购书费就没有什么剩余了。要想买点书，宝音馆长就从其他地方拨点儿钱来，我们就用那个钱来买一点书。我觉得有的年份我们的购书量，可能只在300册到500册，新书入藏就特别少了，新书藏量特别少。

2011年往新馆搬迁的时候，我们账本上所有的都加上，就是各种类型的书刊报都加到一起，我们的数字是19万多册。但是其实没有这么多，因为中间有丢的。尤其是我们有个阶段是开架借书，没有那些防盗措施，虽然我们的工作人员也在库里头跟踪，但有的时候你还是跟不过来，所以那个时候丢书时有发生。按19万册来说，书也很破旧了，可看的书很少。我们基藏库的书，你可能进去看过，因为我们原来老馆那个暖气不好，多次跑水，把我们基藏库的书都泡了。泡了以后，那个书其实是没法看的，也造成了很大的损失。

2012年，我们正式开馆以后，动员出版社给我们捐书。中国光华科技基金会把出版社不要的那些书拿过去，给各个图书馆捐赠，但是图书馆要出仓储费。就是书捐给哪个馆，哪个馆要出15%的仓储费，运输费用也要出。我们那次一次入藏量大约就增加了十几万册。一些出版社给我们捐赠。当时有一个国家新闻出版署来赤峰市挂职锻炼的安立春副市长，她跟许多出版社的人认识，她也呼吁一些出版社给我们捐了一些书。就这个阶段我们馆藏量开始大规模地上升。

另外我也多方打听，赤峰海恒公司有一个叫方兴的工作人员，他跟我说他从前在国家图书馆待过。我说你在国图待过，你认识国家图书馆那边的人吗？我听说它有一些下架的图书，而且书的质量还比较好，可以给别的图书馆捐赠，我说你给我们引见引见。方兴经理还真是很办事儿的一个人，他有一天就给我发了国家图书馆分管的李处长的电话。然后我就冒昧地给李处长打电话，我就说听说你们有这个业务，我们这个图书馆书太少了，我们这里经济不发达，购书费非常少，你考虑一下我们，给我们也捐点书吧。李处长相当照顾我们，分三次给我们进行了图书捐赠。第一次给我们捐赠了5000册图书；第二次给我们捐赠了5000

册图书、5000 册期刊；第三次给我们捐赠了 1 万册期刊。之后他们就没有这个业务了。现在国家图书馆好像缴送本那块也不是特别多。

那个阶段的图书量增加的就很多。那时候我们就是为了增加量，质这块儿，要求得不是特别高。之后经过刘馆长的努力，购书费在逐年地增加。2012 年，刘馆长还要了数字资源的购置费，我们现在数字资源也在购置，然后纸质图书、期刊也在订购。我们可以说资源类型很丰富了，比原来丰富多了。我们俩商量了，我们不再打量，我们要走质的这个路子了。我们尽量买一些新书、热门的书、好书给读者看。数字资源那一块，我们遵循的是让它有连续性，不让它间断，走的这个思路。我们的纸质图书，现在将近 60 来万册。

刘锦山：60 来万册，包括期刊和报纸吗？

鞠红耘：期刊、报纸都包括。我们建了数据库，有 40 多万，将近 50 万册。还有一部分像我们的线装书，就是古籍，我们古籍库不是有《四库全书》吗？

刘锦山：《续修四库全书》？

鞠红耘：《四库全书》和《续修四库全书》，我们都有。我们这些书目前还没有建数据库。

刘锦山：没有进入书目数据库。

鞠红耘：对，没有建书目数据库。还有我们的过刊和报纸都没有建。因为我们人员比较紧张，现在还没顾上。我前两年就跟期刊部的李主任说，你哪怕一年少建一点点，你也逐渐地把它建起来，争取在咱们搬新馆之前，把它建起来。

现在我们这个资源的建设，可以分三个阶段。2000 年之前，应该是一个鼎盛的，比较繁荣的时期。我们的藏书量还是可以的，在品种全的方面，在书本复本量的保证方面都做得比较好。2000 年到 2010 年，这个阶段我们图书馆资源建设属于一个低谷时期。因为这个阶段我们赤峰市的经济不好，因为咱们是全额拨款事业单位，我们的购书费给减少了，所以我们新书入藏的增长情况，就不是特别好。从 2011 年之后，无论是纸质图书还是数字资源，我们都有了很大的发展。另外今年，这不是新馆建设提到日程上了嘛，我跟我们好多部门的部主任就说了，咱们争取在搬新馆之前，在资源建设这块儿，我们要下一点功夫。因为我们现在的馆舍是将近1万平方米。我们搬过去的话，可能要在2万平方米以上，这样我们就要有一定的资源来充实我们馆舍。我说这个阶段，你们无论是采购还是搜集，都要加大资源建设的力度。

另外就是我们赤峰市新来的王旺盛市长也很重视赤峰历史资料的收集整理工作，我们现在也发公告了，《赤峰历史文化资料收集公告》，我估计《赤峰日报》《红山晚报》，还有电视台，现在都已经把公告发出去了。可能近期这个工作要提到日程上。资源建设就是这样。现在我们可以说就是读者借阅这块儿，是完全保证了。因为我们这个图书馆毕竟是市级馆，我们的资源建设还是以读者为中心，读者需要什么，我们就采购什么。

另外从去年开始，我们也实行了"鸿雁悦读"计划。从新华书店采购书，新华书店的书一般质量还是相当高的，最新、最热门的一些书，我们都能买得到，都能及时地入馆。今年也是，我们去年在那边采购用了30万元，今年我们也是30万元。总体来说，图书馆资源建设还是以健康、稳健的步伐发展。

四、专题馆建设

刘锦山：鞠馆长，您刚才介绍了三十多年来，赤峰市图书馆资源建设方面的发展情况。最近这十年左右确实发展得比较快，从资源的品种，还有它的量都增长得比较好。另外现在图书馆发展资源建设方面，像专题化、特色化以及灰色文献，都是大家比较关注的一个方向，咱们馆也做了一些工作。我了解到的，咱们有摄影专题图书馆，还有数字资源，咱们录制的"赤峰记忆"，这也是专题的，另外还有企业灰色文献的建设等，也在特色化方面做了很多工作。昨天我碰上李宝祥老师。李宝祥老师收藏了好多个人的书，还有鲁艺的好多资料。我听他说，他和图书馆刘馆长沟通好了，他要把这些个人的书、资料，捐给图书馆。这两天他都在筹划分类，怎么样布置、构建这个体系。我想请您把这几方面的情况再给介绍一下。

鞠红耘：刚才刘总你说专题图书馆，我也比较赞成，尤其是我畅想了我们新馆建设以后。就按照专题馆来建设，因为现在我们已经有一定的基础了。我们现在有摄影图书馆、灰色文献馆、蒙古文献馆，还有古籍馆，你看我们还有视障馆，另外还有经典文献阅览室，所以我们现在确实已经具备了一定的规模。我们下一步，一个是配合市政府，加大赤峰历史文献的收集，争取在我们地方文献这块量上有一个质的飞跃。另外我们今年6月又进行了新的部室招聘，我们把原来的特藏部给分开了。原来特藏部是包括蒙古文、地方文献、经典阅览室、摄影图书馆、灰色文献，还有古籍。今年我们把地方文献、古籍和蒙古文放到一个叫民地文献部，民族文献和地方文献放到一个部，其他的我们是一个特藏部。

为啥要分开呢？我当时跟刘馆长提的建议，一个是加大我们地方文献和民族文献的收藏力度，让他们每个人有更多的精力在专上发展。这不是属于专题嘛，另外像咱们的灰色文献，既然已经建这个文献馆了，我们要充实它。一个是我们通过一些途径采购，另外我们加大地方搜集，就是上不同的地方去搜集，给它充实力量，让它在质上和量上都有一个发展。

另外还有摄影图书馆。刘总也有所了解，之前我们都是志愿者在管理，今年我们配备了专门的工作人员。为啥要这样呢？我就跟刘馆长说，既然咱们打造了，当时是说全国唯一的摄影图书馆，已经把这个牌子打出去了，咱们就要充实它，虽然现在地方小，但是要培养这方面的人员。新工作人员上岗以后，我就跟他说，既然是摄影图书馆，你就不能拘泥于一种文献，就是你有图书，有照片。另外你也不能拘泥于一种方式，就在这个阅览室工作，你以后就这样，随时随地拍照片充实咱们这个馆。作为摄影图书馆的工作人员，你跟其他馆的就不一样，比如说你走到路上，看见了一个很好的东西，或者是一个事件，你可以通过摄像机、手机把它拍下来，或者是录下来，放到你的摄影图书馆，这就是一个资料。要培养你自己这种意识。

我的思路就是像老百姓说的，你干啥，你就要吆喝啥。我也想让我们图书馆的工作人员，脑子里就要有这根弦儿。我是管灰色文献的，我在哪个部门看到一本期刊，这个是属于灰色文献，我立马就问他们买过来或者是要过来，就有这种意识才行呢。所以说现在，我要让他们加大专题馆的建设。

我们的新馆要有好多专题馆。作为一个工作30多年的工作人员来说，我觉得建专题馆有利于读者的使用。假如说我们要弄企业文化，我看看别的企业都怎么做的。那我们灰色文献那一块儿很全呀，他就可以去看那个企业文化是怎么做的。然后你要是搞摄影的，我们那块儿有好多国内外的摄影作品。假如说赤峰的，他要了解白显林老师的摄影作品，那也很全呀，他可以直接进到摄影图书馆去找。这样对读者来说也是特别方便。

一个有心的工作人员，他就可以利用这些文献搞深层次的服务，挖掘文献，还有这些图片，也可能有一些实物，在这个上面你就可以挖掘里头的内涵。什么写论文，什么研究，我觉得都有好处。因为我在上大学的时候对版本学特别感兴趣，当时我就想考版本学的研究生。我为啥后来没考呢？我外语不好，我上高中的时候，我们这个地区多数都是学日语。但是我上武汉大学以后，要求专业英语是八个必修学分，如果我不学八个必修学分的话，我毕不了业。所以我只能又改学英语。我的英语基础不是特别好，那几年为了学英语，把日语也丢掉了，就为了拿学分嘛，起码要保证毕业，大学不毕业也不行，说不过去。所以考研那个时候我犹豫来犹豫去，都准备了好长时间，资料也看了好多，最后还是放弃了考研。之前我们图书馆可能受到一些条件限制，资源特别少。现在这个资源多发达，还有数字资源等。只要你认准某一个专题，你去研究，我觉得都能研究出一些东西来。

另外比如说我们这些专题馆，这本书别人有，我们买不来，我们也可以复制，是吧？图书馆不在乎复制，它不像博物馆。博物馆看的都是原来的东西，你复制了大家就觉得你都是假的。但图书不存在这个问题。读者吸收的是里头的知识，是精华，他不在乎它的形式。所以我觉得咱们也可以采用一些复制或者是拷贝，反正是各种方式来充实我们的馆藏。现在我经常去给他们灌输，有时候我也特急躁的。我说你们每天都要有所收获，有所增加，你们就是要注重身边的东西，脑子里有这个意识，我们这些专题馆才能越来越好，资源也越丰富，你才能越好。反正我很推崇这种专题馆的建设。

五、典藏编目

刘锦山：鞠馆长，刚才您介绍了资源建设方面的情况。接下来请您谈谈咱们图书馆编目和典藏这方面三十多年的发展情况。

鞠红耘：我先说典藏吧。我们馆开始也是从外头学回来的，我们也搞三线藏书，这个也有基藏库、辅助库这种分的方法。关于做典藏，它有一个部门，有的馆叫典藏部，我们馆叫保管部，采编部加工完的图书全部交给这个部门，这个部门负责分配这个书，什么样的放到基藏，什么样的放到辅助。有一个阶段，假如说它有三个复本，它都拿出一个复本放到基藏。我们基藏也有一套目录控制着，就是基藏库有的书，这个目录就有，我们叫它基藏目录。我来图书馆的时候，采编部有一个章，上面刻上了记载图书馆目录的一些相关内容，我们管它叫根查。我负责采编部工作以后，经过一段时间发现那个章上的内容不够全面，有些内容无法填写。另外，手工盖章费时费力，有的时候还会盖歪，总之存在一些弊端，因此我就对其内容进行了完善并送印刷厂印刷，我们称之为业务助记卡，就是这张卡片。收到日期就是这一批书收到的日期，就是我们买的时间。然后这个动态号，我们每一期，比如说1995年第2期，就是9502，这样给一个动态号。来源我刚才说了，赠送的或者是购买的，就在这块儿说明。如果这个书我们又补充了，就填写补充栏，注销这个登记号，我不是说有清点图书嘛，有一些书如果是丢了，我们就要把那个书上面手工打一个号，然后把它的流水账号写在这儿就行了。这个合计这块儿呢，假如说这本书有5本，然后合计写这个。内部，当时我们有工具书阅览室，工具书我们就放到内部。还有一些我们也不给读者看的书，我们都放到内部这块儿。基藏一般是，我们有一个阶段，不论几个复本，我们都要留一个复本在基藏。就是怕读者都丢了，有的人还想查这本书，没了。甚至有的时候我们把基藏的书拿出来，去补充到读者用的那个辅助库。其他呢，我们有一些书，就是放到哪一个库都感觉不合适，那种就像地方文献啥的，我们可能放在其他。因为地方文献是不给读者外借的，但是可以阅览，可以查阅。卡片这块儿呢，我们也是控制，正常情况我们一般是一本书做六张卡片。采编部留两套，外借处三套，基藏库一套，但也有例外的情况，就是有互见分类的图书，每套分类目录中都按互见分类号增加目录。

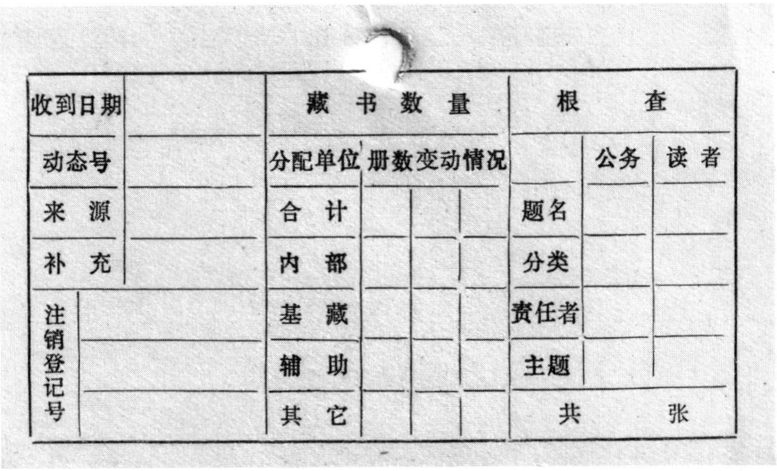

收到日期		藏书数量			根	查	
动态号		分配单位	册数	变动情况	公务	读者	
来源		合计			题名		
补充		内部			分类		
注销登记号		基藏			责任者		
		辅助			主题		
		其它			共	张	

图31　赤峰市图书馆目录业务助记卡

刘锦山：这是公务的目录。

鞠红耘：工作人员用的叫公务目录，读者用的就叫读者目录。我们公务目录其实有三套，采编部留两套，基藏库留一套。基藏库那一套，就是控制基藏书库的。对上了的，肯定就得有一个卡片，基藏库如果没有这本书，就不会给它卡片了。所以它那个卡片不是特别全的，读者那块儿的卡片也是不全的。哪块的卡片最全？采编部的卡片是最全的，所有库的卡片，采编部必须有。因为我们采编部的卡片，其中书名卡片是用来查重的。就是我们在分类之前，查重要用书名目录。比如说《红楼梦》，我们就按照《红楼梦》的拼音来查。如果是这个版本都已经有了，它就是复本了，我们就不用重新分类了，就把它的这些信息填上，填到补充这一块。然后把它那些号（登录号我们也是填在前面的）跟这个款目的信息是要放到一起的，然后把它的登录号也写上。进到哪一个库了，我们这块儿都要填好。就在原有的卡片目录上填就行了，不再做新的目录。这是查重，用的是书名目录。等到书分完了以后，我们还要用分类目录再进行一次查重，那叫分类查重，也叫种次号查重。我们为啥要进行这种查重呢？比如莫言的小说，假如说它是长篇，我们都分到247.5，我们馆种次号用的是著者号。比如莫言有好几种书，我们要给莫言的书分先后，就是分第一、第二、第三，主要是方便排架和组织目录，所以我们还要进行一次分类查重。分类查重，假如我们现在采购的莫言

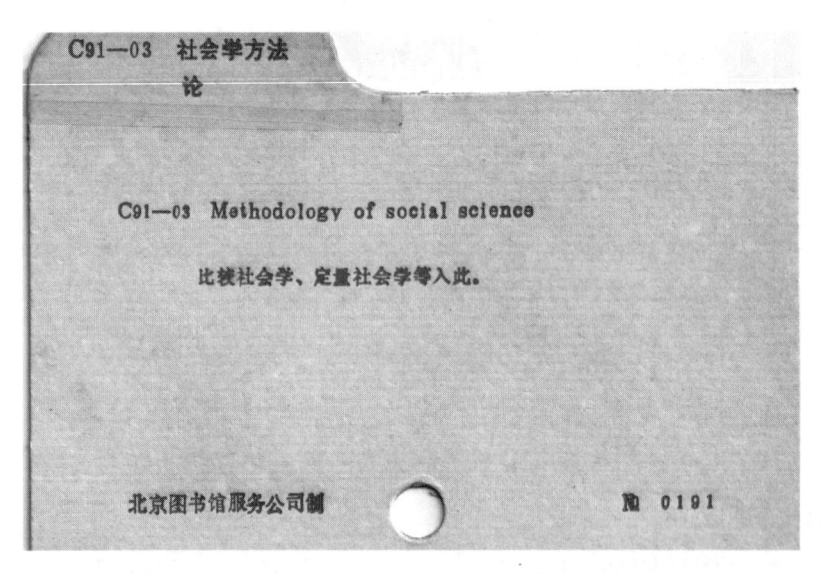

图32　赤峰市图书馆目录卡片

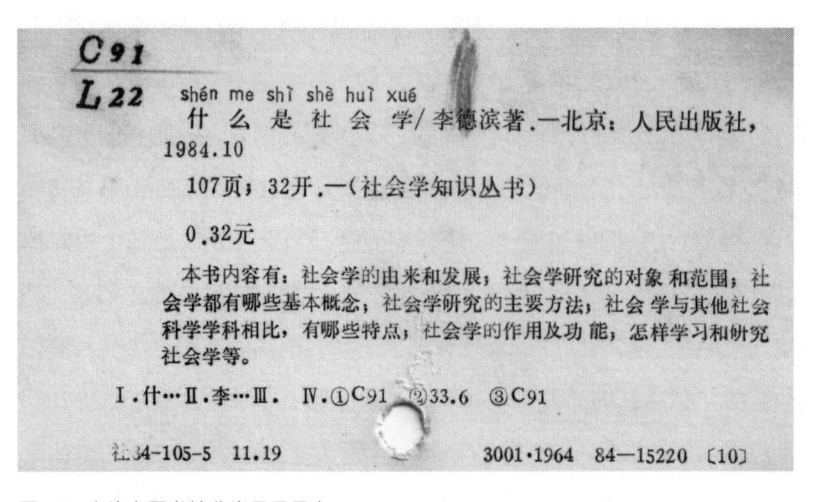

图33　赤峰市图书馆分类目录导卡

的《蛙》这本书，它已经是第三种了，我们就要在著者号后边划一个短横，然后写上3，就是把莫言的书，在架子上进行区分。

我们馆这个分类种次号一直用著者号，这点我一直没改。因为我还是觉得图书科学管理挺重要的，到目前我也改变不了这种观念。虽然说现在有盘点机什么的，我还是主张严格按分类种次号排架。我们用著者号做种次号的一个优点就是把同一著者的图书集中在一起，便于读者找同一著者的图书。假如说他想看莫言的书，他想看《蛙》，《蛙》可能被别人借没了，但是他还有别的莫言的书可选，他也可以先看莫言其他的书。就起到一个这样的作用，也可以说在架子上自动就推荐了图书。所以我们这个种次号，我一直就没有改。在评估的时候，有人也批评过我们，虽然说著者号码表不是特别科学，但它还是起到了一定的作用，我就一直没改。我们这个典藏呢，就是这么一个情况。

编目这一块儿，从载体形式来说吧，我们肯定是有原来的纸的卡片形式，现在我们还有了机读目录。至于编目的那个格式，之前咱们国家著录方式用的是悬行格式，也叫空格式，就是我拿的这种，它就是空格式的一种著录方式。之后呢，我们国家又发展了标点符号式的著录方式。标点符号，就是中间有逗号，有句号，有一点、一长横这个方式。按理说咱们现在用的那个机读目录格式，它也是标点符号的著录方式。我们馆编目这一块儿，我来的时候，可能你们也见过，手工打字机。汉语的是铅字打印，蒙古语的是手工刻写的。用打印机打到一张蓝色的蜡纸上，那个蜡纸都是提前设计好的，那一张蜡纸我们是打四张卡片。打完了，我们用剪子把这四张裁开。裁开以后，把这个卡片放到这儿，有一个自己用胶皮做的刷子，按着把那个刷到这个卡片上面，就那样刷出来。这是制作目录的过程。

我们馆的卡片式目录也经历了各种方式。有手写的，有空格式的，铅字打印机打印的，还有蜡纸刻出来的。就是用钢板把那个蜡纸割这么大，然后把它按到那上头刻。按照这个格式刻出来，然后也是按照那种方式把它刷出来。这种卡片你可能知道，它旁边有洞洞。还有一种卡片打印机，我们馆2000年前后的时候开始使用的。把那个目录打到电脑上，也是把格式控制好，做完了以后，就用打印机打,一张纸可以打印六张这种卡片,因为我们有六套目录。在纸制目录的阶段,我们经历了这么长一个过程。

2008年的时候,我们从天津图书馆引进了ILAS Ⅱ管理软件,开始了机读目录格式的制作,机读目录的优点就是一次输入,多次输出。不用再做那么多卡片了,结束了卡片的历史。这算是我们馆编目的发展过程。我们也逐步地规范化了。像每一次编目规则的改版,我们都组织赤峰市图书馆的工作人员参加自治区办的班,也把自治区的老师请过来给我们讲课,我们都一直在做,所以我们的编目还是一直都比较规范。

图34 赤峰市图书馆工作人员在用计算机编目(左为鞠红耘)

这个机读目录,我们自治区其实也很重视。我在1996年就参加了国家图书馆办的培训班,文化部刚开始发行《中国机读目录格式》第一版,我就参加了那个培训班。那时候我还真的不了解机读目录是个什么样子,但是很多的大馆和一些高校馆,都已经开始实行了。2008年,我们去了几个人在天津图书馆,他们给我们培训。当时说你们得半个月才能培训好。但是我们这几个工作人员很给力,一周全都学完了,学会了,自己就能很快地做下来了。2008年的时候,我还去了国家图书馆,我又学了新的机读目录格式使用手册,也就是说新的我又去学了一次。回来以后我也是给他们讲课。当时咱们内蒙古自治区图书馆的常老师很喜欢业务,鼓励大家学习。在2000年我们请他讲文献编目规则新版的时候,他也让我给大家讲了一下机读目录格式,让大家认识一下,赤峰市各个旗县区图书馆的都来赤峰市区统一学习,让大家了解这个。然后我就给他们讲了一天机读目录格式。常老师还说,讲得还行,抓住了应该让他们知道的东西,都告诉他们了,说出来了。

编目标准化这一块,我们一直比较重视。另外我也要求比较严格,按照编目规则尽量做全,我们追求只要做了你就要做得比较好,让读者通过这个目录,他就能知道这本书是什么样子的,要反映得比较全。所以编目这一块一直比较规范。现在机读目录我们也做得很规范,能全尽全。

六、读者服务

刘锦山:鞠馆长,刚才您介绍了编目和典藏方面的情况。我们知道图书馆是为读者服务的,我们馆藏希望读者能够借阅、能够流通、能够去检索。接下来请您给大家介绍一下,咱们馆30多年来读者服务工作方面的情况。

鞠红耘:我分两步说吧,一个是阅览,一个是图书外借。我刚才说2011年之前我们属于传统阶段。图书借阅,我们最早都是办借书证,好像是还要有10块钱的成本费。因为2012年咱们才免费开放。外借读者这一块儿,一向不是特别多。我记忆里我们的读者证大约在1000个。2011年之前,每天借书的人不是特别多,可能50个人就挺多的了,没有特别多。

1997年的时候,我们建立了少儿图书外借和阅览部室,这个时候我们的读者量也增加了一些。但是少儿借阅有一个缺点,好多家长不愿意让孩子来馆内阅览,因为他需要家长跟着,家长可能没时间,他们喜欢把书借回去看。所以在那个阶段，我们还实行了期刊也可以外借。那个时候少儿借书的读者也挺多的，自学阅览这一块的读者特别多，因为我们赤峰比较重视教育。在 2000 年左右那个阶段，社会上对于文凭都比较重视，都学各种各样的文凭，比如函大、夜大等。我们的自学阅览室一直都是一座难求，反正是很火爆。我记得我们有一个阶段就是大家都是轮着去自学阅览室值班，因为有晚班嘛。

我刚来馆那时候，也是瘦瘦小小。我们那个老馆阅览室，有一个四扇的带玻璃的大门，这样宽的，旁边还有一个侧门。我每次不敢开这个大门，我得开那个侧门。为啥呢？这个大门不是对开的吗？我要是站在中间给他们开门的话，我怕读者就哗一下子全都冲进来，把我冲倒或踩到我。然后我就开侧门，你可以一开就躲在门后，我就这样开门。

我们那个时候读者很多，还需要抢座，但是那个时候我们还是要收费的。好像开始是一个月 10 块钱吧，后来变成一个月 20 块钱，也不低，当时咱们收入很低，不像现在这么高。在收费的情况下，读者还有这么多。尤其在寒暑假的时候，那个屋子根本装不下。人家办证了，花钱了，来不了，读者意见特别大。所以每当寒暑假的时候，我们都要把四楼的报告厅开放，接待读者。我大约算了一下，最淡季的时候，读者人次也能达到 400 以上，旺季的时候可能要在七八百。因为楼上也开了，晚上也开。

我们搬新城来以后，读者量一度有点低迷。因为当时新城这块交通特别不方便，公交车特别少，而且这个地方周边的住户也特别少。有那么两年，我们的读者量有点低。刘馆长就让我们宣传，走出去，上校园，另外建分馆。我们从 2012 年就开始在学校、社区建一些分馆了，另外这些年我们书的质量也在不断提升，我们的读者量现在很多，尤其是少儿读者。在周末的时候，我们的少儿读者能达到 1000 人次左右。就只是借阅那一块，就达到这么多。成人这一块比较稳定，没有少儿多，但是比在老馆的时候还是多好多了。现在我们有一些证也是比较优惠，因为和很多单位都是关系单位，都办了那种免费证了，也不要押金了。现在我们借书证可能有七八万张这样了。

自学阅览室这一块，现在读者还是很多，尤其到寒暑假的时候，我们经常得把多媒体教室打开。因为人多，我们在走廊上放了很多的方便凳，人多的时候都坐满了。因为我们没有大数据墙，我们还统计不了。但是我感觉，我们现在读者量一年也在 40 万人次以上吧。

服务这块呢，我们还是尽量怎么方便读者，就采取怎么样的措施。尤其是自学阅览室，算是我们的一个服务品牌吧。我们从老馆一直到新馆，这 30 多年以来，我们都比较重视这一块的工作。我们在老馆那个时候，专门有热水壶给他们烧水，就为读者提供喝水这一块，新馆里面也提供这些服务方式。另外比如说到了寒暑假，尽管我们人手很紧张，我们能开的地方都对他们开放，尽最大的努力来满足读者的需要。

我们很重视我们的阅览环境和服务态度，我们作为领导还是经常要强调这个，要给读者提供一个方便舒适的阅览环境。期刊阅览这块，我们每年采购期刊都要征求读者的意见，尽量有针对性地订他们需要的。图书这一块也是，我们每一次要采书之前都要征求读者的意见，现在差不多也有一大部分是菜单式采购了。读者有时候就给我们写，或者是他找图书馆，我要看哪本书，你们有吗？然后他们一说没有，我们马上就通过当当网或者新华书店开始往回采。现在就是尽量以读者为中心，来开展读者服务工作。

期刊这一块，老年读者比较多，年轻人不是太多。我们少儿和成人是分着的。少儿那面期刊阅读量今年可能不好，今年由于疫情我们一直没开。往年读者也是特别多，也是没有座位。它本身那块座位就比较少。成人期刊这面，读者主要是一些老同志，座位还是比较满足的。另外我们也为老年人提供了一些放大镜，还有老花镜这些东西。期刊部的工作人员服务态度都很好，读者经常表扬他们。尤其是来到这个新的馆舍以后，有中央空调，冬暖夏凉的，更适合读者阅读。

这些年，我们每年至少要开两次读者座谈会，听到的多数都是表扬。我们让读者也提一些意见，然后他们提的都是我们椅子不太好这种意见，跟态度没关系。提出了这些，我们也是在尽量地改善。有一次读者提出那个凳子一拖地就响，我们就到处找椅子下面那个套，最后还是买到了，然后把椅子都套上了那个套。为读者服务这一块，我们是尽我们最大的努力，来满足读者的需要。

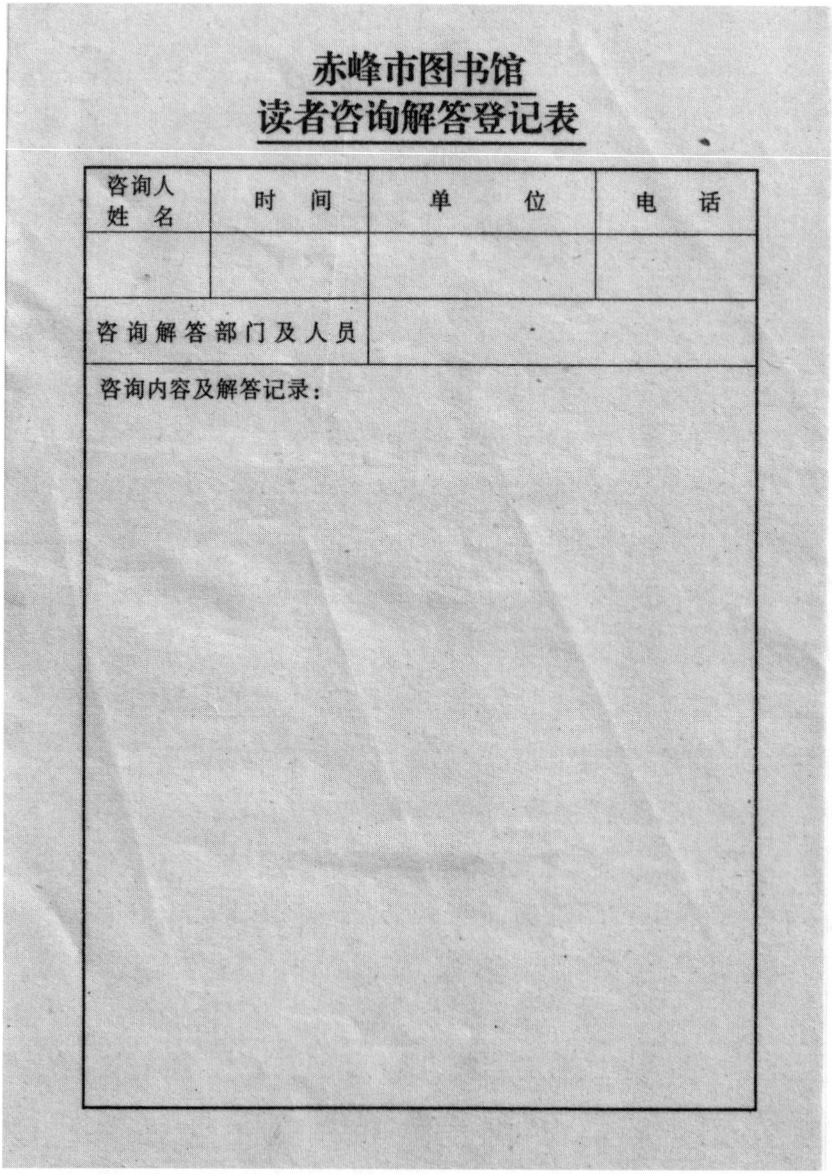

赤峰市图书馆
读者咨询解答登记表

咨询人姓名	时间	单位	电话

咨询解答部门及人员	
咨询内容及解答记录：	

图 35　赤峰市图书馆读者咨询解答登记表

七、服务体系

刘锦山：鞠馆长，接下来请您谈谈关于中心馆总分馆服务体系方面的情况。我们知道这几年来，全国图书馆界对中心馆总分馆服务体系都比较重视，政府方面也比较重视，所以各地推进得都比较快。请您介绍一下咱们赤峰地区的中心馆总分馆服务体系建设情况。

鞠红耘：我们馆作为中心馆，在总分馆体系建设中没有承担具体的建设任务，但是我们馆也协调旗县馆这一块。我们赤峰试点的是宁城县和巴林右旗，总分馆形式已经建了几个，有总馆、分馆。因为现在也是想扩大我们服务的覆盖面，也自己建了一些分馆。我们跟松山区是这样协商的，我们赤峰市图书馆负责城区的分馆建设，然后松山区图书馆负责下面的乡镇那块的分馆建设。但是也没完全局限于我们建城区之内的分馆。我们现在在阿鲁科尔沁旗、宁城县和翁牛特旗都建有乡镇和旗县分馆。分馆现在有40多个，像监狱、企事业单位、社区、学校，我们都有分馆。

我们建分馆，其实是有物质基础的。2012年我们采购Interlib软件的时候，就是按总分馆体系采购的。我们馆作为中心馆，12个旗县区的13所公共图书馆是作为分馆来建设的。现在虽然没有真正实现那种通借通还，但是通过我们数据库就能查到某一本书在哪个馆有，这个现在已经做到了。没有通借通还是因为我们赤峰的地域也比较大，另外现在有一些技术手段还没跟上来。但是总分馆的这个模子已经打好了，以后也不会有特别大的困难。

20世纪90年代，还是李晓秋当馆长的时候，我们就进行过尝试，就是我们城区的这四家图书馆开展了共建共享。当时还做了共建共享卡，有的读者现在还持有这种卡。城区不是有四个图书馆嘛，在这四个图书馆通借通还，还试验了一段时间。但是由于当时的技术条件确实跟不上，没有大规模地开展起来，也没有坚持下去。尤其是我们一往这边搬迁，城区也扩大了，那边的读者也不愿意上这边来借书，就说还到那边的话，他来这边借书也不方便，所以这个就没有实现好。

但是我们自己馆作为中心馆来说，我觉得我们应该承担的工作现在还是尽量在承担，只要是有需求的，我们还是尽量在建分馆。今年尽管在疫情的情况下，我们已经又建了几个分馆。我们一直也没把这个工作耽搁，一直也在坚持做。今年这10个街区图书馆也是我们在协助做的，去年还协助工会建了两个企业图书馆。作为中心馆我们的作用还是在发挥着。另外我感觉现在这种状态也还是可以的。

刘锦山： 具体建的时候采取了什么方式？跟合作方是怎么样去具体分工的？您给介绍一下。

鞠红耘： 假如你这个单位想建一个分馆的话，你首先给我们写一个纸质的申请，以红头文件的形式给我们。我们拿到这个申请以后，要派人去现场看一下，它这个场地，还有它的设施能不能建分馆，如果说它具备了这个条件，我们就开始准备。我们算一下，大约给它配送多少图书，根据它的读者情况，是少儿书还是成人书。也有的是他们自己派人一起跟我们选书，然后就把书拿过去。我们有统一的规章制度，统一管理。现在我们好多分馆的读者也想把书借走，但是我们这个软件现在还没有开通好。我们也按照我们的规格把证给办好了，好几个分馆已经具备了这种条件。今年如果没有疫情的话，我们可能就把这个工作做了。

刘锦山： 每个分馆放在那里的书多长时间更新一次呢？需要更新吗？

鞠红耘： 也有更新。借书多的那个单位，分馆更新得慢一些，因为它们数量大。要是少的话，有的几个月就要更新一次。

刘锦山： 或者咱们送，或者分馆自己来提？

鞠红耘： 对。他们就提要求，说我们想换点书了。把那些书打包拿回来，我们在这边选一些书再送过去。

刘锦山： 有40多个分馆，那就大大扩充了赤峰市图书馆的服务范围。

鞠红耘： 确实。

刘锦山： 那就能更好地为读者服务了。好，鞠馆长，非常感谢您能接受我们的采访。

鞠红耘： 好，谢谢刘总。

张家谋

不忘初心求发展

采访时间： 2020年6月28日
初稿时间： 2022年5月26日
定稿时间： 2022年6月26日
采访地点： 赤峰市图书馆"赤峰记忆"拍摄现场
版　　本： 文字版

张家谋速写

　　张家谋　党员，汉族，赤峰市图书馆原党支部书记，1946年8月17日生。重庆市潼南区人。1964年12月参军入伍，在部队服役21年期间，历任班长、排长、连指导员、团司令部作训参谋、团后勤处副营职战勤参谋、后勤处副处长等职。1985年12月，转业到地方工作。1986年1月，到内蒙古赤峰市文化局工作，历任市文化局秘书科科长，兼任局机关党支部书记。1992年5月，调赤峰市图书馆任党支部书记，直至2006年退休。

　　20世纪90年代初，领导图书馆党支部突出抓好党政班子建设，抓好党员、职工的思想教育和管理，抓好业务建设，抓好经济创收工作，不断改善图书馆的内部环境和工作条件，为图书馆事业的不断发展奠定了良好的基础。

刘锦山：各位朋友，大家好！今天是 2020 年 6 月 28 日，这里是赤峰市图书馆"赤峰记忆"第五期"图书馆专题"拍摄现场。今天我们邀请到的嘉宾是赤峰市图书馆原党支部书记张家谋老师。张老师，您好。

张家谋：您好。

一、转业从文

刘锦山：非常高兴您能接受我们的采访，首先请您给大家谈谈您的个人情况和工作经历。

张家谋：我叫张家谋。1964 年 18 岁的我参加了中国人民解放军，在部队服役 21 年。在部队期间我曾任过班长、排长、连队指导员、团司令部作战训练参

图 1　张家谋（左）接受"赤峰记忆"采访

谋、团后勤处战勤参谋、副营职战勤参谋、副处长等职。1985年我转业到赤峰市文化局工作，在文化局工作了7年。在文化局的工作是担任秘书科科长，兼局机关党支部书记。1992年5月，我被调到赤峰市图书馆担任党支部书记，在那里工作了14年，到2006年退休。

图2　1992年7月，张家谋获得中国图书馆学会、中国民族图书馆举办的民族地区图书馆研习班结业证书

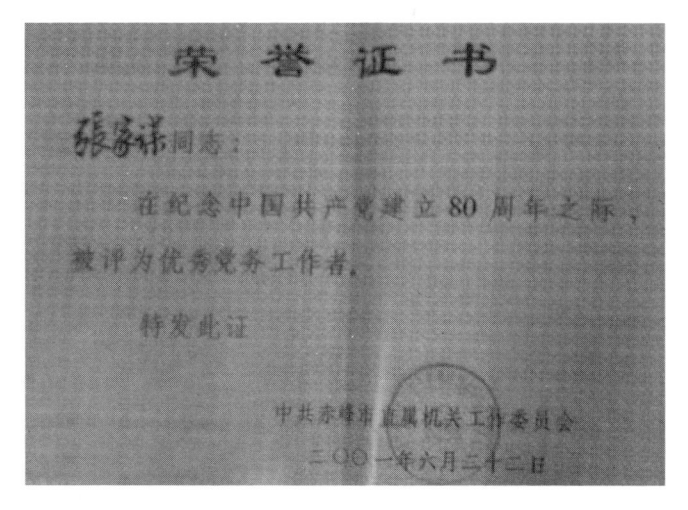

图3　2001年6月，张家谋被中共赤峰市直属机关工作委员会评为优秀党务工作者

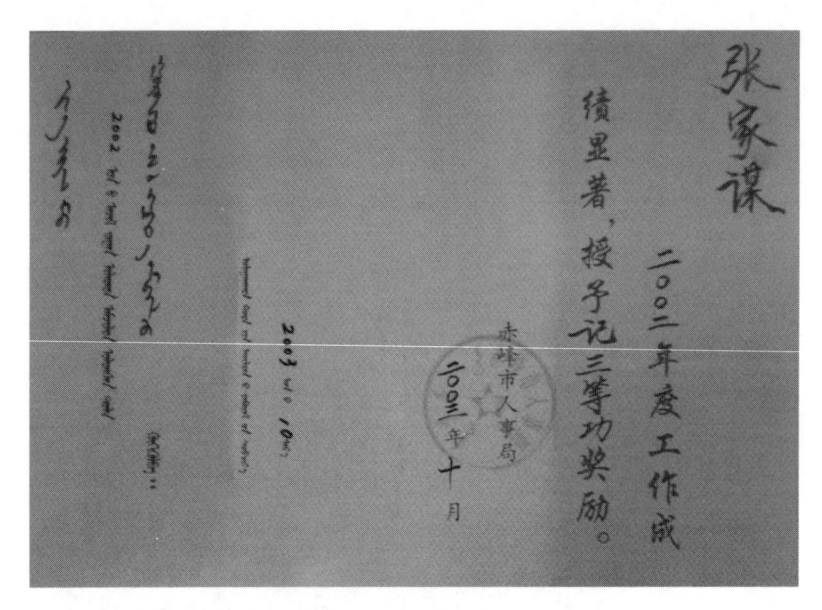

图4　2003年10月，张家谋被赤峰市人事局授予记三等功奖励

我们当时图书馆的党政班子，是赤峰市图书馆建馆以来第二届党政班子，我担任党支部书记，馆长是李晓秋，他现在任内蒙古自治区文化厅副厅长兼内蒙古自治区图书馆馆长，副馆长有宝音。大约是1998年，张海云从市文化局文化科科长调到我们市图书馆担任副馆长。

20世纪90年代初，改革开放的初期，工作怎么开展？这是摆在我们面前的一个很大的问题。经过调研，通过党政班子交心和了解实际情况，我们就确定了图书馆将来路子应该怎么走。那就是以支部建设为核心，抓好党员队伍、抓好职工队伍、抓好业务建设、抓好创收。主要抓了这么四个方面的工作。

二、立人立业

刘锦山：张书记，您把这四个方面的工作向大家详细介绍一下。

张家谋：第一是抓了以党支部为核心的党政班子建设和党员队伍建设。党政班子配备以后，我们都是新到岗的，这个工作队伍我们不太了解，业务也不太了解。特别是我，还是图书馆战线上的一个新兵，心里没什么数。通过党政班子多次研究和调研，我们最终在召开的支委会上，确定了以四项工作为主要目标，来抓好图书馆的事业。再一个呢，党员的队伍建设我们也比较重视。加强青年教育、党的方针政策教育、法制教育、政治学习等各个方面我们都下力气狠抓，确定每周五半天为党员活动日和职工学习日。通过多年的工作，我们的党政班子，特别是党支部的领导作用、监督作用、保障作用发挥得比较好。我们党员队伍也比较稳定，信念也比较坚定，思想比较稳定，模范带头作用起得比较好。党支部的战斗堡垒作用和党员先锋模范作用发挥得比较好。这是党支部建设和党员队伍建设方面。

图5　2001年8月，张家谋主持召开图书馆党员会议

我们党政班子建设、党支部建设和党员队伍建设，都得到了上级领导的好评。我们连续多年多次被评为先进党支部、优秀党组织，还有模范党员也每年都

评选。我们在市直文化 15 个单位中名列前茅。这是实实在在的，档案室都有记载，都有奖励的。

第二个方面是抓职工队伍建设。当时是 20 世纪 90 年代初，国家改革开放掀起热潮。特别是 1992 年企业重组，职工下岗，有的还人浮于事。所以在这种情况下，我们更要抓好职工队伍建设。这方面我们也是做得比较好的。每周先是政治学习，职工队伍用法制教育，制度管束，制度约束。我们各个方面的管理都比较到位，职工队伍比较稳定，大家工作积极性也很高，大家心往一处想、劲往一处使，工作做得比较到位。我们接待读者，各方面阵地包括环境、卫生、馆舍都搞得比较好。我们职工队伍在市直文化系统文化单位里来说，也多次得到上级领导的肯定。这是第二个方面。

第三个方面，我们重点抓了业务建设。从我们这支职工队伍来讲，有的是从企业、工厂、学校来的，还有的是从农村牧区来的，各个方面的人员都有，业务水平、工作能力、知识水平参差不齐。我们在这方面下了比较大的力气，采取的措施就是请进来教、走出去学、以老带新、实际工作锻炼、以会代训等方法。我们不断提高业务人员的业务水平。在当时来讲，我们这支队伍在内蒙古自治区盟市级图书馆中也是走在了前面，多次受到内蒙古自治区文化厅的表彰。其他兄弟盟市也上我们这儿参观学习，特别是东四盟市，我们交流比较频繁，互相学习，取长补短。这一点我们做得还算可以。这是业务建设。

图 6　1998 年 3 月 3—4 日，由内蒙古自治区文化厅主办、赤峰市文化局承办的"全区公共图书馆评估定级工作部署暨《条例》征求意见座谈会"在赤峰市图书馆召开（右一为张家谋）

图 7　1999 年 12 月 30 日，赤峰地区四馆文献资源共建共享动员会暨千禧年联欢会在赤峰市图书馆召开，张家谋致辞

我们还搞了一些活动，比如说办军营图书馆、监狱图书馆，还有街道图书馆。送书下乡等活动我们都积极参与。这方面也做得比较好，影响也很大。

三、创收补文

刘锦山：张书记，您再详细介绍一下第四个方面的工作。

张家谋：第四个方面，我们抓了创收工作，就是经济创收。为什么搞经济创收？当时我们市提出了"保吃饭"，特别是文化事业资金投入非常少。我们当时购书经费也就是两三万元。在我的记忆当中有一年最少，才买了 900 本图书。一个地区图书馆一年才买 900 本图书，那是比较少的。所以我们的开支除了人头费还有一点购书经费，别的什么资金都没有了。当时，市委、市政府还有文化局党组、党委也提出，各单位要放水养鱼，想方设法创收，弥补经费不足。当时说句老实话，要来一个客人，招待一顿便饭都没钱。我们实在是很困难。

在这种情况下，我们只能想办法，我们图书馆有一个老城图书馆，南面和西面原来是停车的位置，比较宽。我们就跟市城建部门联系，申请建一个门面房，大约有5米。再加上原来馆内有一点附属房，我们加在一起申请，开始说临建。我们说，图书馆不容易，也没有经费来源，我们想把经济搞活跃一点，挣点钱增加点购书经费。多次沟通以后，城建部门就同意了。

盖房没有钱怎么办？当时李晓秋馆长，我们俩到市新华书店借了10万块钱。1992年的10万块钱那算不小的数字了。借了10万块钱以后我们又招标，向工程队招标。招标时和他们谈判，你给我们搞建筑可以，但是我们有一个条件，就是我们欠你一部分工程款，等把这个房子盖好了，租出去有收益了，以后再还给你。只能采取这么个办法。经过一年的建设，就把它建设起来了，共1000多平方米。一个月40块钱一平方米起步，这1000多平方米一年就40来万元。

刘锦山：这是花的钱？

张家谋：不是。

刘锦山：租的？

张家谋：就是租出去的资金收入。这1000多平方米全租出去就40来万元。所以我们就利用出租房子创收。创收以后，把这个钱还了工程款。另外，用这个钱维修馆舍，什么自来水、下水管道、暖气维修、房顶防水。之前没有钱修不了，这些问题都解决了。

刘锦山：一年租金收入40多万元？

张家谋：那是当时起步阶段，收40多万元。到后来，100块钱一平方米了。

刘锦山：一个月租金100元一平方米？

张家谋：对。这在我们来看就是很大一笔钱了。我们用这个钱干了一些事，什么办公经费……买稿纸都没钱，经费很紧张，这些问题就全部解决了。当时在市直文化系统，我们图书馆是这方面搞得比较好的，大伙都挺羡慕。有钱我们用在刀刃上，每年补助购书经费，解决馆舍维修以及其他一些问题。我们下边一共是将近二十个屋，有开餐饮的，有卖服装的，其他的也有，所以这就有固定收入了。

图8　赤峰市图书馆老馆的门面房

当时我们想购买《续修四库全书》。过去给市政府、财政局打报告，打了多少次，没钱。买那个需要40来万元，很贵！但是我们决心要买这一套书。就从房租收入里拿出40多万元，去上海订了这一套《续修四库全书》，一共是2000多册。买了以后影响很大，地级图书馆能买一套《续修四库全书》，这不简单了。所以我们解决了大问题。最后给市里领导汇报，领导表扬说，你们用自己的收入，自己创收来解决了大问题。到目前为止恐怕内蒙古自治区12个盟市馆中，有《续修四库全书》的不太多，也就一个两个。因为这套书太贵了。

我们图书馆在创收这方面，在赤峰市直文化系统当中还是搞得比较好的，他们都很羡慕我们。我们也觉得利用自己的地盘把它盘活，通过一定的努力增收，把图书馆事业搞起来，这也是一件好事。作为一个老同志来讲，我有42年工龄，55年党龄，我觉得我在图书馆的工作，谈不上业绩，只尽到努力。我到图书馆是最后一站，2006年9月我退休。昨天刘淑华馆长还说，这房子当初建得好，到现在还有收入。所以这点做得比较好，我们自己也很满意。

刘锦山：张书记，这房子是哪一年建的呢？

张家谋：1992 年。我到图书馆那一年。市委、市政府也有政策，文化局党组提出放水养鱼，说你们各单位发挥你们主观能动性。所以我们根据我们的地盘，就利用这个地势，又是城市比较繁华的路段，把它建起来，效果还是不错。

刘锦山：当时有政策，文化系统的投入少，所以有这个以文补文的政策。

张家谋：对，以文补文，有这个政策，那会儿市文化局没掏一分钱。

刘锦山：《续修四库全书》是什么时候买的，哪一年采购回来的？

张家谋：1997 年，我和我们主任到上海去订的《续修四库全书》。

刘锦山：对，很不容易，当时 40 万元不是一个小数目。

张家谋：不是一个小数目。我在图书馆工作了 14 年，我对我们原来的班子成员，对我们的党员队伍，对我们全体职工，是有感情的。我在这里要感谢他们这么些年来支持、帮助我的工作。成绩的取得都是大家帮助的结果，支持的结果，我个人在里面，在班子成员当中起了一个应有的作用。

我对现在的图书馆感到很满意。这些年虽然我来得不多，怕给他们添麻烦，但是刘淑华馆长这个人很能干，影响力也很大，图书馆的影响力也很大。我们在过去，在全区十二个盟市图书馆中是名列前茅的，他们经常有来学习、交流的，都挺好。现在这个新图书馆，年轻人多，年轻化、知识化、专业化，人员都是大学专科以上毕业的，再加上领导班子团结一致，有创新思维，工作能干，想干事，能干成事，他们现在做得非常好。我对图书馆的未来，对这个班子，对这个队伍，充满了期待，也充满了信心。他们比我干得更好。

四、恪尽职守

刘锦山：张书记，您还记得您刚来图书馆的时候，图书馆有多少职工呢？1992 年的时候。

张家谋：正式编制可能是 40 多个，我记不太清楚了。我刚来工作的时候，还缺编呢。

刘锦山：等您退休的时候，2006年职工人数有多少呢？

张家谋：有40人左右吧。原来是35人。

刘锦山：党员有多少人呢？

张家谋：我来的时候党员是17个，后来又发展了几个，20人左右。

刘锦山：那党员比例也不小。

张家谋：党员比例不小。我们党员，先党内、后党外。有一些什么事，先跟党员通气，我们图书馆要干这个事，党员一定要起带头作用。我们先强调，之后再召开职工大会，一起动员。大伙儿心比较齐，在我的体会当中，图书馆是一个非常文明、文雅、舒适的地方，是个好单位，又能学知识。室内风吹不着，雨淋不着，太阳晒不着，这样的单位上哪儿找去？所以大家还是比较尽心尽力，热爱这个工作。

我多次强调，我当21年兵吃过很多苦，你们体会不到，但是来到这里我必须得努力工作，干好工作是我的本职。我是个党员，就应该这么办、这么做，不说向先进学习，我们起码得做到这个最低限度。我经常这么讲，我要哪一块做得不对的地方，大家可以给我提意见，我改正，但是你们哪儿做不好，我也要说。我们在馆里树正气，打击歪风邪气，好人好事表扬，谁做了好事，职工大会上表扬；谁做得差的，在哪一方面做得差，我们开始提醒，大家注意，不点名，但是仍然不改，我们个别谈话，做工作，一直到改了为止。我干啥尽量要干好，干不好那是我的水平问题，干不干那是我的觉悟问题。我就这么认为。所以我工作42年，也是有一个争上游的思想，其他人能做到，我们为什么做不到。我曾经是军人，说干就干，干就干好。这才是一个党员应该做的。我是这么认为的。

刘锦山：张书记，正是由于您，还有当时的领导班子，以及图书馆的同事的共同努力，给赤峰市图书馆的发展奠定了比较好的基础。

张家谋：谈不上，后来人比我们干得好。

刘锦山：谢谢您接受我们的采访。

张家谋：谢谢。

张海云

应是书香最宜人

采访时间：2020 年 6 月 28 日
初稿时间：2022 年 6 月 6 日
定稿时间：2022 年 6 月 30 日
采访地点：赤峰市图书馆"赤峰记忆"拍摄现场
版　　本：文字版

张海云速写

　　张海云　1957 年出生，1963 年进入小学学习，高中进入赤峰二中艺术班。1975 年毕业。1976 年通过考试进入昭乌达盟歌舞团，后被调至京剧团。1976 年 12 月进入文化局工作。1998 年，调入赤峰市图书馆工作，任副馆长。

　　刘锦山：各位朋友，大家好！今天是 2020 年 6 月 28 日，这里是赤峰市图书馆"赤峰记忆"第五期"图书馆专题"拍摄现场。今天我们邀请到的嘉宾是赤峰市图书馆原副馆长张海云老师。张老师您好，非常高兴您能接受我们的采访。

　　张海云：谢谢。

图1 张海云（左）接受"赤峰记忆"采访

一、三次带队进京演出

刘锦山：张馆长，首先请您给大家谈谈您的个人情况、工作经历。

张海云：我叫张海云，出生于1957年5月5日，1963年入小学。在那个时期是连着上小学、初中、高中的。在高中阶段我接受了赤峰二中艺术班的艺术教育，1975年毕业。高中毕业就随着当时的形势，知识青年上山下乡了。1976年12月，原来的昭乌达盟歌舞团招生，我有幸参加了考试。

刘锦山：被录取了？

张海云：被录取了。但是录取这里还有一个小插曲，由于指标的限制，我被调整到了京剧团。

刘锦山：京剧团？

张海云：调整到京剧团。到了京剧团以后，因为这个不是我的专业，后来领导可能也本着对本人负责任的角度，很快就把我调整到了文化局。1976年的12

图2 1987年，张海云在中南海怀仁堂

图3 1989年9月，张海云被文化部群众文化司评为第二届中国艺术节民间美术展览工作优秀组织工作者

月参加工作，1978年的7月转正以后，我就到了文化局。我是文化局的第一任打字员。经过几年的学习，还有领导的培养，到了1982年我就转到文化局的人事科工作。1984年，因为工作需要，可能领导也考虑发挥我的特长，又把我调整到了社会文化科。

刘锦山：社会文化科，也是管图书馆的。

张海云：和图书馆有交集的地方。从1984年到1998年，我一直从事群众文化工作。从20世纪80年代末期，政府就开始注重抓群众文化工作，尤其侧重于少儿文化。我对这个还比较偏爱。1989年带了赤峰市一个代表队，当时是到内蒙古自治区文化厅参加汇报演出，我记得这个节目叫《天鹅与少年》。之后这个节目又被选送到文化部，当时是文化部、共青团中央、全国妇联搞了一次全国性的活动，赤峰代表队选送的这个节目有幸参加全国比赛，并且获了奖。

刘锦山：真是了不起。

张海云：这是第一步。后期经过学习，我就对少儿文化工作产生了浓厚的兴趣。到了1992年，文化部下达了一个叫全国少年儿童"蒲公英计划"。所谓"蒲公英计划"，就是让这个行动在全国遍地开花。当年我们接到这个计划以后，赤峰市文化局的领导也非常重视，就责成我具体负责抓这项工作。

我选了一个点，是元宝山区山前乡马架子村，它那儿原来有一个幼儿园基础。我们把它经过一番打造，变成了一个民族儿童文化园，让孩子们从小接受艺术教育。这是1994年，到1995年的时候它就初见成效，被文化部群众文化司选定为全国的三十家典型之一。当时对农村孩子来讲，这是一个从小接受文化艺术教育非常好的契机。这一批孩子现在估计都已经是三十几岁了。当年他们也有幸在六一儿童节期间被文化部选调参加中南海怀仁堂的庆六一活动。5月31日晚上7点45分的时候，中央首长观看了演出，叫农村娃晋京汇报演出。这对演职人员是一个莫大的鼓励。我们得到了文化部领导、自治区文化厅领导的表彰和奖励，更加坚定了开展少儿文化工作的信心。

1996年"民族娃"晋京文艺演出，赤峰市代表队又有幸被选调节目参加汇报演出。当时我们被选调的节目是一个马头琴的五人齐奏《万马奔腾》，演出当中掌声不断。

刘锦山：高兴的。

张海云：特别开心，孩子们都给中央领导戴上红领巾。那个场景现在想起来还历历在目。

图4　1993年10月，张海云获内蒙古自治区文化厅颁发的全区农村牧区业余文艺调演优秀组织奖

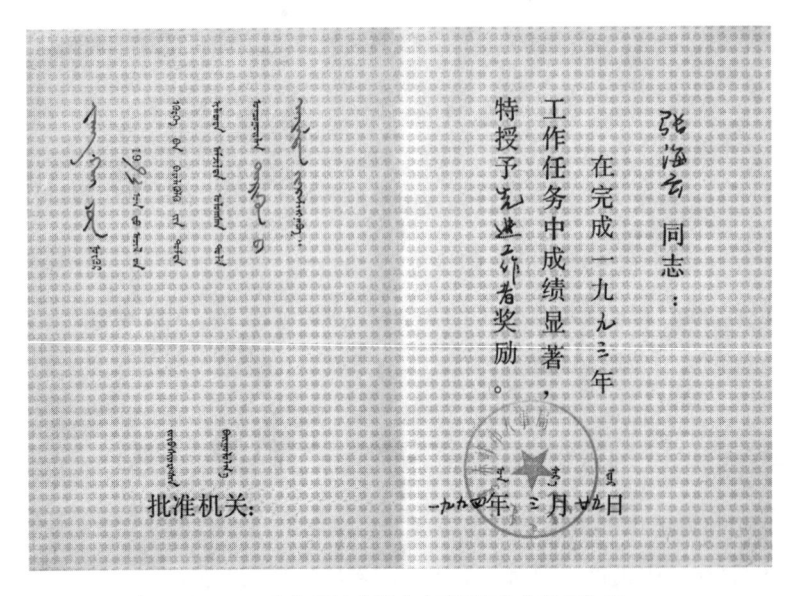

图 5　1994 年 3 月 29 日，张海云被赤峰市人事局评为先进工作者

图 6　1994 年，张海云带领民族娃参加中国国际儿童艺术节，在人民大会堂演出（左起依次为张海云、敖立成、海日罕、朝克、白雪松、哈斯巴根）

图7 1994年11月11日,张海云、李宝祥合著的论文《农村儿童文化园是培养跨世纪人才的摇篮》在文化部社会文化司和全国少年儿童文化艺术委员会组织的全国第二届蒲公英农村儿童文化园工作研讨会上的宣读证明

图8 1995年6月1日,为庆祝"六一"国际儿童节,张海云随农村儿童文化园晋京,在中南海演出成功,受到首都小朋友与中央领导的热烈欢迎,文化部社会文化司、全国少年儿童文化艺术委员会向张海云颁发荣誉证书

图9 1995年,赤峰市委书记杭桂林在元宝山区山前乡马架子村民族儿童文化园揭牌仪式上讲话

图10 1995年9月20日,刘凤翔、张海云合著的论文《农村儿童文化园与乡镇文化站的关系》在文化部社会文化司和全国少年儿童文化艺术委员会组织的全国第三届蒲公英农村儿童文化园工作研讨会上的宣读证明

图11 1995年10月，文化部社会文化司和内蒙古自治区文化厅领导到民族儿童文化园检查指导工作（第二排左六为文化部社会文化司司长范崇燕、右六为少儿处处长宗介华、右七为内蒙古自治区文化厅副厅级调研员齐宝海、左五为赤峰市委书记杭桂林）

图12 1996年，"民族娃"晋京文艺演出请柬

张海云：应是书香最宜人　203

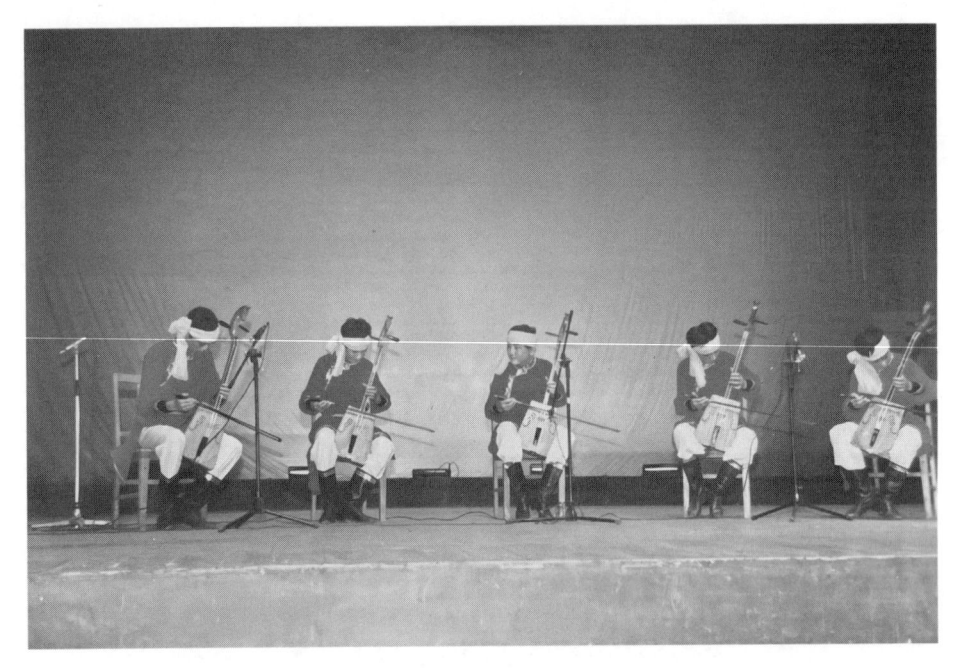

图13 1996年5月31日,"民族娃"在中南海怀仁堂演出马头琴五人齐奏《万马奔腾》

图14 1996年6月1日,为庆祝"六一"国际儿童节,张海云随"民族娃"进京,在中南海演出成功,受到首都小朋友与中央领导的热烈欢迎,文化部社会文化司、全国少年儿童文化艺术委员会向张海云颁发荣誉证书

图15 1996年9月,张海云被内蒙古自治区妇女儿童工作委员会评为全区儿童工作先进个人

刘锦山：您还记得当时演出的这几个小演员的名字吗？

张海云：有一个叫朝克，有一个叫白雪松。朝克现在在赤峰文化艺术界马头琴演奏方面是比较一流的。他不仅自己成了这方面的人才，而且现在有个马头琴培训学校，培养了好多好多小演员。这是比较有代表性的。

到了1997年喜迎香港回归，赤峰市代表队又有幸代表内蒙古自治区参加全国的"中华娃"晋京汇报演出。这是我从事文化工作几十年当中的一个亮点，每每回味确实感觉很兴奋。我三次带团进京参加中南海汇报演出。

刘锦山：您当时负责带队？

张海云：我负责带队。我的家人也非常支持我，当三次进京回来以后，我爱人特意把文化局的全体同事召集在一起，专门为我表达一下心意，感谢文化局的领导多年对我的培养。有我个人的努力，大家的支持，同志们的共同努力，才取得这样一个比较可喜的成绩。作为个人来讲，这是一件很令人兴奋的事情。

刘锦山：对，非常高兴。

图 16　1997 年 5 月 30 日，"中华娃"喜迎香港回归内蒙古代表团到达北京后研究汇报演出工作（右三为张海云）

图 17　1997 年 5 月 30 日，"中华娃"喜迎香港回归内蒙古代表团工作人员与小团员合影（三排左一为张海云）

图18 1997年5月30日，张海云与"中华娃"喜迎香港回归内蒙古代表团小团员月伦乌珍在北京小汤山住地合影

图19 1997年5月31日，"中华娃"喜迎香港回归内蒙古代表团与澳门代表团合影（后排左三为张海云）

张海云：应是书香最宜人　　**207**

图20　1997年5月31日，文化部社会文化司司长范崇燕（右一）看望演出后的"中华娃"喜迎香港回归内蒙古代表团小团员（后为张海云）

图21　1997年6月1日，为庆祝"六一"国际儿童节，喜迎香港回归，张海云随"中华娃"进京，在中南海演出文艺节目成功，受到首都小朋友与中央领导的热烈欢迎，文化部社会文化司、全国少年儿童文化艺术委员会向张海云颁发荣誉证书

张海云：每每提起这件事我确实也很高兴，我的子女们也为我高兴。其实在我连续三年带团进京演出的时候，我的女儿当时很小。我记忆犹新的就是她给我画了一幅漫画，画着我的形象，披肩发。她在家里，也很羡慕。就说孩子那种童真、童趣，说我的妈妈能带着少儿艺术团进京演出去，她也为她的母亲高兴。

二、图书馆管理工作

刘锦山：张馆长，您是什么时候到图书馆的？

张海云：1998年的时候由于工作的调整，我就到了赤峰市图书馆。到图书馆以后，我从过去的行政管理岗位一下转行到业务管理。对我来讲这是一个比较生的行业。那时候我四十几岁，当时也挺有干劲的，尽管业务上不懂，但可以学。开始去的时候，因为我在少儿文化这块比较有特长，图书馆领导班子商定以后，就把少儿阅览室这一块工作交给我。

我也是动了脑筋了，和图书馆少儿部三位同志共同商量，到寒暑假期间，都搞一些比较大一点的活动。提早发一下征文、通知，这些小读者也很踊跃，主动交一些自己的文章，积极参与，也有演讲，也有获奖的。我记得当时实验小学有一个小男孩，这小孩他还有心脏病，但是他就是不服输，特别爱学习，他得了一等奖，特别高兴。作为图书馆来讲，我们奖励孩子还是要从正面教育，我们就给他们买了好多他们喜欢的书。一等奖的孩子就可以得到厚厚的一摞书。每一年我们都搞。

到了春节期间我们还要搞一些灯谜，每年图书馆要挂300条谜语，召集社会上的一些人员，都踊跃来猜灯谜。我们都是搞有奖活动。当时这个活动是图书馆的采编部门、自学阅览室这些工作人员，还有期刊阅览室的这些工作人员，全部都参与。每年都特别红火，到了正月的十四、十五、十六，这是我们最热闹的时间，也是广大读者最喜欢的，每年都踊跃来参加。那个情景真是难忘。当时在图书馆来讲，这项活动算是比较大的活动，在社会上也比较受欢迎。

刘锦山：也是少儿部办的？

张海云：少儿部也参与，成人部和少儿部都参与。我们还建了几个流动的网点，叫图书阅览室也行，叫流动图书馆也可以。其中就有赤峰市实验小学，那是我们的一个基地；还有赤峰市第十中学，那儿也是我们的一个基地；还有一个部队，在那儿我们也建了一个流动图书室。在自治区来讲，我们是首家在监狱（第四监狱）建了一个图书室。它这个有什么特点呢？就是由犯人来管理图书的阅览、流通、整理。赤峰市图书馆的这个举措，在自治区也是首家。大概是1998年，还是1999年，自治区在赤峰开了一次全区公共图书馆的现场会，其中有一项内容就是全体与会代表到第四监狱图书馆去参观。这个举措得到了自治区文化厅的领导、自治区图书馆行业的专家们，还有各盟市图书馆馆长的一致好评。赤峰市图书馆在这方面，给大家做了一个榜样，这也是我们图书馆的一个亮点。我分管的工作就是期刊阅览室。

图22　2004年7月7日，张海云等人前往空军雷达团图书室查看外借图书情况

图23 2004年7月12日,赤峰市图书馆召开地区文献采购工作会议,赤峰学院图书馆、松山区图书馆、赤峰市少年儿童图书馆、红山区图书馆、赤峰市农牧学院图书馆参加会议

刘锦山:期刊阅览室。

张海云:期刊阅览室当时有三位工作人员,我们都是上下午班,上下午那样上,周六、周日都不休息。像现在电子资源什么的,那时候都没有,就是原始的、纸质的报刊。每天一报,刊是有半月刊,有月刊,还有季刊。这块阵地尤其是有一部分老年读者,都上了年纪,戴着老花镜,走路拄着拐杖,这样也来。图书馆这个阵地,确实受到老百姓的欢迎。在当时来讲,我觉得期刊阅览室能够把上了年纪的读者都能吸引来,说明我们图书馆确实在社会功能这方面,发挥了我们的主导作用。老年人来,有时候阴天、下雨,路滑,当时我们期刊阅览室又是在四楼,鉴于这种情况,对这些老读者有时候稍微给些关照。冬季天黑得比较早,等他下楼的时候,我们这些工作人员都打个招呼。另外有时候期刊的字小一点,我们有给他们准备放大镜这些简单的工具。另外对老年读者我们也给他们斟一杯水,这体现我们图书馆人与读者互相沟通、互相交流,通过图书来和社会相交流。这也是一种比较亲切的方式,也是我们图书馆的亮点。

我分管的部门,还有自学阅览室这一块。

刘锦山：自学阅览室。

张海云：当时人们对自学阅览室这块，还是非常非常喜欢，我们自学阅览室是常常爆满。那些自学的读者，包括老中青的，有考证的，有考大学的，有考律师证的，有考造价工程师证的，还有考公务员的，有考会计师的，对自学阅览室这块阵地都特别喜欢。他们早早地来，有时候不吃饭，拿书包先占一个位置，然后下去买一个烧饼再回来。我们工作人员老早就把开水给他们烧好，年轻人自动到那儿，一杯开水、一个烧饼就解决了，然后就是孜孜不倦地学。那种情景确实打动我，他们这种自学、自修的精神，也鼓励我们图书馆人。我们真的发自内心地愿意为他们服务，每天早晨必须在他们没到之前，把公共卫生全部都搞好，桌子抹一遍，地要扫，纸屑要清除，给他们提供一个良好的环境。另外就像墙壁都挂上名人字画、名人名言，以及一些鼓励年轻人奋进向上的语言，来激励他们学习。冬季我们的这个部门是三班倒，上午一个班，下午一个班，晚上还有一个班，不休息。

刘锦山：晚上开到几点？

张海云：晚上冬季我们开到九点半，夏季开到十点。这个阅览室是特别特别受社会欢迎。一年365天全天候，到了大年三十的中午，因为中国传统节日，大家都要回家吃团圆饭，当你说要闭馆了，这些读者都不愿意走，都得给做工作，说初一我们就开。为了这个群体我们真是加班加点，这些工作人员不辞辛苦，我们图书馆人从来不讲代价，我觉得这个是难能可贵的。虽然我加入图书馆这个行业时间比较晚，但是我们图书馆这种精神，确实打动了我，感染了我，也鼓励了我。这一段时间也是我个人自身的一个学习、提高的过程。在我人生中也是很重要的一个节点。

另外我还分管图书馆的一些事务工作，比如公共卫生。全馆上下，我们当时是四层大楼。公共卫生这块，因为赤峰市是全国的卫生城市，图书馆是一个服务窗口，从这方面来讲，不能给赤峰市丢分，所以说我们抓得比较紧。还有一项工作就是，我是个女同志，前几任班子他们都是男同志，到我这儿，说把计划生育工作交给你。这项工作很艰巨。说这项工作你可不能丢分，一定要抓好，一定要抓实，而且是要深入，你对每一个职工的具体情况都得要清楚。因为我国国情那个时候就那样，一对夫妻一个孩子，不像现在是一对夫妻两个孩子，是吧？那时候抓得非常严，我们在这两方面从来没丢过分。

还有一项也算是我们公共图书馆比较重要的工作，一年一度我们要进行专业培训，那时候叫继续教育。因为评定职称有个继续教育，继续教育这里头就涉及公共课的教育、专业课的教育。另外我们鼓励所有公共图书馆的工作人员，都要研究探索图书馆事业的发展建设，鼓励大家写论文。每年我们市图书馆在公共课培训期间，都要主办一次论文交流活动。这样也能提高我们图书馆职工的政治素质、专业素质、专业技能。我们是龙头单位，下面12个旗县区图书馆全部由我们来培训，这项工作也是我们图书馆的重中之重。

我分管的图书馆工作大致也就是这几个方面。

图 24　2005 年 6 月 30 日，内蒙古自治区研究馆员忒木勒在赤峰市图书馆做《民族与地方文献专题报告》，张海云主持会议

图25 2007年9月16日，内蒙古自治区图书馆学会2007年学术研讨会在乌海召开，与会代表合影留念（第四排左三为张海云）

三、以身作则　推进传承

刘锦山：张馆长，当时图书馆的领导班子成员有哪些？您介绍一下。

张海云：我1998年4月到图书馆的时候，当时馆长是李晓秋同志，书记是张家谋，副馆长是宝音，我是副馆长。等到了2001年的时候，李晓秋调到内蒙古自治区图书馆任馆长，我们这个领导班子随即就进行了调整，宝音任馆长，我还是副馆长，书记还是张家谋同志。等后期到了张书记退休的那个阶段，市场稽查大队的李成林，他过来任书记。后期李成林是书记，宝音是馆长，我是副馆长，又同时提了一个鞠红耘副馆长。

和这几任班子共同工作期间，我们合作得都比较愉快。在我们文化系统来讲，图书馆班子是比较过硬的，像政治素质、业务素质这方面，每一年在文化局例行总结的时候，都有我们图书馆浓浓的一笔。这也是图书馆多年来的传统。主要是前几任领导班子，在这方面表率作用做得比较好，以至于传承到下一届，再下一届，这些年轻同志还是受到了一定的影响。就是这么一个情况。

刘锦山：张馆长，最后请您谈谈在图书馆工作的这15年中间您的一些感受和体会。

张海云：其实这方面我的感受还是比较深刻的。首先，来到图书馆得天独厚，能够多接触一些以前接触不到的知识，同时也敦促自己多看书。我闲暇时也经常到各个阅览室，有时候是体会一下读者的那种感受，那种环境，同时我也在看，包括期刊，包括阅览，包括少儿这块，孩子们的心理我也去探索，也去研究，写了一些文章。总的来讲这十几年，对我个人来讲收获还是很大的。借助于图书馆这块宝地，在我个人各方面素养提高方面，还是我受益了。

图26　张海云的论文《对赤峰市图书馆未来工作的几点探索》在赤峰市图书馆学会第四次学术研讨会上获优秀论文二等奖

图27　张海云的论文《对赤峰市图书馆未来工作的几点探索》在《内蒙古图书馆工作》2001年第2期发表

张海云：应是书香最宜人　215

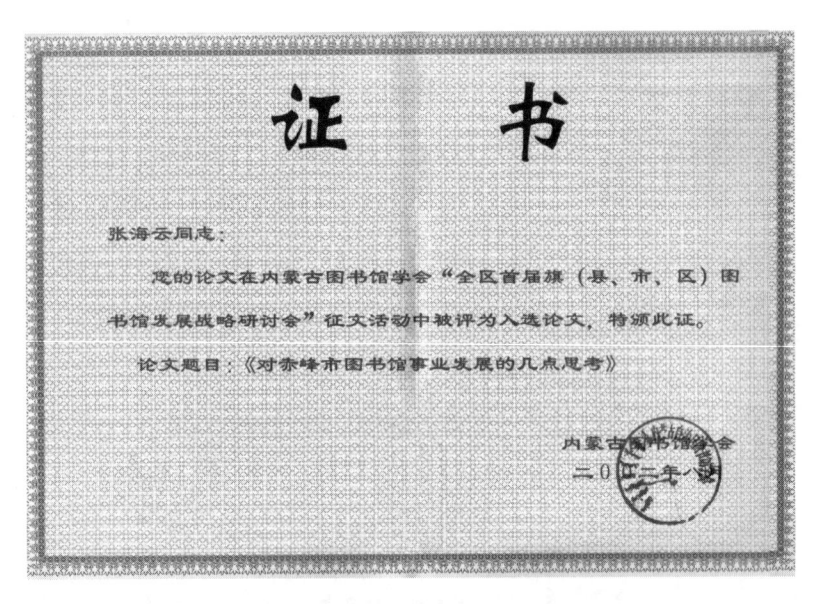

图28　2002年8月，张海云的论文《对赤峰市图书馆事业发展的几点思考》入选内蒙古自治区图书馆学会"全区首届旗（县、市、区）图书馆发展战略研讨会"征文

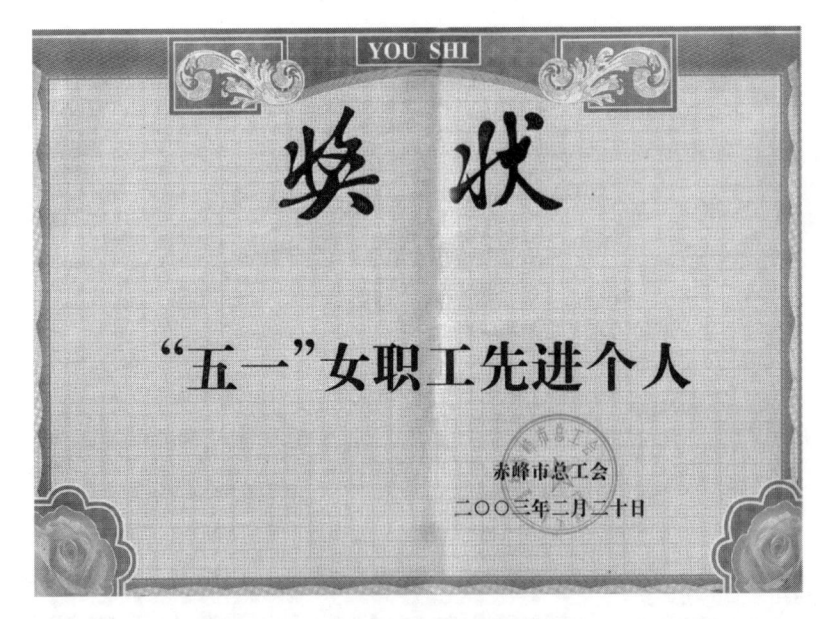

图29　2003年2月20日，张海云被赤峰市总工会评为"五一"女职工先进个人

图 30 2006 年 6 月 30 日，张海云被中共赤峰市直属机关工作委员会评为市直机关优秀共产党员

图 31 2007 年 7 月 1 日，张海云被中共赤峰市文化局系统委员会评为 2007 年度市直文化系统优秀党务工作者

图32 2007年7月，张海云被赤峰市人事局授予三等功奖励

图33 2013年7月，张海云被中共赤峰市文化局系统委员会评为文化局系统离退休优秀共产党员

作为一个图书馆工作人员，作为一个普通的市民来讲，我在图书馆这块确实是一个受益者。包括我的子女也是受益者，母亲到了图书馆当业务副馆长，我的孩子自然而然地，包括我的亲属假期背着书包到图书馆来学习。我们家的氛围也是不错的。我爱人他是一个神经外科医生，本身他的表率作用做得就比较好。

刘锦山：都是爱读书、爱学习的人。

张海云：对，我的女儿，读了本科，读了研究生，最后考入北京市工商局。

刘锦山：这是不错的。

张海云：作为母亲来讲，子女的每一个进步都是值得骄傲的。我觉得我们一代一代作为传承人来讲，能够加入这个行列应该感觉很自豪。作为图书馆的管理者也好，作为传承人也好，能够把中华民族几千年的文化历史传承、发扬、继承下去。我觉得我这一生，也无怨无悔。

刘锦山：好，谢谢您。

乌云高娃

务实重行勇担当

采访时间：2020 年 7 月 2 日
初稿时间：2022 年 6 月 8 日
定稿时间：2022 年 7 月 8 日
采访地点：赤峰市图书馆"赤峰记忆"拍摄现场
版　　本：文字版

乌云高娃速写

　　乌云高娃　蒙古族，1970 年 3 月出生，赤峰市巴林右旗人。1985 年 9 月考入赤峰农牧学校蒙牧医专业，1988 年 7 月毕业。1988 年 8 月于内蒙古赤峰市巴林右旗大板镇兽医总站工作，1990 年担任团支部书记工作。1991 年 8 月和 1994 年 7 月参加了共青团巴林右旗第十三次和第十四次代表大会。1996 年 1 月为赤峰市巴林右旗大板镇兽医站第三门诊负责人。1996 年 6 月加入中国共产党。1998 年 6 月调入赤峰市图书馆，在外借处工作。1999 年 9 月就读于内蒙古大学大专蒙古语言文学专业。2000 年 6 月任赤峰市图书馆外借处主任。2006 年 9 月就读于内蒙古大学本科蒙古语言文学专业。2007 年 5 月为赤峰市图书馆采编部主任。2012 年 4 月被赤峰市宣传部任命为赤峰市图书馆副馆长，兼办公室主任。2014 年取得图书馆专业技术副研究馆员资格证书。2018 年 6 月兼工会主席。2012 年获得赤峰市人力资源和社会保障局颁发的嘉奖，同年 12 月参加全市图书馆业务竞赛获得团体第一名。2013年被评为文化局优秀共产党员。2015年被内蒙古自治区图书馆学会评为2010—2014年度先进个人。2019年被赤峰市文化和旅游局授予嘉奖。

出版专著《图书馆理论的认识与实践（蒙古语）》(2020年4月由内蒙古少年儿童出版社出版)，在《图书与情报》《河南图书馆学刊》等核心期刊和专业期刊发表《ARL〈2018图书馆评估大会论文集〉解读及启示》《中小型图书馆人才培养与人事管理研究》等学术论文十余篇并多次获奖。负责和参与了"赤峰记忆""特色文献专题资源库建设""冀察热辽鲁艺访谈与文化专题片""全区蒙古语标准音培训测试基地（站）现状调查研究""昭乌达报纸数字化"等多项省部级项目和课题。

刘锦山：各位朋友，大家好！今天是2020年7月2日，这里是赤峰市图书

图1 乌云高娃（左）接受"赤峰记忆"采访

馆"赤峰记忆"第五期"图书馆专题"拍摄现场。我们今天邀请到的嘉宾是赤峰市图书馆副馆长乌云高娃。您好,高娃馆长。

乌云高娃:刘老师,您好。

一、积极进取求变

刘锦山:高娃馆长,非常高兴您能接受我们的采访。首先请您给大家谈谈您的个人情况和工作经历。

乌云高娃:我是赤峰市巴林右旗大板镇麻斯塔拉嘎查的人。1970年3月11日出生,小学在麻斯塔拉小学念书,中学在大板一中。我那时候家里比较困难,从初中直接考入中专。中专毕业后能直接分配工作。1985年考到赤峰农牧学校,1988年7月毕业。在学校时我是文体队的成员,1986年参加了全盟市大中专田径运动会。1988年8月分配到巴林右旗大板镇兽医站工作,因为我学的畜牧兽医专业,一直在那儿工作了十年。1990年担任团支部书记,1991年和1994年

图2 乌云高娃(右一)在赤峰农牧学校就读时与同学合影

参加了共青团巴林右旗第十三次和第十四次团代会。1996年在大板镇兽医站第三门诊担任负责人。第三门诊共四名工作人员。三个大夫叫马山、朝格图、张冰，赵玉霞是管理药房的。在兽医站工作期间多次获得优秀工作者的荣誉。1998年6月调入赤峰市图书馆。

图3　1986年6月3日，大中专田径运动会农校学生代表队合影留念（第二排右四为乌云高娃）

图4　1988年7月12日，赤峰农牧学校蒙牧医88—8班师生合影（第二排左六为乌云高娃）

乌云高娃：务实重行勇担当　　**223**

图5　1991年8月，共青团巴林右旗第十三次代表大会合影（第三排右九为乌云高娃）

图6　巴林右旗大板镇兽医站领导职工合影（第一排右五为乌云高娃）

走进赤峰市图书馆的第一天，我感到有一种书香的氛围，特别肃静，日也晒不着，风也刮不着。我一看，这跟我原来的工作有天大的区别。我原来几乎都在户外工作。因为学的是兽医专业，无论刮风下雨也要出去治疗。我来图书馆以后，把我安排在基藏库，帮助装订一些过刊和报纸，这项工作我干了半年。那时候也没有机器，我们就用电钻给报刊打孔，再用钳子把铁丝拧紧，再用牛皮纸糊上，装订的过刊书脊上写每个刊物的题名。

1999年年初，让我去外借部工作，那时候我们外借部有五个人，我们主任是德力根玛，工作人员有陈洪勤、单景云、杨吉德玛，除了我，她们都是岁数比较大的了，我是最年轻的。我们主任岁数也大，还有两年就要退休，身体也不太好，她给我说让我替她上正常班，就这样我上正常班，她倒班上。我们那时候是主任上正常班，剩余工作人员两班倒。我来图书馆的时候29岁。

图7 1999年8月12日，乌云高娃的论文《浅谈图书馆对精神文明的作用》在赤峰市图书馆学会第三次学术研讨会上被评为交流论文

我在外借部工作了接近10年，我觉得干好图书馆工作必须学好专业知识，因为当时也没有什么出去学习的机会，基本自学为主，我平时多看《中国图书馆分类法》，读者少的时候我就进书库，看看图书是怎么按顺序排架的。我们工作室外面有一个小间里放图书目录柜，读者少的时候我经常翻一下目录柜里的卡片，看看图书编目怎么编的，怎么排顺序的。2000年，我们的部主任退休了，馆领导让我担任外借部主任。

2000年12月，赤峰市图书馆学会召开第四次学术研讨会，让我们写论文。我们那时候是封闭式借阅，我考虑如果改成开架式借阅，可能对读者更方便一些。我就用蒙古语写了《对图书馆开架借阅方式的探讨》这篇文章，这篇论文获得了一等奖，我用蒙古语在研讨会上进行交流。

图8　乌云高娃的论文《对图书馆开架借阅方式的探讨》在赤峰市图书馆学会第四次学术研讨会上被评为一等奖

我在外借部一直工作到2007年，9年多都是重复借借还还的工作。外借部也没有机会出去学习，一般采编部门有机会外出学习。我特别盼望每年一度的继续教育，各旗县区图书馆的人都过来学习。当时内蒙古自治区图书馆的常作然老

图 9　2002 年 6 月 3 日，乌云高娃在整理书架

图 10　2004 年 6 月 21 日，乌云高娃（中）与同事合影

师经常过来给我们讲分类、编目。这个学习机会我挺重视的，认真听，认真记笔记，然后好好复习。就这么着，这八九年的时间吧，我把我们图书馆专业的基本知识，就基本上掌握了。

那时候购书经费很少，一年才3万元。其中还包括期刊采购费用，采购完期刊剩余钱来采购图书。一年采购的新图书不多，顶多也就1000多册。新图书到馆后登记，编目整理加工后直接送到外借部，我们把新书摆到窗口，第一时间展示给读者，给读者直接借阅。那时候是封闭式借阅，怎么接待读者呢？他们给我们写个小条，写上索书号和书名，我们就进书库找。因为这些年我们一直在书库找书、还书、排架，整理书架，不说闭着眼能找着读者想看的图书，但也差不多了。同样的工作已经干了9年多，因为每年进的新图书少，这份工作太熟练了。那时新书介绍用手写，然后贴到墙上给读者看。2005年以后单位有电脑了，新书介绍就用电脑打印出来。还有一个新图书介绍展板，把新图书简介电脑打完后粘在展板，给读者介绍新书。这样读者可以看到都来了哪些新书。当时我们外借部很少跟外界举办活动，就有两个集体外借点。那时候没有分馆，集体外借一般都是部队。那时候我们这还有部队，还有个四监狱，这两个地方有集体外借，我们定时给他们借换图书。

2006年、2007年的时候，有几个老同志退休了，换了两个年轻人。他们年轻，让他们用电脑打新书介绍，把新书介绍弄得挺好的。我们书库是两层，第一层是社会科学类，第二层也就是上层是自然科学类。两层一共是6万多册图书。在外借部工作这段时间，第四届图书馆工作评估定级组的领导查看我们外借部书库时候获得了他们的表扬，说书库干净、图书整齐、排列有序。但我觉得自己对业务学得不够，不太满意。

我觉得干好图书馆工作首先必须学好专业知识，我找领导说想换岗位去采编部学习业务。当时领导说正好文化系统要改革，实行聘任制，部室主任开始聘任，主任聘任工作人员。你要不就竞争采编部主任吧，因为你这些年担任外借部主任工作干得不错，目前没有职工过来找我想学业务，你这个要求很好，可以竞争采编部主任。我说也行，竞争就竞争吧。竞争有两个环节，演讲和民主测评。

当时我跟乌兰竞争采编部主任，民主测评我比她多了十张票，我就担任采编部主任了。采编部是图书馆的核心部门，最重要的岗位。当时有很多同事不服，因为我是学兽医专业的，怕我干不好。但是不管咋样，我心里有数，图书馆采编部是重要部门，既然我承担这份工作了必须有责任感，干好承担的工作，这些年我自己学习，也掌握了基本专业知识，特难的肯定不太会，但是基本工作、操作这些工作还可以，因为我回家也学习图书馆业务方面的知识。这样，2007年我担任了采编部主任。

二、勇于担当作为

刘锦山：高娃馆长，您详细介绍一下当采编部主任之后的情况。

乌云高娃：当时我们工作人员还有一名叫周岚，采编部就我俩，采编主任责任比较重，我就更得加倍努力学习。蒙古文图书，期刊、报纸分类、编目工作我一人做。中文图书分类、少儿图书分类、编目工作，周岚我俩一起做。我到采编部时已经有电脑了。用电脑编目数据后可以打目录，卡片式的，蒙古文图书编目也可以打印出来了，之前中文图书和蒙古文图书编目都是手写。

刘锦山：用电脑打出来？

乌云高娃：用电脑打出来那个卡片式的。算是传统吧。做这个数据，程序也挺多。图书采购到馆后就是图书登记，登记完了盖馆藏章，然后分类，再编目，再写书后卡。采编做六套卡片，书后目录卡做两套。目录柜里放三套（著者目录、书名目录、分类号目录），采编留两套，典藏时用一套。当时是封闭式借阅，图书封皮里面书后袋放一个目录卡片，我们留一个卡，到时候点库用。三套目录，我们留一套，给外借留一套，馆里还得留一套。写完这个还得写索书号，还得贴书标。得亏书少，我们加工一本图书用很多时间。

我们那时候过刊排架时，已经退休的白云深老师用自己发明的方法做过刊排架。

刘锦山：期刊排架的时候是怎么弄的？

乌云高娃：刊物名，用刊物名排号就是 ABCDEF，排成 123456。比如说《读者》它的读，读是 D，它就是 4。我们排架时候特别费劲，因为有的刊物名字多，那个号阿拉伯数字太长。我到采编部以后期刊排架直接改成种次号，现在也一直都是，因为方便、专业。

到了采编部有机会学习了，我也挺高兴。我是 2007 年去的采编部，2008 年我们馆里引进了 ILAS[①] II，就是机读目录格式那个软件。宝音馆长领我们去天津学习这个软件怎么用，鞠红耘副馆长、周岚、乌兰、我，还有红山区图书馆的袁首力馆长，我们几个和宝音馆长去天津图书馆学习了一个星期。我们引进这个软件之前，鞠红耘副馆长和周岚、乌兰，原来都在采编部工作过，她们之前学过这方面的内容。她们是第二次学，我是第一次学，人家学得肯定比我快。我这笨鸟先飞，人家中午休息，我复习上午学的内容，下午学的内容晚上复习。

回馆后，我们新书比较少，开始做回溯建库，把旧书回溯数据。那时候和国家图书馆没联网呢，不能套录数据，都是用手输入，一个字一个字输入。这里面比较难输入的是国外图书，比如美国的图书翻译成中文的，输入的字段多，比较繁琐。为了提高工作效率，当时我规定每天一个人输入 30 种图书，不管咋样，我们必须定额定量完成任务。新书当时也少，但是新书来了也都做了数据。从那以后我们就开始回溯建书目数据库，慢慢数字化，逐步就取代了目录卡片。2010 年

图 11　2010 年 7 月，乌云高娃的论文《关于回溯数据库建设的思考》在内蒙古自治区图书馆学会 2010 年学术研讨会上被评为三等奖

---

① 图书馆自动化集成系统（Integrated Library Automation System）的简写。这是文化部于 1988 年作为国家重点科技项目下达，由深圳图书馆承担并组织开发出来的一套图书馆自动化集成系统。

李卫东也来采编部工作了一年。2008年到2012年5月，我们把社科类图书全部做完回溯建数据库，共4万多册。新图书做数据2万多册。

  2011年年初，鞠红耘副馆长和我去通辽市图书馆参加培训，培训《中国图书馆分类法》第五版，也是常作然老师来主讲。培训结束后，出题考试，我俩考试分类法获得第一名。东部地区图书馆都去通辽学习，我来图书馆十多年，这是第二次出去学习，受益匪浅。2011年7月，刘淑华来赤峰市图书馆担任馆长职务。2011年年末搬迁到新馆舍，2012年4月赤峰市宣传部任命我为赤峰市图书馆副馆长，5月兼办公室主任。2012年7月18日建馆30周年暨新馆庆典。2012年12月我们单位举行第一届全市图书馆业务竞赛（共17个单位参与），我当时也参加了这次业务竞赛，我参加的是图书分类项目，我们单位在全市图书馆业务竞赛中获得团体第一名。兼办公室主任一直担任到2015年年末。这一段时间就是协助刘馆长创事业，建馆这几年真是都没休过年假，有时候周末、节假日我们都得来加班。

图12　2012年12月，赤峰市代表队在全市首届公共图书馆业务竞赛中获得团体第一名（右一为乌云高娃）

图13 2013年6月15日，乌云高娃获赤峰市人力资源和社会保障局嘉奖奖励

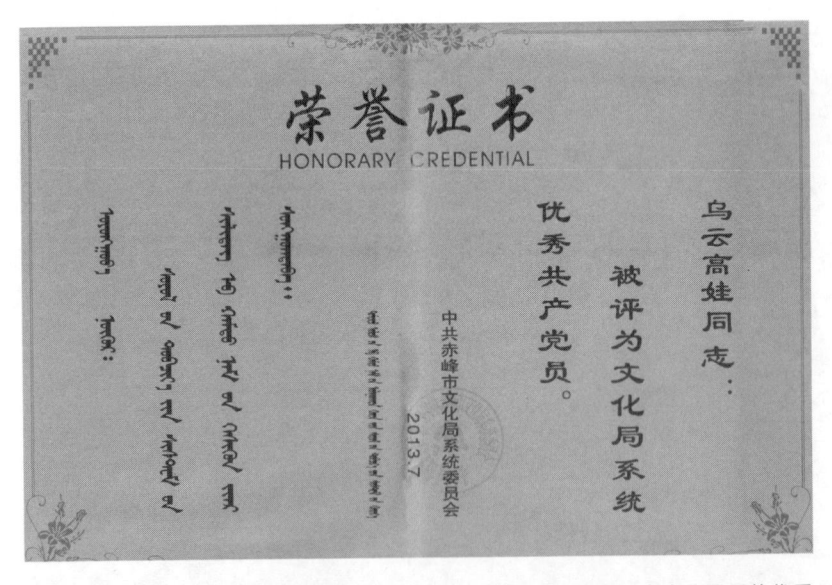

图14 2013年7月，乌云高娃被中共赤峰市文化局系统委员会评为文化局系统优秀共产党员

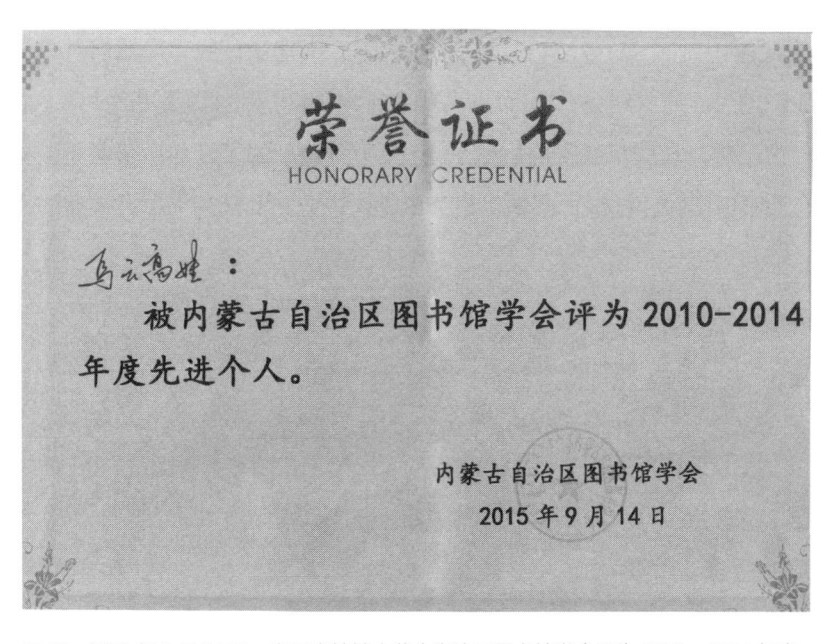

图15　2015年9月14日，乌云高娃被内蒙古自治区图书馆学会评为2010—2014年度先进个人

图16　图书馆党支部召开"不忘初心、牢记使命"主题教育工作会议（左二为乌云高娃）

乌云高娃：务实重行勇担当

2016年开始我分管办公室、特藏部，主任是白嘎力，还有社会活动部，主任是刘昊，我管理这三个部门。2018年到2020年，我兼工会主席，负责图书馆分馆工作。这些年我们前后建了40多个分馆。为了延伸服务触角，把分馆建立在旗县区学校、社区、部队、机关单位、企业，共计图书7万多册。

图17 乌云高娃（中）检查分馆工作

图18 乌云高娃为赤峰市图书馆毛山东乡分馆授牌（左四为乌云高娃）

我调入图书馆以后重新学图书资料专业，因为转行了嘛，评图书资料专业职称从初级开始，2014 年我评了副研究馆员。今年想申报研究馆员，评上评不上不知道了。经过这些年的努力工作，学习业务，各个方面提升了后工作上收获很多。搬迁到新馆以后，我们有很多机会出去学习。全国性的会议，前些年在我们这儿也开了好几次。通过各种图书馆研讨会，业务水平也提高了，这些年撰写了十多篇论文，一本专著，书名为《图书馆理论的认识和实践》。

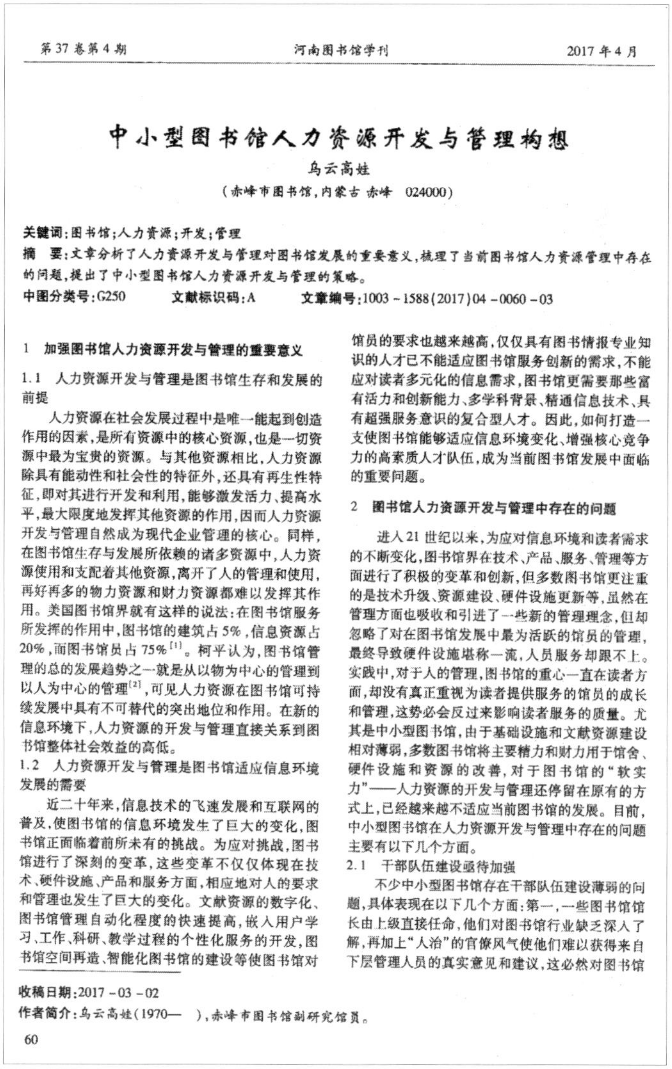

第 37 卷第 4 期　　河南图书馆学刊　　2017 年 4 月

中小型图书馆人力资源开发与管理构想

乌云高娃

（赤峰市图书馆，内蒙古 赤峰　024000）

关键词：图书馆；人力资源；开发；管理

摘　要：文章分析了人力资源开发与管理对图书馆发展的重要意义，梳理了当前图书馆人力资源管理中存在的问题，提出了中小型图书馆人力资源开发与管理的策略。

中图分类号：G250　　**文献标识码**：A　　**文章编号**：1003－1588（2017）04－0060－03

1　加强图书馆人力资源开发与管理的重要意义

1.1　人力资源开发与管理是图书馆生存和发展的前提

人力资源在社会发展过程中是唯一能起到创造作用的因素，是所有资源中的核心资源，也是一切资源中最为宝贵的资源。与其他资源相比，人力资源除具有能动性和社会性的特征外，还具有再生性特征，即对其进行开发和利用，能够激发活力、提高水平，最大限度地发挥其他资源的作用，因而人力资源开发与管理自然成为现代企业管理的核心。同样，在图书馆生存与发展所依赖的诸多资源中，人力资源使用和支配着其他资源，离开了人的管理和使用，再好再多的物力资源和财力资源都难以发挥其作用。美国图书馆界就有这样的说法：在图书馆服务所发挥的作用中，图书馆的建筑占 5%，信息资源占 20%，而图书馆员占 75%[1]。柯平认为，图书馆管理的总的发展趋势之一就是从以物为中心的管理到以人为中心的管理[2]，可见人力资源在图书馆可持续发展中具有不可替代的突出地位和作用。在新的信息环境下，人力资源的开发与管理直接关系到图书馆整体社会效益的高低。

1.2　人力资源开发与管理是图书馆适应信息环境发展的需要

近二十年来，信息技术的飞速发展和互联网的普及，使图书馆的信息环境发生了巨大的变化，图书馆正面临着前所未有的挑战。为应对挑战，图书馆进行了深刻的变革，这些变革不仅仅体现在技术、硬件设施、产品和服务方面，相应地对人的要求和管理也发生了巨大的变化。文献资源的数字化、图书馆管理自动化程度的快速提高，嵌入用户学习、工作、科研、教学过程的个性化服务的开发，图书馆空间再造、智能化图书馆的建设等使图书馆对馆员的要求也越来越高，仅仅具有图书情报专业知识的人才已不能适应图书馆服务创新的需求，不能应对读者多元化的信息需求，图书馆更需要那些富有活力和创新能力、多学科背景、精通信息技术、具有超强服务意识的复合型人才。因此，如何打造一支使图书馆能够适应信息环境变化、增强核心竞争力的高素质人才队伍，成为当前图书馆发展中面临的重要问题。

2　图书馆人力资源开发与管理中存在的问题

进入 21 世纪以来，为应对信息环境和读者需求的不断变化，图书馆界在技术、产品、服务、管理等方面进行了积极的变革和创新，但多数图书馆更注重的是技术升级、资源建设、硬件设施更新等，虽然在管理方面也吸收和引进了一些新的管理理念，但却忽略了对在图书馆发展中最为活跃的馆员的管理，最终导致硬件设施堪称一流，人员服务却跟不上。实践中，对于人的管理，图书馆的重心一直在读者方面，却没有真正重视为读者提供服务的馆员的成长和管理，这势必会反过来影响读者服务的质量。尤其是中小型图书馆，由于基础设施和文献资源建设相对薄弱，多数图书馆将主要精力和财力用于馆舍、硬件设施和资源的改善，对于图书馆的“软实力”——人力资源的开发与管理还停留在原有的方式上，已经越来越不适应当前图书馆的发展。目前，中小型图书馆在人力资源开发与管理中存在的问题主要有以下几个方面。

2.1　干部队伍建设亟待加强

不少中小型图书馆存在干部队伍建设薄弱的问题，具体表现在以下几个方面：第一，一些图书馆馆长由上级直接任命，他们对图书馆行业缺乏深入了解，再加上“人治”的官僚风气使他们难以获得来自下层管理人员的真实意见和建议，这必然对图书馆

收稿日期：2017－03－02

作者简介：乌云高娃（1970—　），赤峰市图书馆副研究馆员。

60

图 19　2017 年 4 月，乌云高娃在《河南图书馆学刊》发表论文《中小型图书馆人力资源开发与管理构想》

图20　乌云高娃著作《图书馆理论的认识和实践》(蒙古语版)

三、会议交流发展

刘锦山：高娃馆长，开展业内学术工作会议、交流会、研讨会，是扩大图书馆影响力、展现图书馆社会责任的一个重要的方式和途径。最近这几年，赤峰市图书馆举办了不少在业内有重要影响的学术会议、工作会议，大家反响也比较好。您这几年前面是兼任办公室主任，后来又主管办公室，负责图书馆行政方面的工作。行政工作对于图书馆这些学术会议、工作会议的顺利召开，在会务各方面筹备工作应该做了不少事情。下面请您跟大家谈谈，图书馆最近这几年举办的一些重要的学术会议、工作会议，以及您在这方面所做的一些工作。

乌云高娃： 这些年我们图书馆业内全国性会议在赤峰或者外地开了好多次。每次开会前，为了会议圆满成功，得准备最少一个月的时间。赤峰市图书馆从2012年搬迁到新馆以后，通过举办这些业内学术会议、工作会议、培训，让更多的人了解我们图书馆前沿动态。紧跟发展步伐，不断提高我们赤峰地区图书馆人的业务能力和水平，也不断扩大赤峰市图书馆的行业和地区影响力。召开这样的会议，具体有三个方面的目的。

目的一主要是为全市图书馆人提供学习和交流的机会。促进图书馆服务理念和服务职能的转变，也促进了我们图书馆馆员职业素质和专业技能的提升。馆员不仅需要不断扩充知识，还要不断掌握多样化的技能，为读者提供高效、便利和深层次的服务。我们赤峰地区图书馆的发展，与经济发达地区相比的话，比较落后，馆内培训资金上更是困难。这样由我们市馆申请主办、承办全区或者是全国性的学术、工作会议，邀请业界大家、专家学者到我们馆来开展讲座、培训，我们首先就解决了旗县区馆员走出去培训学习经费不足的难题。另外一方面也可以不设门槛，培训范围更广、更多。

目的二是整体提升我们赤峰地区图书馆馆员的素质。我们从2012年开始一直到现在，最少有20场主题学术研讨会和讲座、培训，内容涵盖了我们图书馆的发展、馆员职业定位规划，还有图书馆资源建设、灰色文献开放利用、民地文献阅读推广等。通过业界大家、专家学者的精彩报告，不仅展现了战略高端和思维前沿，还有接地气的图书馆发展系列的策略和实践。从培训目的的高度、培训内容的深度、培训人员的宽度来说，我们是以全市图书馆馆员业务提升、推动全市图书馆事业发展为宗旨，竭力做好相关活动的服务保障工作。

目的三是扩大赤峰市图书馆的行业和地区影响力。特别是能够申请到全国性的一些会议、培训，这对我们图书馆界来说肯定是学习交流的好机会，同时也对扩大和提高整个赤峰地区的影响力有着积极的作用，让更多的专业人士加入我们少数民族边疆地区图书馆事业的发展当中，让更多的文化名人更深地了解赤峰文化，也能带动我们赤峰的文化旅游、景区旅游业。

四、民地文献建设

刘锦山：高娃馆长，接下来请您给大家介绍一下赤峰市图书馆蒙古文文献的资源建设、馆藏和读者服务方面的情况。

乌云高娃：赤峰市图书馆作为我们赤峰地区的中心馆，征集和保存赤峰地区的民族文献是我们图书馆的重点工作和核心任务。

资源建设方面，保证和加大投入购置民地文献的专项经费。近几年我们馆也加大了民地文献这一块的馆藏力度，通过直接和出版社联系，每年新出版的书争取第一时间送到图书馆。每年年初蒙古文文献这块儿做经费预算，就是有效使用有限的资金，加强蒙古族文献，还有一些蒙古文书刊的订购。还有参加赤峰地区蒙古族作者开展的文笔会，他们的著作通过这种会议赠送我们图书馆，增加了我们民地文献资源。服务方面，在几个旗县和社区建立了蒙古文图书分馆，通过这种方式尽量满足读者的阅读需求。

数字化方面。首先是所有的馆藏，我们已经回溯建成书目数据库，优先选择了稀有的、价值比较高的，还有阅读量比较高的图书进行了数字化，现在已经设

图 21 乌云高娃代表图书馆接收民地文献捐赠

了一个专区由专人负责。我们也为蒙古文图书建立了一个专门的书库，由专人负责文献的管理和维护，并担负着搜集和整理工作。定期从各地学者，或者是从著书的人手里，搜集一些他们保存的文献，也宣传、动员收藏人士向馆里捐赠。对比较重要的文献，我们除了购买以外，要以复印或者扫描的形式征集到位。建立了一个蒙古文文献特色数据库，充分发挥特色文献资源的社会价值。2018年，我们开始对馆藏蒙古文文献进行数字加工，并搭建了特色数据库，主要是通过网络数字化的形式，最大限度地为广大读者提供服务。我们又在几个地方建了分馆。由于我们这些蒙古文文献借阅的人比较少，为了得到更充分利用，我们在阿鲁科尔沁旗、宁城、赤峰蒙古族中学、赤峰日报社，还有河畔社区等地方，建了蒙古文文献的分馆。我们分馆下面也放置了图书馆的蒙古文图书。做好保存好民地文献的同时，要根据不同读者的需求开展一些活动，最大限度地发挥我们民地文献应用的价值。

中国图书馆学会阅读推广委员会下面有22个分阅读推广委员会，其中民族文献阅读推广专业委员会2016年7月成立，挂靠在我们图书馆，主任是我们刘淑华馆长。通过每年的民族文献阅读推广专业委员会的年会和学术研讨会，民族

图 22 工作中的乌云高娃

地区图书馆互相交流民族文化的同时，也吸收和借鉴各地区的优秀文化，各美其美，美美与共。

五、分馆建设规划

刘锦山：高娃馆长，下面请您再向大家介绍一下，您主管的这几个部门今后的工作设想和计划。

乌云高娃：我现在主管办公室和分馆工作。我就主要说一下分馆建设和管理。第一，分馆管理要实行制度化和规范化，模式必须得创新，把分馆和"鸿雁悦读"、草原书屋结合起来，建设、探索新模式。第二就是对分馆文献定期更新，同时保证文献的完整性，使覆盖面和人群更加广泛。第三就是提升服务效能，经费和人员得有保障，分馆人员要定期培训，提高他们的管理能力和业务水平。第四就是举办特色活动。每年世界读书日或者其他时间，与分馆搞一些全民阅读推广活动，增加这些分馆的价值。第五就是网络化建设。

刘锦山：高娃馆长，谢谢您接受我们的采访。

乌云高娃：好，谢谢。

李成林

善作善成开新篇

采访时间：2020 年 7 月 3 日
初稿时间：2022 年 5 月 27 日
定稿时间：2022 年 7 月 27 日
采访地点：赤峰市图书馆"赤峰记忆"拍摄现场
版　　本：文字版

李成林速写

　　李成林　汉族，1958 年 5 月出生，赤峰市红山区人。赤峰市图书馆党支部原书记。1976 年 7 月下乡到农村，1980 年 2 月回城工作，1982 年加入中国共产党。1988 年毕业于辽宁大学经济管理系经济管理专业。2006 年 10 月由市文化局文化市场管理办公室主任职务调任赤峰市图书馆党支部书记，2011 年 7 月续任。2018 年退休。

刘锦山：各位朋友，大家好！今天是 2020 年 7 月 3 日，这里是赤峰市图书馆"赤峰记忆"第五期"图书馆专题"拍摄现场。今天我们邀请到的嘉宾是赤峰市图书馆原党支部书记李成林老师。李书记，您好，非常高兴您能接受我们的采访。

图1 李成林（左）接受"赤峰记忆"采访

李成林：刘老师，您好。

一、坚持党的领导

刘锦山：李书记，首先请您给大家谈谈您的个人情况和工作经历。

李成林：我的个人工作经历比较简单，一直在文化系统工作。我1976年下乡插队，1977年恢复高考的时候，我参加考试，考了个中专。1980年毕业之后，分到昭乌达盟电影公司工作，在电影公司工作到1996年。根据组织的工作安排，又到赤峰市文化市场稽查队工作了10年，2006年的时候又到图书馆工作。在电影公司工作期间，先后任会计、财务科长和副经理，在文化市场稽查队这10年，是任队长，到图书馆工作是任党支部书记，一直到2018年退休。所以我这个工作经历比较简单，也一直在文化系统工作，对文化工作还是比较有感情的。

刘锦山：李书记，接下来请您谈谈，您在赤峰市图书馆担任书记期间，图书馆内部的党务工作这方面的一些情况。

李成林：我来图书馆工作主要是从事党务工作，所以我重点把这一方面的工作谈一下。党务工作的工作任务主要是两块，一块就是关于如何圆满地完成上几级党组织布置和交办的工作任务，上几级就包括中央、自治区、市里头，和文化局党委。还有一块就是党务工作，尤其是党建，如何引导、促进、监督和保证图书馆的中心工作及其业务工作。主要是这么两方面。这两方面我想分别谈一下。

关于完成上级党组织交办的各项工作，这方面的工作按时间段分两部分。一部分是党的十八大以前的党务工作，我不作为重点来谈。概括起来就是当时的工作内容不是很多，工作的节奏也不是很快。我重点谈一下党的十八大之后的党务工作。党的十八大召开之后，我现在记忆比较深刻的，一个是群众路线教育，这个工作当时是整整开展了一年。这次活动基本上是实打实的。因为当时我正好在岗，从上到下对这个工作非常重视，最后的效果也都比较理想。

还有一个就是中央八项规定，这个对促进廉洁自律、防止腐败起到了非常重要的作用。我们都有亲身的经历，接到这个精神之后，我们不折不扣地进行了贯彻，具体的包括公务用车、办公室的面积，甚至包括迎来送往的就餐人数、标准、出差的要求都进行了详细的建章立制。我们的副馆长乌云高娃，她对这个事情也比较清楚，当时是她具体主办的这个事情。这是我印象比较深的。

另外就是结合各级党委布置的工作任务，比如说像我们市里布置的优化投资环境，抓不作为、慢作为、乱作为。这对我们的工作有很大的促进，并且当时也是从党务工作这个角度去完成。另外有很多工作，像文明城的创建等，也是由党务工作来负责。所以后来我们总结了一下，包括到现在，各单位最忙的、工作量最大的，恰恰是党务工作。

二、强化党建落地

刘锦山：李书记，您再具体介绍一下另一块有关党建工作的情况。

李成林：另外一块就是刚才提到的，党务工作最终得落到本职工作上。关于促进我们图书馆包括班子建设、风清气正，以及业务工作上，我准备从三个方面来谈一谈。一个就是，必须保证党和国家的方针、政策、路线，以及一些文化政策在图书馆要贯彻落实。因为我们的图书馆是国家办的，是公益性的。具体的比如说免费开放，这必须得不折不扣地落实，不要强调任何理由。因为图书馆过去基础都不太好，经济底子也比较薄，当时有些不同意见，有些畏难情绪。但是这个是中央的政策，就说改革开放文化上的红利，必须让老百姓享受到，所以我们不但要落实，还要落实好。从党支部这个角度，就是对这些大政方针，必须保证在这个图书馆畅通无阻地落实。这是一个方面。

另外一个就是监督。国家现在抓廉政建设，反腐倡廉、风清气正，在文化系统，这个工作也很重要。我想从两个角度谈，一个就是说我们从意识上要重视。虽然我们这个单位从它的性质和它的具体工作来看，可能发生或者存在腐败问题，不一定严重，但是要引起我们重视。另外一个，是如何提高我们的服务，这也是一个很重要的问题。我们也制定了一系列的规章制度，包括刚才讲的，也包括我们每年也要跟环节干部签廉政协议书，这是一个方面。

第三个方面就是保障。党务工作最终要落实到单位的业务工作和中心工作上，所以我们对图书馆的中心工作和业务工作也做了一些事情。一个就是关于班子建设。我们馆长，凡是党员的馆长、副馆长，都进支部班子，这个便于协调，不至于扯皮。另外一个，出现一些问题，由党支部出面。比如说职工的一些不作为，职工的一些违纪行为，包括人员人事调整、招聘调整，都由支部出面。我举两个例子，一个就是职工之间有了问题，有了矛盾，那么支部出面单独做思想工作，找每个同志。一个是了解情况，另外做深入细致的思想工作。还有就是对出现问题的干部，也是由支部出面，该处理的处理，该批评教育的批评教育。尤其是对党员以及党员领导干部。图书馆除了各个业务部室有一些自己独立的工作，有时候还有一些综合性的共同的任务，甚至有的工作可能相对要比较辛苦。那么就要求我们的党员，一定要冲锋在前。也经常组织党员同志，搞一些传统性的教育，义务性的劳动，真真切切地让普通职工感觉到，入党和不入党不一样。我举一个例子，我们有些活动要求党员参加，有些非党员也比较羡慕。有些同志就跟我建议，说不行就都去吧。我说这是个原则问题，入党积极分子可以，但是没有提出来要求入党的，我说这个就不要这么办了。这是一方面。

另外就是现在职工的积极性和凝聚力也需要调动，需要保护。其他单位在搞一些这方面类似的活动，都是以工会、群团出面。我们图书馆都是由党支部出面搞一些有意义的活动。因为职工在工作之余没有太多的活动，下了班就回家了，同志们之间的这种交流也比较少。所以我们搞一些文体活动，大家非常踊跃，到最后我们一看没办法，就限制每个人报名的项数。比如说我们一共搞五项，最多报三项。有大家都喜欢的项目，也有就是说每个人都能参加的。有的人他就说哎呀，我啥也不会。我们就有意识地设计一些都能参与的项目。对职工交流、凝聚，都起到了一定作用。局里头后来就把有些项目，它一个是参照我们的做法，另外委托我们来承办。

这些年从我做党务工作的这个角度做了这么些工作。据我了解，现在上级对党务工作仍然比较重视，工作内容比较多，工作的量比较大。有时候我也在跟他们交流这些意见，我说这个是好事情。事实上也是，过去好像人们对这项工作都不是特别感兴趣，现在上级对这个党务工作，不但在工作上有要求，在机构设置、人员配置，包括一些待遇上，也正在逐渐地解决。相信今后这方面可能还要加强。所以我也衷心地希望，图书馆的党务工作，在新的党务干部的努力下，肯定会越做越好。我今天就谈这些。

刘锦山：李书记，非常感谢您能接受我们的采访。

周明璇

书林托起童心梦

采访时间：2020 年 6 月 30 日
初稿时间：2022 年 6 月 13 日
定稿时间：2022 年 7 月 13 日
采访地点：赤峰市图书馆"赤峰记忆"拍摄现场
版　　本：文字版

周明璇速写

  周明璇　蒙古族，硕士研究生，1984 年 10 月出生，中共党员，赤峰市红山区人。赤峰市图书馆少儿部主任，中国图书馆学会阅读推广委员会民族文献阅读推广专业组委员，赤峰图书馆学会理事。2002 年 9 月—2006 年 9 月，就读于大连工业大学艺术设计专业，获得本科学历。2006 年 10 月，就职于赤峰市图书馆从事图书资料工作。2008 年 9 月—2011 年 4 月，就读于大连工业大学设计艺术学专业，获得研究生学历。2014 年 11 月，任赤峰市图书馆少儿部主任。在少儿部任职主任期间负责馆内少儿读者服务的相关工作，包括少儿资源的建设、少儿服务窗口的管理以及少儿读者活动的策划与实施。多年来带领部门馆员本着一切为读者服务的宗旨，从优化基础服务、加强业务管理、拓展少儿读者活动等方面入手，通过扎扎实实的努力，圆满地完成了多项工作任务。

  2015 年 9 月，被自治区图书馆学会评为"先进个人"。2016 年 6 月，被中共赤峰市文化和旅游机关委员会授予"优秀共产党员"称号。2018年，被评为赤峰市图书馆年度优秀馆员。2019年，被中共赤峰市文化和旅游局机关党委授予"优秀共产党员"称号。

在核心期刊《图书情报工作》发表文章《公共图书馆社会服务能力建设与实践——以赤峰市图书馆为例》（合作）；在省级专业期刊《图书馆研究与工作》发表文章《民族地区公共图书馆少儿阅读服务的创新实践》；在省级专业期刊《河南图书馆学刊》发表文章《少数民族地区少儿阅读推广的创新发展研究》；在《内蒙古图书馆工作》发表文章《浅谈图书馆信息资源组织与服务发展趋势》；在《赤峰学院学报》发表文章《论公共图书馆图书利用率的有效提高》。参与撰写的调研课题"赤峰市传承弘扬中华民族优秀传统文化对策研究"通过赤峰市社会科学科研课题结项评审并获得市级良好课题奖励。

刘锦山：各位朋友，大家好！今天是2020年6月30日，这里是赤峰市图书馆"赤峰记忆"第五期"图书馆专题"拍摄现场。今天我们邀请到的嘉宾是赤峰市图书馆少儿部主任周明璇老师。

周明璇：刘老师，您好。

一、图书馆任职情况

刘锦山：周老师，您好，非常高兴您能接受我们的采访。首先请您给大家谈谈您的个人情况和工作经历。

周明璇：我是赤峰市红山区人，出生于1984年10月，蒙古族，毕业于大连工业大学设计艺术学专业，硕士研究生学历。

刘锦山：您大学是在哪儿上的？

周明璇：也是在大连工业大学，本科读的是艺术与设计专业。

图1　周明璇（左）接受"赤峰记忆"采访

刘锦山：就是本大学念完了直接又念的硕士是吧？

周明璇：是的。目前我就职于赤峰市图书馆的少儿部，任少儿部主任。我是2006年10月来到赤峰市图书馆工作的。当时图书馆还位于老城区的钢铁街西段，初到图书馆我是在图书馆二楼的外借处工作，主要负责图书的日常管理和借阅。那个时候图书馆还是传统的借阅方式，不是开架借阅图书的，借书的程序是由读者按照索书卡去查阅索书号，工作人员再按照索书号去书库中提取相应的图书，完成手工借还，那个时候馆里还没有任何的数字化设备。

到了2011年，我们馆喜迁新馆了。在刘淑华馆长的带领下图书馆发生了翻天覆地的变化，来到新馆我被分配到采编部工作，主要负责新到图书的加工和编目。当时馆里用的编目软件是ILAS，在2013年的时候，赤峰市图书馆全面地更换了Interlib图书馆集群管理系统，馆内的数字化设备也得到了全面的提升，各窗口实现了数字化借阅服务。2013年年会期间，我被馆里派出到上海、杭州地区的先进图书馆考察学习，那次的考察让我对现代化图书馆以及总分馆制有了

图2 2012年，周明璇在采编部工作

图3 2013年，周明璇（右一）在参加图书馆业务管理系统培训

周明璇：书林托起童心梦 **249**

图4　2013年，周明璇外出学习回来后在馆内进行学习交流分享

图5　2014年11月14日，赤峰市图书馆2015年度部室主任竞聘上岗，周明璇（左二）获聘少儿部主任

全面、系统的了解，回来后我将在先进图书馆的所见、所思、所想整理总结后为全馆的同事做了分享，大家都从中收获到很多，也从中汲取了很多经验做法以应用于我们馆的现代化建设当中。2014年11月我来到了少儿部，担任少儿部主任，主要负责馆内少儿读者服务的相关工作，包括少儿资源的建设、少儿服务窗口的管理、少儿读者活动的策划与实施。这就是我的一些个人经历。

二、少儿资源建设

刘锦山：周老师，您刚才向大家介绍了您的个人情况和工作经历，我们知道少儿部对公共图书馆来讲是非常重要的一个部门，因为现在大家特别重视少儿读者工作的开展，如果有一个孩子来到图书馆，可能会带来一位甚至两位，或者几位家长过来图书馆，这对增加图书馆的到馆率还有提升图书馆的人气都是非常重要的。当然从另一方面来讲，少儿养成阅读习惯，对于整个民族素质的提升都有非常大的帮助，因此少儿工作特别重要。那么少儿工作涉及资源建设，还有窗口服务、读者活动，等等。接下来请您给大家介绍一下赤峰市图书馆近年来少儿资源建设方面的情况。

周明璇：赤峰市图书馆目前的少儿资源馆藏有6万余册图书和200余种少儿期刊。图书主要包括少儿活动中心的图书以及安徒生小屋的绘本，还有少儿基藏的图书以及少儿分馆调配的图书。近几年，少儿图书的采购量在不断地增大，种类也在不断地丰富，像知名儿童文学作家沈石溪、杨红樱，还有曹文轩、郑渊洁、伍美珍等作者的作品我们都会定期进行更新。另外，国内外比较知名的、经典的绘本我们也都采购回来了，并且会根据出版的情况随时进行更新。少儿期刊主要分为过刊和新订期刊。每年年终我们都会对过刊进行合订本的装订，原来期刊合订本的装订方式都是最古老的手工装订方式，用牛皮纸和白乳胶作为它的封皮手工去装订，现在我们都是统一拿到印刷厂去做胶装，并且对所有期刊进行了数字编目，这样整理好的期刊看起来美观又结实。每日新到的期刊，我们也是要进行数字电子记到，期刊到馆之后进行盖章和电子记到就可以上架了。

图6 2015年，赤峰市图书馆安徒生小屋

图7 2015年，安徒生小屋的绘本

图 8 安徒生小屋的亲子阅读

在少儿数字资源建设方面，我馆是在 2015 年开始陆续引进了全套的少儿现代化的设备，并购置了一些数字电子资源，例如动漫科普库、才智小天地，还有少儿的仿真书、电子绘本、AR 的体验设备，等等。图书馆通过多种形式的阅读体验方式，让青少年儿童在感知纸质图书的同时，又增强了数字阅读的体验。

我们馆还在二楼面向读者公益开放了音乐电影图书馆，吸引了很多小读者来观影和参加一些活动。在疫情发生之前，我们是每周设定固定的时间播放少儿公益电影。再有就是 2018 年我们引进了充满乐趣的海洋馆，特别受小朋友喜欢，它是用投影和扫描二维码的技术相结合，将小朋友绘画的天马行空的海洋生物投放到屏幕上，海洋生物就会由平面变为立体并游动起来，例如小朋友在纸上画一条小鱼并涂上颜色，也可以在小鱼的身体上标注自己的名字，然后把这个画面放到扫描仪里面扫描，画面就会通过扫描仪进入投影的空间从平面变成三维立体的了，随后小鱼就会活灵活现地出现在投影墙里面。这种方式小朋友们都特别喜欢，每年都会有很多的中小学和幼儿园集体到馆里来参观体验这个活动。我觉得高科技的这种数字化体验不仅可以让孩子们体验多元化的服务,而且能激发青少年儿童的想象力和创造力,提升儿童全方位感统认知能力。这些年馆里提供的数字阅读服务不仅提升了图书馆的知名度,拉动了未成年读者的到馆人次,也大幅提升了图书馆的社会知名度。

图9 2018年,海洋馆中的小读者

图10 2013年,小读者在少儿3D影院观影

刘锦山：周老师，您刚才介绍了图书馆少儿资源方面的情况，印本资源有 6 万多册是吧？

周明璇：是的。

刘锦山：其中包括了期刊和报纸吗？

周明璇：期刊不包括，少儿部是没有报纸的。

刘锦山：现在期刊有多少种呢？

周明璇：200 余种。

刘锦山：200 余种期刊？

周明璇：是的。

刘锦山：您刚才介绍的这些电子数字资源以及一些新的设备对小朋友真的是特别有吸引力。

周明璇：是的，小朋友特别喜欢。

三、少儿阅读服务

刘锦山：接下来请您谈谈少儿部借阅图书方面以及开展活动方面的情况。

周明璇：好的，首先我来介绍一下，馆里将少儿阅读服务进行了分区。我们根据小读者的年龄，将阅读区域分为少儿活动中心和安徒生小屋。少儿活动中心是在 2012 年 5 月面向社会正式开放的。这个阅览室主要面向 7—15 岁的中小学生。2016 年 5 月，我们又开放了草原·安徒生小屋暨少儿数字科普体验馆，这个阅览室为 0—6 岁的学龄前儿童提供绘本阅览服务。

近年来，随着赤峰市图书馆声誉的扩大，馆藏也在不断地增加，到馆的小读者越来越多。仅 2019 年少儿活动中心年借还册次就能达到 138796 册，年借阅读者达到 35031 人次。节假日日接待读者量能达到近 2000 人次。草原·安徒生小屋的绘本阅览人数也日渐增多，活动日阅览室平均容纳 30 组家庭，共同参与活动。少儿部全年共接待读者 10 万余人次，数量也占了馆内到馆人次非常大的比重。

其次，在改善少儿阅览环境方面，我们馆也做了一些事情。为了让孩子们能在一个更加舒适的环境当中阅读图书，我们会定期对阅览室进行环境优化。全面倒架、完善排架、更换导引标识，并根据不同的节日和主题更换阅览室的装饰，让孩子们能更好地利用阅读空间。为了让小读者利用图书资源更加方便，我们根据不同类别的书籍在阅览室中设立主题专架，例如科普图书专架、主题绘本专架、畅销新书专架、蒙古文图书专架、低幼图书专架，通过这些专架，让小读者能更加方便地去查阅到自己想要借阅的图书。

在开展少儿读者特色活动方面，自2012年起，馆里以少儿活动中心、安徒生小屋、音乐电影图书馆，还有电子阅览室为阵地，举办了丰富多彩的少儿阅读推广活动，这些活动也受到了小读者及家长们的热烈欢迎。通过开展大量的少儿阅读宣传活动，一方面提升了图书馆的社会知晓度，另一方面有效推动了儿童教育的发展。几年来，少儿部组织了各种形式的少儿读者活动300余场，参与活动的小读者和家长达到5万余人次。在内容方面，我们比较注重活动的品牌化、仪式化和民族化。

我先来介绍一下品牌化活动，近些年，我们通过开展一系列"品牌化"少儿阅读推广活动，带动了更多的家庭走进图书馆，利用图书馆。其中，定期举办的品牌化活动包括每年的"4·23世界读书日"，我们都会举办绘本漂流的活动，将馆内的图书漂流到每一个家庭当中，基本上每次约有60组家庭参与漂流活动，让绘本在每个家庭之间互相传递。通过活动孩子们能够体验与爸爸妈妈共同进行亲子阅读的乐趣。我们还会在每年的六一儿童节举办"牵手六一"品牌系列活动。这个活动每年的形式不一，会有绘画类、运动类、语言类、科普类等多种主题。

目前我们馆常态化的品牌活动有"赤图伴成长"主题系列活动。其中包括赤图伴成长·绘本分享会、赤图伴成长·英文兴趣营、赤图伴成长·美术快乐营、赤图伴成长·爱阅故事会，等等。今年又开放了赤图伴成长·有声故事屋，是由我们工作人员将馆内的绘本录制成有声读物，让小朋友在阅读纸质图书的同时多了一种有声阅读的体验。

图 11　2015 年，赤峰市政府幼儿园大一班小朋友来市图书馆参观阅读

图 12　2016 年 5 月 28 日，赤峰市图书馆少儿活动中心举办六一儿童节"百米涂鸦"活动

图 13　2015 年 7 月 11 日，赤峰市图书馆安徒生小屋演出绘本剧《班门弄斧》

图 14　2016 年 6 月 11 日，赤峰市图书馆安徒生小屋举办绘本故事会活动

再有一个常态化的活动就是"阅享之行"主题品牌参观活动。每年都会有大量的中小学和幼儿园集体组织到图书馆来参观。特别制定了一条阅享路线,由工作人员带领小朋友们走进阅览室,让孩子们了解图书的加工、编目,最后上架的整体过程,还会带他们去安徒生小屋体验绘本阅读,到少儿活动中心体验借阅服务,到海洋馆去体验当代图书馆与科技相结合的乐趣,到音乐电影图书馆去观看经典绘本电影。我们就是要用这种别出心裁的体验形式,让小读者们走进图书馆,从而爱上图书馆、爱上阅读。与此同时还会定期举办展览类、积木类、手工类、国学类等形式多样的特色读者活动。

第二个我来介绍一下少儿仪式化的活动。在每年的春节、元宵节、六一儿童节、母亲节、父亲节、双旦跨年迎新以及世界读书日、阅读宣传周,还有科普宣传周等国内外的重大纪念性节日,我们都会举办相应主题的少儿读者活动。

这几年影响最大的就是2015年我们举办的"牵手六一·书海童年"让爱心漂流在同一片天空公益活动及《山那边的孩子》公益摄影展,这个活动就是让

图15 2016年4月23日,赤峰市图书馆少儿活动中心举办"悦读共享 书香赤峰"4·23世界读书日图书漂流活动(左一为周明璇)

城市和大山牵手，我们走进大山，到乡村的学校去了解孩子们的日常阅读情况，然后将那些珍贵的影像带回来做成摄影展，呼吁社会关注留守儿童，引起对教育的重视。我们也组织了一些社会机构对其进行捐赠，仅不到一个月的时间，就募集到了图书8243册、文化用品17586件，还有体育用品395件，服饰78件，玩具288件。当时参与活动的爱心集体是12个，1465位爱心人士参加了这次活动，而且当时募捐来的物品基本是全新的，也能表达出广大社会人民对孩子的爱心。

刘锦山：效果非常好。

周明璇：对。那个活动就是引起的社会反响特别大。第三个，我来讲一下民族化的少儿阅读推广活动。因为我们是少数民族地区，开办这种民族化的活动，可以有效推动民族地区阅读的发展，我们会定期举办一些蒙古族的阅读活动，在"4·23世界读书日"的时候我们会开办最美小读者的评选活动，评选出"蒙古族最美读书人、最美小读者"，暑期的时候，我们与北京新阅读研究所共同组织了

图16 《山那边的孩子》公益摄影展作品

图17　2018年，新春少儿有奖猜谜活动

"出塞曲——新阅读草原深度游学夏令营"活动，将纯正的蒙古族礼仪、历史文化、民俗文化，还有服饰服装等，多维度立体地展现给孩子们，让孩子们对蒙古族有了一个非常深刻的了解。

2017年，为了庆祝自治区成立70周年，我们馆参与承办了"靓丽内蒙古 德善赤峰市"庆祝内蒙古自治区成立70周年幼儿绘画大赛。大赛由中国少年儿童新闻出版总社、赤峰市文化新闻出版广电局、赤峰市教育局、赤峰市妇女联合会、中国邮政集团有限公司赤峰市分公司主办，中国邮政集团有限公司赤峰市分公司集邮与传媒部报刊发行局、赤峰市图书馆承办。活动历时两个半月，全市共152家幼儿园32600人参加比赛，共评选出1326幅作品提交大赛评委会，由大赛评委会分别评出创意星151名、才艺星447名、快乐星728名，再经专家评审组对初评遴选出的作品进行最终评定。我们少儿活动中心也参与了很多具体的组织工作。

图 18　2017 年，周明璇在统计"靓丽内蒙古　德善赤峰市"庆祝内蒙古自治区成立 70 周年幼儿绘画大赛参赛作品

图 19　2017 年 7 月 7 日上午，"靓丽内蒙古　德善赤峰市"庆祝内蒙古自治区成立 70 周年幼儿绘画大赛颁奖典礼隆重举行

　　少儿部的服务在分馆建设这一方面我再简单介绍一下。赤峰市图书馆于 2013 年实施了总分馆制，建立了少儿分馆的阅读体系，以赤峰市图书馆为中心馆，下设到乡村，还有旗县区。我们少儿分馆现在是有 16 所，主要包括社区、

学校、幼儿园，我们会定期为社区还有学校调配一些图书，这样的话，孩子们就能更方便地走进图书馆，更便捷地借阅到图书，再有就是我们会定期到少儿分馆举办一些阅读推广活动。比如说绘本分享会、绘本讲座，还有演艺类的活动。孩子们通过参加这些活动走近阅读，能让他们更好地爱上书、读好书、爱上阅读。

我们在老馆时的少儿部，就是在一楼有一个不到 10 平方米的小屋子，那个屋子里有几排书架，估算可能是几千册的图书，而且当时图书馆的职能就只是借阅图书，它不是通过活动来带动阅读的，如果说现在的少儿图书馆是一个动静结合的形式，那么那个时候的图书馆，就是完全静止的了。这些年赤峰市图书馆在少儿阅读服务方面有突飞猛进的发展。

四、提品质增效能

刘锦山：周老师，您刚才介绍了少儿部开展的工作和比较有特色、有影响的活动。您刚才提到那个草原·安徒生小屋，这个小屋是怎么建立起来的？这个情况您给大家介绍一下。

周明璇：安徒生小屋是原驻丹麦大使来赤峰时提议建造的，我们就根据这个主题建立了一个绘本馆，同时又赋予它少儿科普图书馆的意义，让孩子们在体验绘本的同时，体验数字科普带来的乐趣。

刘锦山：少儿资源建设的采购、编目、典藏，都是在少儿部做吗？

周明璇：是的。原来少儿资源的编目都是统一在采编部，现在各方面的图书量都在不断增加，图书馆改为大部制，少儿图书的编目都是在少儿部做。采编部做外借部的那一部分，就是成人图书，少儿图书就是少儿部来做了。

刘锦山：那现在少儿部有多少位工作人员呢？

周明璇：算上我一共是八位。

刘锦山：八位？

周明璇：对。有四位是在少儿活动中心，两位在安徒生小屋，还有一位就是跟我在办公室工作的。

刘锦山：编目是大家一起做吗？

周明璇：是的。在疫情的这段时间，每一位馆员都在努力地学习基础业务知识，争取把分类、编目，以及数字编目，还有物理加工的所有工作都掌握。这样的话，遇到集中的图书来，大家就都可以参与加工。

刘锦山：每年新进的图书、印本，这些期刊，有多少册呢？

周明璇：去年比较多，有1万余册。今年可能相对就少一点，主要是根据经费情况。

刘锦山：去年进1万册，对少儿资源来说也不少了是吧？

周明璇：是的。少儿资源基本就是一个大翻新了，我们去年基本把绘本，还有普通的少儿图书，现在市面上最新出版的这些图书全都采购回来了。孩子们的书和成人图书不一样，它更新得很快，比较经典的知名儿童作家的作品，或者是学校推荐的图书我们也会随时更新。我觉得孩子的书不能看杂，就是要精，质量上还有内容上都要保证。

刘锦山：现在少儿图书绘本、期刊这方面，就是少儿资源印本资源的复本量有多大呢？

周明璇：复本量原来都是三个，但是现在提升为五个了，因为三册完全不够借。

刘锦山：对。现在好多图书馆复本是比较少的，一个、两个的。但是少儿这块可能读者多一点。

周明璇：少儿图书就是畅销的那些书籍，孩子们借阅量会特别大。编目完了直接上架，很快书架就空了。

刘锦山：借出去了。

周明璇：是的。所以太少的话就不够孩子们借。

刘锦山：周老师，接下来请您谈谈，少儿部未来工作的一些设想和思考。

周明璇：未来呢，首先还是要夯实基础业务。第一，是书。作为图书馆，书的质量是最重要的，好的阅读读物，对孩子的成长是受益匪浅的，所以我们未来要丰富馆藏,为孩子们提供更多、更好的图书。第二,就是人。我们要提升少儿部每一位工作人员的基本业务素质,争取让每一个人对馆内的各方面业务都能掌握得非常非常熟练。再有就是要让他们爱书、懂书,这样才能为小朋友推荐更好的图书。第三,我觉得基础建设做好了还要创新。未来我们要在管理的理念、少儿阅读推广活动等方面都要创新。要用非常开阔的视角来看问题,用更符合儿童发展的理念去提升赤峰市图书馆的少儿读者服务。

刘锦山:好。周老师,非常感谢您能接受我们的采访。

周明璇:谢谢。

李卫东

不待扬鞭自奋蹄

采访时间：2020 年 7 月 1 日
初稿时间：2022 年 6 月 22 日
定稿时间：2022 年 7 月 22 日
采访地点：赤峰市图书馆"赤峰记忆"拍摄现场
版　　本：文字版

李卫东速写

　　李卫东　1973 年出生，2007 年到赤峰市图书馆工作。曾在赤峰市图书馆自学阅览室、外借处、采编部、报刊阅览室等部门工作。现任赤峰市图书馆阅览部主任。

◎

　　刘锦山：各位朋友，大家好！今天是 2020 年 7 月 1 日，这里是赤峰市图书馆"赤峰记忆"第五期"图书馆专题"拍摄现场。今天我们邀请到的嘉宾是赤峰市图书馆阅览部主任李卫东老师。李老师，您好。

　　李卫东：您好。

　　刘锦山：非常高兴您能接受我们的采访。

图1 李卫东（左）接受"赤峰记忆"采访

李卫东：我也是。

一、实干尽职为先

刘锦山：李老师，首先请您给大家介绍一下您的个人情况和工作经历。

李卫东：我是1973年出生的。2007年11月来到赤峰市图书馆工作。刚来的时候被分配到了自学阅览室，在那儿工作了一年多的时间。2009年我被调到了外借处，在那里又工作了一年多。在2010年的时候，我又被调到了采编部，当时采编部的主任是乌云高娃同志，也是我们现在的副馆长。在她那里我的业务知识得到了突飞猛进的提高。那个时候老馆的条件比较简陋，资金也特别紧张，全单位一共就8台电脑，采编就占了5台，可见单位对这个部门的重视程度。当时做不到像新馆现在这样，每个人都能有一台电脑。

2011年7月，刘淑华馆长就来到我们赤峰市图书馆了。她来了之后就开始筹备搬家这个工作。2011年8月，我和过去在自学阅览室的老主任吴丰平同志，开始负责全馆8层书库的打包工作。从2011年的8月，一直到2012年的2月，就是有办公室也没回去过，将近半年多的时间，一直都在书库打包。那时候也没有打包机，全是手工。而且那8层书库好多年都没人进去过，里边的尘土每层都特别多。每次干完活，我俩出去洗脸、擤鼻子的时候，那洗出来的都是黑黑的东西。等到2012年的3月，我们从老馆把这些东西都搬来了，开始在新馆整理、排架。馆长那时候定的是在2012年的7月18日新馆开馆。赤峰市图书馆从老馆搬过来之后，有一个正式的开馆仪式。实际在2月末，我们都已经搬完了，3月才正式对外开放，但是也一直没有举办这个仪式。这些工作必须抢到这个开馆仪式之前完成，把书进行除尘、整理、排架，从老馆搬过来8层书库的书，我们再都一本本排到架子上。后来还有别的同志加入，但自始至终坚持下来的是我和吴丰平同志。这是2012年7月。

2013年我又被调到了报刊阅览室，在那儿工作了有一年的时间。2014年12月，单位施行大部制，实行精简，把一些部门进行了合并，自学阅览室、报刊阅览室以及报刊的工作室，合并统称为阅览部。同年我竞聘为阅览部的主任，一直到现在。

二、坚持以人为本

刘锦山：李老师，您刚才介绍了您在图书馆的工作经历，那接下来请您谈谈阅览部现在的人员、工作情况。

李卫东：阅览部有两个窗口部门，一是二楼的自学阅览室，这个地方主要是以青少年为主。有各种考学的，考教师编制的，考证的，还有一些国考、省考的。周末还有一些家长带着孩子，上这儿来辅导孩子写作业的。第二个窗口部门是一楼的报刊阅览室，这个读者的群体多是中老年人了。他们有自己的一些时间，也不用再上班了，孩子可能也都大了，他上这来继续学习充电。这个群体的特点就是特别稳定，每天几乎都是这一批人。

图 2 工作中的李卫东

最早的时候，报刊阅览室里杂志类的东西，在我没接手之前，采购这方面用的是北京人天书店有限公司的物流发货的方式，都是得攒到够发一次的，他们才把这些期刊给寄送过来。这就导致啥呢？就是这些东西来了之后，不能及时上架。已经是 5 月了，可能架子上摆着的才是 3 月的，或者 2 月的。这里的老年读者也不图别的，就求什么东西看一个连续和及时，这一点他们特别有意见。等到管理这个部门的时候，我就实行了从当地邮局订购的方式，每日都可送达，每一天都有新的期刊和报纸上架，来供读者们阅读，非常及时。

这个阅览室在我没去之前只有不到 200 种的期刊，20 种左右的报纸，2014 年我竞聘这个部门主任之后，把自己的一些想法、一些构思，跟馆长去交流探讨。正好也赶上国家政策的好时候，对图书馆，对文化教育这方面非常重视。现在期刊已经增加到了 464 种，报纸是 70 种，含有蒙古文、英文、韩文、日文以及适合老年人的大字本。我们期刊报纸的订购工作大概是在每年 10 月的时候开始。届时召开读者座谈会，听取大家的建议和意见。对一些不好的我们就不再订了，对一些好的可能我们要再多征订一个到多个复本。

有一些老年读者记性不太好，家挺远的，坐趟公交车来需要好几十分钟，到了一翻却没带老花镜，啥也看不了，特费劲，再回去，拿上再来，阅览室差不多该下班了。这些我看在眼里记在心上，跟馆里申请，然后在桌子上绑了从150度到350度，不同度数的老花镜8副，这样即便忘带也不会影响阅读。老年人可能有爱抄抄写写的习惯，因此我在报刊阅览室，给他们再准备好笔和那种小便签，方便他们抄写。这个群体我研究过，多以中老年读者为主，所以在报刊阅览室征订期刊的话，多以大字号的为主，方便他们阅读。以前架子上摆的那些东西，是按照期刊的题名分类，然后粘一个小词条放到那个架子上。他们看完了，再把这个期刊放回去。但是那个词条太小了，那个字儿更小，他根本看不见。他拿下来，也忘了从哪儿拿的。我现在就采用大号牌制。就是期刊上面别了一个阿拉伯数字的号牌，架子后边用一个特别特别大的号牌，也给它粘上，这样方便他一眼就能瞅到。它从哪儿来的，哪儿有空，他能放回去。这也是馆长一再要求的，什么事儿都要以人为本。你跟过去似的，以图书馆的分类法来排，或者用题名这种来排，那有些老年人他们一是不懂，再有也看不清楚。就是用最简单，也是最方便他们的一些东西，为他们提供阅读学习的环境。

三、阅览部工作职责

刘锦山：李老师，您刚才介绍了阅览部的工作情况，像给老年人准备老花镜，准备便签和笔，还包括有大号牌，方便大家还回去、借阅。我觉得虽然事情比较细，但是体现了您刚说的以读者为本、以人为本的这种工作精神，非常好。现在阅览部的人员情况是怎么样的？有几位老师呢？

李卫东：自学阅览室有3名工作人员，一开始的时候是2名。每一年都开读者座谈会，大概是在2017年的时候，应这些读者的要求增加了晚间自学阅览室的开放。那时候开馆时间是早晨8点到中午12点，下午2点到6点。夏天的时候 6 点钟天还很亮，然后你就跟读者说闭馆了，很多读者总是有一些不甘心。还有一些就是，下了班还想来图书馆学习的，他根本就来不及了，还有吃完饭想再学一会儿的，晚间学的也根本不可能。在 2017 年的时候，我也是听取了读者们的建议，跟馆长研究，我们就开了晚上的自学，从下午 2 点直接开到晚上 9 点才闭馆。这就是晚班又多了一个工作人员。从 2017 年的 5 月 21 日，自学阅览室增加到了 3 名工作人员，报刊阅览室是 2 名工作人员，我在的报刊工作室是 2 名。我们部门一共 7 名。

刘锦山：报刊工作室主要是对报刊进行分类编目吗？

李卫东：对。报刊工作室主要是对报纸和期刊的数据进行创建，之后再进行数据的维护。因为期刊这个数据，不跟书这个数据似的，说做完这一批数据就完事了。期刊这个数据它永远连续在出版，可能过了一年这个刊就已经停了，或者这个刊题名就换了一个字，或者这个价格也会有改变，或者它的尺寸、形态有改变。这些都得第一时间把它更新，记录进去。

还有报刊工作室最重要的一点，就是整理和装订，以及这些过刊和下架报纸的馆藏入库，和给这些馆外的读者提供查询的服务。查询的服务也是非常重要的。有一些打官司的，还有一些民事纠纷的到法院去了，法院必须得要原件，你拿那小条不行，他得看看你从哪个原件上把它撕下来的。而且这种东西，2000 年左右的，甚至再往前更早一些，我觉得像报社或者档案局也不一定有，他们就上这儿来查这种资料。像这里面的报纸合订本的装订，还有过去的一些过刊的装订，都是报刊工作室来做。

刘锦山：李老师，现在图书馆过刊的数量有多少，您有统计吗？

李卫东：我接手之前的那些杂志和报纸，全是在纸质账本上登账、记账。等我 2014 年 12 月底去了之后，才开始采用数据。国图编联中心上面要是有的话，我们把它下载了修改一些字段，没有的就自己开始做数据。我现在把所有期刊的数据都做成数字的了，已经录入数据库了。这一块儿往回一调，肯定就能从电脑上调出来。但是前面这些纸质的账本，我得挨个账本去加。

四、开展读者活动

刘锦山：李老师，我们知道现在读者活动也是图书馆的一个常态化的业务。阅览部是直接和读者打交道的窗口部门、一线部门，应该也做了不少读者活动。您把这方面的情况给大家介绍一下。

李卫东：我们读者活动这块大概是三种，都是系列的。第一个就是刚才我说的读者座谈会，这是每一年的春季，就是正月十五之前，一定要召开的。它是对上一年工作的一个总结，和对来年工作开展之前的一个借鉴，听取读者对我们图书馆的那些建议，或者是意见，对我们也是一个帮助。第二就是老年人和青少年，这个读者群体我们放电影。老年人主要是过去的那些红色回忆、红色电影，青少年多以那些积极向上的、励志的影片为主。

图3　阅览部举办红色经典老电影展播活动

还有我们就是搞过去的一些经典老报纸和老期刊的展览。刘总您也拿过一部分做过扫描。《赤峰日报》的前身叫《昭乌达报》。20世纪50年代的，我估计可能也就赤峰市图书馆有了。像这一类的报纸，《赤峰日报》还有《红山晚报》，还有一些像过去特别早的《光明日报》《解放军报》这些，图书馆一共是 17 种。从我们建馆一直在连续订购这些报纸。因为图书馆的这些期刊和报纸都是有非常大的连续性的，这 17 种保存下来了。老年人或者是青少年对这些特别感兴趣，他们一般都 90 后的，哪见过 20 世纪 50 年代的，那都是他们父辈看过的报纸。那时候其实都有，他们偶尔翻翻看看，之后感觉到很有意思，也很受教育，对图书馆这个馆藏，也感觉到很震撼，对图书馆有一个新的理解。此外，我们还组织开展了老年读者知识竞赛，大家的积极性很高。

图 4　李卫东主持老年读者知识竞赛活动

图书馆的自学阅览室这块，可以说是每一天到馆读者流量最多的一个地方。上面 240 个座位，人满为患。现在是疫情期间，需要从网上预约，而且间隔是 3 米一个，这里边只能坐 70 人左右了。以前也不需要预约，就是谁先来谁先坐。等到晚上人可能稍微少点，平均下来每一天的流量，也得在七八百人左右。这还不算两个假期，或者是国考、省考的前夕。这里面最常见的就是考研的人，他们可能提早复习的比较多，尤其是到两个假期的时候，我们都得把下面的多媒体教室打开，再增开一个临时的自学阅览室来进行分流，馆里尽量满足读者的阅读需求。我跟技术部主任祁鹏莉商量，如果有去自学的，实在是没座了，往你那里再分流一部分。她们那块儿进去得扫描身份证，有些人没带，就希望能通融一下。假期人特别多的时候，能分流的地方都分了。即便是这样，还是有挺多人来了，看到走廊里也坐满了，上面也满了，一楼临时开的多媒体阅览室、增开的阅览室也满了，二楼技术部祁鹏莉主任那块也满了，转一圈，很失望地走了。就是这样。

刘锦山：等将来咱们建了新馆，这个情况可以得到很大缓解。

李卫东：这个情况就可以大大得到缓解了。

五、真诚服务读者

刘锦山：李老师，您每年春节开读者座谈会，这方面情况您给详细介绍一下。

李卫东：读者座谈会是这样，一般情况下，二楼的自学阅览室会来五个青少年的代表。报刊阅览室里这些老年人非常踊跃，很愿意参加这个。尤其是说有馆长参与，一是能见到馆长，二是自己反映的这些问题，能得到馆里领导的重视，而且有跟领导交流的这么个机会，他们也很愿意参加。大概得有八九个人吧。

刘锦山：那人是怎么选？自己报名的？

李卫东：自己报名。

刘锦山：多了怎么办？

李卫东：在北边的会议室，多了咱们也能装得下。反正也不会太多，他们这个群体，偶尔来一次的少，常来的始终就这一批人。

我做过统计，他们最大的86岁，自己来图书馆，也不需要拄棍儿，也不需要谁搀着、扶着，都是自己来。国家的免费开放政策，阅览室的工作人员服务得也特别文明、热情、到位。因为啥呢？有些老年人，他们腿脚不太方便，阅览室里面不让接打电话，但是你说电话响了，他要走出去，就那小碎步，走出去这电话也不响了，只能允许他在里面接了。他们多数腿都不太好使，耳朵也不太好使，你跟他说点事还挺费劲的，真诚服务，可能是最好的一种交流。

有的老年人，他耳朵不好使，已经把报纸翻得哗哗响了，他一点都听不着，那边上的人受不了啊，那屋子又那么静。提醒他的时候，他可能就有点不太愿意。但是他腿脚不好，工作人员把水打回来了，他的水杯在那儿放着，工作人员就给他倒上了。我给自己倒水的时候，看他空着我也顺便给他倒上，久而久之，这样将心比心的，这个老年人也被感动了。

每年开座谈会，馆长说这是不是都是你找的托儿，跑这儿全来表扬你来了。我说可真不是，我说这帮老年人，你想让他当托儿，他听你的吗？的确也是图书馆是做到这儿了。他说这个地方比在家都有意思，我想看的东西，我想学的东西，不管我想知道的国家大事也好，还是养生保健，还是一些时事政治，还有我

图5 李卫东主持读者座谈会

感兴趣的，过去的一些红色回忆方面的这些文献，馆里面这个期刊里都有，订的种类也比较丰富；对我们照顾得无微不至；这个环境也特别干净，冬暖夏凉；门口还有公交车，地理位置也挺方便，对这块是非常非常满意。

刘锦山：开完读者座谈会，给这些读者一点小纪念品吗？

李卫东：对。这个也是跟馆长请示过的。有些老年人他来的时候，都得拎个兜子。这个兜子里面就放个垫子，他到哪怕凉啊。一个手拎这个，有时候那个手还拎根棍儿。这帮老年人真是很认真，你做的不到位的地方，就给你指出来，有些他们也不懂，也会问，你给他们解释完之后，他马上也能觉得自己可能是理解错了，态度也是特别好。后来我说这些老年人做得挺好的，而且咱们这个群体也比较固定，后来跟馆里申请，在第六年春季读者座谈会的时候，给他们一人买了一个喝水的杯子，一人发了个笔记本、两支笔。这些东西就可以放在阅览室，有一个固定的地方，喝水就上这儿来拿。之后这些老年人确实是赞不绝口，而且对我们馆长也是非常称赞。

当然读者座谈会也会反映一些问题，最主要的是在二楼自学阅览室的年轻读者这块。他们还是认为开馆的时间不够，后来就衍生出 24 小时阅览室。但是 24 小时阅览室开放之后，感觉也没能有太多地方，因为那地方实在是太小。馆长也是想尽量利用有限的空间，想把每一个服务，或者每一个环节都做到位。但是那个地方肯定就不能保证了，也没有几张桌子。还有二楼可能是通风不行，尤其是现在，可能投诉更多的就是房顶漏雨。还有就是空调，过去安的那个匹数，也不知道是现在功率自动降了，还是过去没考虑到。因为整个这地方即使把空调都开足了，还不够凉。7 月到 8 月、9 月这三个月，一上来就跟蒸笼似的。没办法，空调全都开了，两边窗户也全都开了，它还是这样。人太多，二楼自学阅览室主要就是这些情况。

老年人这块，他可能更多地希望这里面的刊物都以中老年为主，他们认为不好的刊物，希望立马就给换了。老年人也比较会过日子，意思是这国家的钱，也不能乱花。后来我就跟他们解释，这个报刊阅览室，不仅局限于中老年人，那青少年来的也有，只不过不多，没时间过来，不能所有的刊物全是中老年人的，也得有青少年的，也得有英文的，也得有蒙古文的，也得有时尚杂志类的。还有个老同志，为图书馆、为阅览部这些部门，现场即兴地写首诗，他过去好像是赤峰学院的一个老教师，对咱们图书馆报刊阅览室感觉到非常满意。

大概是从2018年10月，我这个部门的报纸和期刊装订已经实行外包了。就是送到一个装订公司，让装订公司去做这件事，从封面的设计到装订的质量，比我们馆自己装肯定是要好。因为我们馆没有专用的装订机，已经买的是比较贵的了，1万多块钱的得力的那种装订机。但那是财务凭证装订机，它不是期刊装订机。有的刊物还行，有的那些铜版纸比较硬的，那别说三本，两本在一起钉子都打不穿。一会儿就把钻给打断一根，一根钻70来块钱。现在外包了之后，人家给我们做的那个封面，工艺就不太一样，封面也是经过专业的设计，做得特别美观，特别漂亮。这也是一个新的变化。我们过去老馆做的那些东西，只能书脊那块写题名。比如说三本《读者》合一块订了，在书脊侧面写上《读者》2000年的，期数一到几，也就打这么宽一个纸，包一部分就行了。现在外包完之后，整个这一面全都给你，从正面、反面连书脊，整个是一体的一张纸，都给你包起来。而且那个皮还特别硬，便于保存。像我们单位原来做的那个，放到架子里面再抽出来，再还回去再抽出来，这么几回就开了，边就翘了，再一碰，掉了。你在侧面啥信息也看不着，你都不知道这一沓子合订的这个东西是什么。但人家现在做的这个工艺是整体给你包过来的，那绝对不会掉了，也特别便于保存。报纸也是，做得都非常漂亮。

刘锦山：还有什么变化？

李卫东：过去好多都是老馆的那些传统。像过去在老馆自学阅览室的时候，也没有中央空调。老馆的阅览室够大了，能坐好几百人，但是到夏天的时候，就是顶上吊那几个吊扇，剩下基本全是靠开窗户，到冬天就是用那种水暖气来取暖。而且那个时候整个楼层，三楼厕所是我们职工的，四楼厕所也是我们职工的，就二楼有读者厕所，二楼男厕的蹲位一共就两个。你说这好几百人，怎么可能满足。我是2007年来到图书馆的，在自学阅览室干了一年多，我一直都看着，就在二楼那块排队上厕所的，从来都没断过人。因为那个位置实在是太少了，里边人又特别多。后来没办法，就把三楼的职工厕所也开放了。那还是解决不了，最后这些职工上厕所，都得到外面去。因为这些厕所我们都排不上号。现在这个馆里厕所多，这绝对是特别方便了。你看现在还有这些饮水、喝水的机器。过去给读者提供开水，那就是电水壶，一水壶一水壶地烧。烧完了也就够 10 个、20 个人倒，一会儿就没了。这一上午就不停地烧，这壶水没了就去接，没了就去接，接上就烧，接上就烧。不跟现在似的，大家方便去接，而且也比过去的水质要好很多。

刘锦山：好。李老师，非常感谢您接受我们的采访。

祁鹏莉

技术护航促创新

采访时间：2020 年 6 月 30 日
初稿时间：2022 年 6 月 8 日
定稿时间：2022 年 7 月 8 日
采访地点：赤峰市图书馆"赤峰记忆"拍摄现场
版　　本：文字版

祁鹏莉速写

　　祁鹏莉　蒙古族，1985 年 12 月出生，中共党员，赤峰市图书馆技术部主任。

　　2010 年 7 月毕业于西北农林科技大学计算机科学与技术专业，获得本科学历，工学学士学位。2011 年考到赤峰市图书馆从事图书资料工作，2013 年评为助理馆员，2017 年评为图书资料馆员。

　　2012 年 2—12 月，在赤峰市图书馆电子阅览室工作，其间协助馆里开展电子阅览室和数字阅读推广工程建设。2012 年 12 月—2014 年 12 月，任赤峰市图书馆电子阅览室主任，主要负责馆里网络、机房、系统、设备的管理、运行与维护，电子阅览室开放、数字图书馆建设和数字阅读推广工作。2014 年 12 月—2021 年 9 月，任赤峰市图书馆技术部主任，主要负责馆里网络、机房、系统、设备的管理、运行与维护，电子阅览室、24 小时自助图书馆开放、数字图书馆建

祁鹏莉：技术护航促创新　　279

设和数字阅读推广工作，协助全馆开展业务活动、学术活动等相关工作。2017年5月起担任赤峰图书馆学会秘书长兼阅读推广专业委员会主任，2017年6月起担任中国图书馆学会阅读推广委员会民族文献阅读推广专业组委员。

发表《公共图书馆区域记忆建设探索与实践——以赤峰记忆为例》《大数据环境下图书馆智慧服务创新研究》等多篇论文。活动工作成果《童心梦 马儿情——2019年首届内蒙古国际马文化博览会第七届中国童话节之草原童话节征文作品集》由远方出版社出版，2019年参与完成的"赤峰市传承弘扬中华民族优秀传统文化对策研究"项目获得"2019年度赤峰市社会科学科研课题项目良好等级"。先后获得过内蒙古自治区图书馆学会"2015—2019年度优秀会员"、市级"三等功"、"优秀共产党员"等荣誉。

刘锦山： 各位朋友，大家好！今天是2020年6月30日。这里是赤峰市图书馆"赤峰记忆"第五期"图书馆专题"拍摄现场。今天我们邀请到的嘉宾是赤峰市图书馆技术部主任祁鹏莉老师。祁老师，您好。

祁鹏莉： 您好。

一、开馆机遇

刘锦山： 非常高兴您能接受我们的采访，首先请您给大家谈谈您的个人情况和工作经历。

祁鹏莉： 我1985年出生于赤峰市巴林右旗，蒙古族，2010年毕业于西北农林科技大学计算机科学与技术专业。2011年年底考入赤峰市图书馆。恰逢当时咱们新馆搬迁，从红山区老馆搬到现在的馆址，所以一来到馆里，就投入搬运和图书上架的工作中。当时考录进来的是两个人，我是学计算机专业的，另外一个是会计专业。我们两个跟图书馆专业不是特别相关，但是我们正好赶上新馆搬

图1 祁鹏莉（左）接受"赤峰记忆"采访

迁，能够马上投入图书馆专业的工作中。

新馆开馆之前面临大量的图书上架、加工，所以我被分配到采编部，工作了大概一年的时间。在这一年当中，我学习了图书的分类、编目，对基本的成人图书分类都有了掌握，所以这是我很宝贵的一个经历和机会，为我后面图书馆相关的技术工作开展做了一个很好的铺垫。

2012年1月我被聘任为电子阅览室主任，2014年12月被聘任为技术部主任至今。

刘锦山：您刚毕业通过公开招聘，参加考试进入图书馆，正好图书馆搬家，您又是学计算机的。

祁鹏莉：对。

刘锦山：这样把分类编目学起来，相对容易一些。

祁鹏莉：对。正好在这个过程，所有的图书大量地上架，上架过程中从最基本的图书的排架开始学起，在来图书馆之前肯定对排架就是……

刘锦山：没概念。

祁鹏莉：没有概念。上大学的时候是看过，因为在图书馆查找图书也用过，但是再具体是怎么体现出来的就不清楚了。来到图书馆正好赶上这个时机，我们两个新馆员从图书到馆，然后物理加工、编目、上架、排架，整个流程跟了下来，很直观地对图书馆的基础业务有了一个深入的了解。

刘锦山：确实也是一个难得的学习机会，在很短的时间，把整个流程都走了一遍。

祁鹏莉：我赶的时机很好，入职就直接来到新馆工作。也正好赶上公共图书馆全面开启免费开放，图书馆迈开了快速高质量发展的步伐，这是我这个图书馆"小白"学习和锻炼的最好时期。

图2　祁鹏莉（左）编目图书

二、数字化发展

刘锦山：祁老师，接下来请您给大家介绍一下图书馆的信息基础设施，软硬件、计算机、网络、服务器等各个方面，网站还有微信公众号等的发展变化情况。

祁鹏莉：赤峰市的数字阅读推广工作，或者是信息化服务这方面，起步都比较晚。您可能对这方面也比较了解，大概都是在 2009 年到 2012 年之间依托于全国文化信息资源共享工程这么发展起来的。赤峰市图书馆是在 2012 年的时候，抓住数字图书馆推广工程全国范围内建设实施的机会，积极争取到了全国数字图书馆推广工程的一个地市级点。配套的专项经费支撑着我们把中心机房、公共电子阅览室，还有赤峰市图书馆的门户网站搭建起来了。2013 年市图书馆最先外购 7 个数据库开启了全市数字资源服务业务；2014 年市图书馆联合各旗县区馆采购了 Interlib 图书馆集群管理系统；2015 年 RFID 技术的运用自助服务全面开展，同年开通微信公众号、微博新媒体服务；2017 年 24 小时自助图书馆面向公众正式上线。

刘锦山：当年数字图书馆推广工程的项目经费给了多少钱呢？当时购了一些什么样的设备？

祁鹏莉：专项经费应该匹配的是 175 万元。中心机房是依托 2012 年数字图书馆推广工程专项经费搭建起来的，配备了服务器、存储阵列和网络安全设备，像网络的交换机、路由器、防火墙、机房空调。在建设过程中，我就是图书馆的小学生，对机房、电子阅览室的建设，没有一个太明确的概念。但当时年轻，又被委以重任，自己又学的计算机专业，觉得这方面不能懈怠，然后在网络上查询资料，咨询相关人士。当时还没少咨询了您，向您讨教，还有一些其他图书馆已经搭建起来的机房的专业人员。在这个过程中有两次机会跟着刘淑华馆长，到甘肃、北京学习考察。这让我看到了图书馆更前沿的一些信息，欣赏到了图书馆的现代化建设魅力，所以在宏观上有了一些整体的框架。经过不断地对接方案、考察研究，最后我们拟定了一个建设方案和采购计划。就是我们要搭建成一个什么

图3 2015年，组织参加全国少年儿童网络知识竞赛

样的机房。用刘馆长的话说，就是专项经费的钱，每一分钱都要花在刀刃上。就是要花最少的钱，搭建最完善、最能保障我们目前所提供服务的一个机房，中心机房就这么搭建起来了。

我们在2015年5月的时候，完成了独立光纤的接入。之前馆舍是和文化新闻出版广电局共用一根光纤，没有自己的独立光纤。我们接入了独立光纤后，完成了全馆的Wi-Fi覆盖。2015年9月我们顺利搭建了包括市馆在内的全市14个公共图书馆的Interlib图书馆集群管理系统，顺利把书目数据从ILAS转换到Interlib系统里。原来我们用的是ILAS系统，包括我一入馆的时候，学习的也是ILAS编目。所以我现在也算是掌握了ILAS编目和Interlib编目两种应用。

我们在2015年3月发了第一条关于元宵节的微信公众号信息，开启了赤峰市图书馆微信公众号的线上服务。在当时微信公众号的选取上，它是有服务号和订阅号的区分。2015年的时候订阅号的功能比较受限制，我们就决定选择服务号。在服务号的基础功能上，我们对接了一些基础业务模块和数字阅读链接。随着微信的更新、改版，我们的后台对接也在不断地完善。

微信公众号现在包括微服务大厅、数字阅读、赤图服务。这三个菜单里面，又包含一些特色的资源服务。比如说微服务大厅里面有读者证挂失、图书续借、图书书目查询、服务数据等。我们把一些读者平时点击率比较高的，像有声读物、微刊、电子图书这类的资源，放在数字阅读里，这样在二级菜单里点击比较方便。赤图服务这里面，我们就放一些常见问题、一些信息公告，还有我们临时性的活动链接。像今年疫情期间，我们在赤图服务这块挂接了一个"预约到馆"，读者可以通过微信端进行预约来到图书馆。这样既达到限流又避免读者跑空。截至目前，我们微信公众号发送信息大概有1100多条，关注人数达到15530人。

刘锦山：祁老师，我们知道，现在数字资源是图书馆在传统资源基础上的又一个重要的资源媒介，它和印本资源共同构成了图书馆的资源体系。接下来请您向大家介绍一下，赤峰市图书馆在数字资源、特色库方面的建设和使用情况。

祁鹏莉：数字资源建设是从2013年最先外购了7家的数据库，开始为读者提供数字阅读服务。资源包括学术期刊、大众期刊、行业期刊（内刊）、考试资源库、学术平台。因为是公共馆，区别于高校馆，我们在硕博论文这方面没有做采购，都是以服务大众阅读需求为主，另外还有一些少儿的多媒体数据库、仿真绘本阅读机。后来我们就又逐年采购了一些移动图书馆App，数字有声图书馆等新兴数据库。这种不受空间和时间限制的阅读方式，更受读者们的欢迎，更能够满足读者的阅读需求。所以我们在这方面，总结以往的采购经验，征询读者阅读需求，不断地完善数字资源采购，后来又根据馆舍结构和分馆的建设情况，我们又陆续采购了一些电子图书、报刊的借阅机。

2015年数字图书馆推广工程数字资源建设专项资金经过层层审批下达到赤峰，依托专项建设经费，我们开展了以"赤峰记忆"为主题的专题资源库建设。"赤峰记忆"使赤峰历史文化遗产首次以口述资料形式保存下来，有利于深度挖掘区域历史、保存区域文化，推动区域文化传承；深入地参与到区域文化建设中，完成公共图书馆从文化保存与传播向文化深度开发利用的升级转型；对标

图 4 2018 年，4·23 世界读书日——"扫码看书　百城共读"主题活动

图 5 "赤峰记忆"访谈室

国家图书馆公开课以及国家图书馆"中国记忆"口述历史大型文化项目，借助国家图书馆平台传播赤峰地区文化，扩大赤峰地区影响；有助于贯彻落实党的十九大报告精神，推动社会主义文化繁荣兴盛，保障人民群众文化权益，为广大人民群众提供更好的文化服务，坚定文化自信。目前"赤峰记忆"一期完成后得到了市级有关部门和领导的高度认可，社会反响也很好，这样二期、三期都是市本级财政拨款支持建设了，三期共制作完成了 50 多位人物、175 集、3800 多分钟的访谈视频。我们还数字化地方文献馆藏，自建了蒙古文文献、地方文献特色数据库，建设资源量达到 10TB。

刘锦山： 发展还是比较快的，这么短时间积累到这么多数据量很不简单。

祁鹏莉： 对。主要我们可能地方经费少，还是依靠国家这边的推广项目专项经费。所以有这种专项经费，我们都竭尽全力地申请，尽可能地再建设。

三、与时俱进

刘锦山： 祁老师，技术部现在有多少员工呢？

祁鹏莉： 目前整个部室有 6 人。我们馆的人员总数不多，因为是市级馆，负责的面比较广，说是技术部，但是我们下面还分设了两个读者服务窗口，一个是 24 小时自助图书馆，另一个是电子阅览室。还负责音乐电影图书馆运营，现在因疫情暂时不对外开放。24 小时自助图书馆夜间是无人值守开放，白天以图书馆的咨询服务、办证、借还为主，设有两个倒班人员，电子阅览室有两个人倒班。所以真正说完全投身于馆里的技术工作的人员就两个人。

刘锦山： 电子阅览室是什么时候建起的？有多少台机器？您给介绍一下。

祁鹏莉： 电子阅览室也是在 2012 年年初开始筹建。经过前期规划设计，通过招标采购，再实施建成，2013 年 2 月全面对外开放，面积是 230 多平方米，配有 80 台计算机供读者使用。现在想想，这些设备来到馆里的时间，大概是 2012 年 11 月，一直使用到现在了。

刘锦山： 七八年了。

图 6　24 小时自助图书馆

图 7　祁鹏莉接受"直播赤峰"栏目采访

祁鹏莉：对。我们的设备一定程度已经严重老化。疫情期间正好有空闲时间，工作人员彻底把机器整修一遍。把能拼凑的，还能正常使用的拼一台，实在是不能用的就撤掉。所以现在供读者使用的机器不足 80 台，应该在 60 台左右。

刘锦山：我们知道早些年计算机比较贵，读者自己有计算机的也不是太多，所以图书馆有电子阅览室，往往使用的人很多。后来随着社会的发展，计算机普及率越来越高，总的趋势电子阅览室用的人越来越少。那咱们电子阅览室的使用情况怎么样呢？

祁鹏莉：2013 年开始对外开放时，当时真是一座难求，用的人特别多。电子阅览室环境好、有空调、机器新、配置高。老少中人群都有，覆盖面还挺广的。电子阅览室分成人阅览区和未成年人阅览区，未成年人使用机器是经过我们网页净化、行为限定等开通的绿色通道，保障未成年人上网的安全。当时我们还举办了几期针对老年人朋友们的培训班，从开机到计算机的基本使用操作进行讲解，很受欢迎，每一期都有二三十人参加。

但是就像您说的，随着社会发展、计算机的普及，2013 年、2014 年还好，

图 8　2013 年，祁鹏莉在首期中老年读者电脑培训班中授课

从 2015 年开始，使用者就逐渐地减少了。首先是未成年人阅览区，未成年人上网管控较严，另一个是家庭环境的影响，家长们都尽可能购买计算机来满足孩子基本的学习需求，所以未成年使用机器特别少了。一般就是一些中老年群体使用较多，后来有一些是参加考试的人员，比如说需要考注册会计师，考一级、二级建造师，这类人员学习一些网络课程，就需要有一台电脑，要用它上网课。这个时候他们喜欢来到图书馆，环境好，电脑又好用。可是现在您再去看，这一天能用图书馆电脑的人，也没有几个人了，基本上都自己携带笔记本、iPad，而且图书馆现在是 Wi-Fi 覆盖，他们用流量或 Wi-Fi 都是很方便的，所以他们已经更倾向于使用自己的设备。

刘锦山：随时随地可以上网。

祁鹏莉：对。对于他们来说比较方便，他们的学习资料都在自己的电脑里，随身携带方便使用。那为什么还是选择来到电子阅览室呢？是因为电子阅览室的环境好，有浓厚的学习氛围，基本的网、电配置齐全，觉得坐在那儿还是比较舒适、方便。

图 9　电子阅览室

刘锦山：将来如果再有一块用电脑上网的区域，就是把电、网准备好，把桌椅准备好，就不用馆里配备电脑了。

祁鹏莉：对，学习空间更舒适一点。

刘锦山：读者自己带电脑，那个区域可以提供少量的电脑。

祁鹏莉：是的。我们去年还想改造一下电子阅览室，觉得这已经淘汰了，也要针对发展趋势做一下调整。但是后来又张罗说可能要建新馆，现在的馆舍还能不能保留，这个事情左右摇摆，所以就把改造的事耽搁了。如果说这个馆舍保留，那么服务人群或者说服务项目可能会有变化，它更趋向于读者们选择这个老馆，他们需要什么样的服务，还要再做调研，到时候针对读者需求再做调整。

刘锦山：除了技术部主任职务，您还协助刘馆长做一些学会方面的工作，请您介绍一下这方面的情况。

祁鹏莉：我主要负责与中国图书馆学会、自治区图书馆学会及其他盟市图书馆学会的外联和业务对接，还承担民族文献阅读推广专业委员会、赤峰图书馆学会的业务工作。

图10　祁鹏莉（右一）被聘为赤峰市图书馆学会秘书长兼阅读推广专业委员会主任

图 11　中国图书馆学会民族文献阅读推广专业委员会 2017 年工作会议在赤峰市图书馆召开（左四为祁鹏莉）

四、未来规划

刘锦山：祁老师，接下来请您谈谈技术部未来发展的一些思考。

祁鹏莉：我从 2012 年到现在，一直在做技术工作，大学学的是计算机科学与技术专业，但是本科这个专业比较宽泛，它就是软件、硬件、网络都学。来到馆里之后，在工作中发现全都需要自己摸着石头过河，边学边实践，一点点就这么成长起来。图书馆现在的发展建设，大家也能看到，需要既有图书馆基础专业知识，还懂得图书馆现代化建设技术的复合型人才。在这几年的工作过程中，我也总结出一个问题，曾经也跟刘馆长交流过。我说这几年面向社会招聘，每年都会设置网络工程、网络技术、计算机科学与技术等相关专业，但是结果还是没有人能考进来。大概有这么两点原因，一个是学这个专业的，回赤峰就业率低，回来的人就会很少；另一个就是这个专业男生多，在事业单位考试中又多数竞争不过女生。然后我们也考虑说，在社会上招一些兼职。工作中却发现一个问题，兼职人员在计算机或者是设备应用方面很专业，但是他对图书馆专业、图书馆业务一窍不通，与工作所需求的内容没法完全对接、融合起来。

所以说技术部这块未来的发展，首先是要解决专业技术人才缺乏这个问题。未来的发展将更多趋于网络技术平台的搭建，图书馆不再局限于馆内服务，更多的是在线上，提供更高的一个服务平台，然后让大家能够更广泛地参与进来。所以专业技术人才这块，目前看招录解决不了，那只能是自己培训。我们要从自身做起，然后加强业务学习，珍惜出去培训、学习的机会，积极地参与到全国性、自治区性业务竞赛、业务评比当中，通过多途径学习，高效、快速提升专业理论水平，满足业务工作和技术要求。

其次要丰富数字资源，满足读者多群体多元化的阅读需求。技术部一直承担着数字资源建设的工作，以后的重点工作应该采购有声阅读、体验式阅读、互动式阅读等数字资源，扩充馆藏数字资源种类，满足读者日益增长的阅读需求。同时也要全面挖掘赤峰地域特色文献资源，不断丰富完善地方特色数字资源库，实现地方历史文献再面世，广大读者都可读、可借，同时为文学创作和历史研究提供文献资源保障。

最后要优化数字资源服务平台，提高数字图书馆服务效能。一是要完善我们数字图书馆基础设施设备，包括服务器、存储，还有数字化加工制作软硬件，以及自助的借还机、办证机、电子书借阅机等智能化设备。二是运用现代网络技术，将自建资源和购买的数字资源，进行有效的资源整合，提供一站式各类数字资源检索和文献服务的数字平台，从而真正地实现软硬件集成统一的管理、发布的数字资源服务平台，打破 IP 地址限制、空间限制、时间限制，为读者提供高质量、高效能的数字阅读服务。

刘锦山：祁老师，谢谢您接受我们的采访。

罗显伟

聚心聚力敢为先

采访时间：2020 年 7 月 1 日
初稿时间：2022 年 6 月 14 日
定稿时间：2022 年 7 月 14 日
采访地点：赤峰市图书馆"赤峰记忆"拍摄现场
版　　本：文字版

罗显伟速写

  罗显伟　1981 年 10 月出生，重庆大足人，馆员。2000 年 12 月入伍，2002 年 9 月至 2004 年 7 月在中国人民解放军宣化通信士官学校大连分校学习有线通信专业。2004 年 9 月 23 日加入中国共产党。2013 年 7 月转业到地方，12 月由赤峰市民政局安置到赤峰市图书馆，进入图书馆后，被安排到信息咨询部工作。2014 年 4 月从信息咨询部调入图书馆办公室工作，年底被聘任为办公室主任。2015 年 1 月至 2018 年 6 月为办公室主任。2018 年 7 月起任办公室主任并兼任党支部副书记。

  2014 年，被赤峰市人力资源和社会保障局授予嘉奖奖励。2015 年，被内蒙古自治区图书馆学会评为年度先进个人。2017 年，被赤峰市文化新闻出版广电局机关委员会评为优秀共产党员。2019 年，被赤峰市文化和旅游局党组评为优秀党务工作者。2020 年，被赤峰市文化和旅游局授予"抗疫优秀共产党员"称号。

刘锦山：各位朋友，大家好！今天是 2020 年 7 月 1 日，这里是赤峰市图书馆"赤峰记忆"第五期"图书馆专题"拍摄现场。今天我们邀请到的嘉宾是赤峰市图书馆办公室主任兼党支部副书记罗显伟老师。罗老师，您好。

罗显伟：您好，刘老师。

一、从部队到图书馆

刘锦山：非常高兴您能接受我们的采访，首先请您给大家谈谈您的个人情况和工作经历。

罗显伟：我叫罗显伟，1981 年 10 月出生，重庆大足人，馆员，民族是汉

图1 罗显伟（左）接受"赤峰记忆"采访

族，学历是本科。2000年12月入伍，到2001年3月在锦州是新兵连。接着2001年4月到2002年8月在赤峰当兵。当年9月，考学到中国人民解放军宣化通信士官学校大连分校，2004年7月毕业。从毕业到2013年一直也是在赤峰。因为服役期满，2013年7月按照赤峰市政府的相关政策，被安排到赤峰市图书馆，10月21日到图书馆上班。

2013年10月21日到2014年3月期间我在图书馆技术部跟咨询部都工作过。2014年4月到2014年11月，在图书馆办公室工作。2014年11月通过图书馆的部室主任竞聘，当上了办公室主任。2018年7月当选图书馆党支部副书记，同时兼任办公室主任至今。

二、办公室工作

刘锦山：罗老师，下面请您谈谈您担任办公室主任以来办公室工作方面的情况。

罗显伟：我2014年4月到图书馆办公室，主要是做人事工作、财务工作，还有固定资产工作。12月我当上办公室主任后，有了一些新的思路。一是要协助图书馆领导，做好图书馆的规划。二是要做好图书馆承办的各种会议接待工作、会议记录等这些工作。三是执行图书馆的工作纪律，抓好安全、卫生等工作。四是图书馆的文件、信件的归档整理工作。

我想重点说一下这个问题。因为收集、整理档案跟今天采访也有很大的关联，就是为未来保存现在。做的这些会议、图片，要把它保存起来。我酝酿了可能有两年时间，才开始做这个工作。这个工作做起来是很难的，因为从一开始我对档案整理是零基础，我一点儿也不懂。通过两年的学习，我找到了入门的地方。经过跟馆领导请示，从2019年起，我把所有的文书档案往前去整理、归档。因为这个文书档案也分几大类，它分永久保存的、30年保存的、10年保存的、临时性保存的。从这几大块我去入手做这些工作。目前我已经完成了2019年、2018年这两年的。

刘锦山：2019 年、2018 年。

罗显伟：对，已经是完成了。这个工作完成了，图书馆做过什么项目、工作，要查档的话一目了然。这个归档的同时我也把它电子化了。

刘锦山：扫描了。

罗显伟：对，扫描成电子版。我刚说的是第四个方面。

第五个方面是办公室职称、工资、人事档案工作，这一块也是很重要的。职称跟工资这两项工作是个常态化工作，我就不多说了。假设职称哪块没做对，工资哪块给某个同志也没做对，他肯定要来找。我要说一下人事档案这一块，人事档案这一块如果没管好，哪块少了、丢了，他自己不知道，不会来找，但是到最后退休就是个麻烦事。

2015 年开始，全国规范人事档案。虽然我是办公室主任，但当时办公室就我自己干这一项工作。文件来了后，让我们这些机关事业单位做这个工作，我当时都有点蒙，因为没有接触过这个东西。本来就不知道怎么去整理，也没有参加过培训，心里想这个工作开展起来太困难了。我就去找领导，说这个工作我要自己干的话，别说两年了，五年可能都干不完。人事档案是必须每个人都要弄清楚的。后续馆长给我派了个人，我们两人做这个工作还做了两年。就是从最开始的一堆纸，把它一册一册地装订，最后交到了档案中心。这中间确实我也学到很多东西，这个经历也是很难得的。

到现在为止，我们单位个人的情况，每个人的生日是哪一天我不敢说，但哪一年、哪一月我都能知道，包括他们的职称、工资是哪一级，我全部给掌握了。因为每个人的档案我都得仔细地一页一页地翻，没有的让他们补。有的里面有些可能是损坏了，我得想办法给它修复，就像图书馆修复古籍似的。很重要的东西要没了的话，涉及人家退休的时间，对吧？所以整理起来要特别细致，把这一点给做完了，我真是学到很多东西。

第六个方面是退休职工服务这一块。办公室担任的角色也是挺多的，退休的这些老同志们有些不太好沟通，做工作得耐心，得想办法怎么去做。哪一块做不好，老同志可能就不满意了。所以我们也想办法，让这些老同志满意，做好、做细工作。

第七点就是办公室临时性的工作比较多。比如今天本来安排好上午有会议，需要办公室的人去做，但这个会议还没开始，可能又来另外的任务了，分身乏术。办公室的工作就是为整个馆的人服务，整个馆这些人是为所有读者服务，所以说我们就是为他们服务。这些年的工作大概就是这么个情况。

刘锦山：罗老师，您刚才讲了办公室的工作范围还比较大，临时工作也都在办公室。那我想跟您了解一下，赤峰市图书馆到目前为止，正式的编制是多少人？

罗显伟：我们现在的编制是 40 人。

刘锦山：那现在在编的有多少人？

罗显伟：37 人。

刘锦山：那其他 3 个编是没招满人吗？

罗显伟：对。按照我们今年的计划是要招 2 人。

刘锦山：那现在除了在编的人员以外，还有没有其他的人员，像合同工，其他方式的工作人员呢？

罗显伟：其他的有，但不是合同工，有 9 名志愿者。全额拨款的事业单位，不允许聘用外来的人员。

刘锦山：现在职工的职称结构和学历结构，您能大致给介绍一下吗？

罗显伟：到目前，赤峰市图书馆正高级职称的岗位，研究馆员的岗位目前是 1 个四级岗。副研究馆员是 6 个岗位，它是分五级 2 个、六级 2 个、七级 2 个。馆员岗位是 16 个，八级 5 个、九级 6 个、十级 5 个。剩下的就是我们初级的岗位。

刘锦山：现在退休职工有多少个人呢？

罗显伟：现在退休职工是 31 人。

三、党支部建设

刘锦山：罗老师，前面您给大家介绍了办公室，以及图书馆人力资源方面的情况，接下来请您谈谈图书馆党支部方面的情况。

罗显伟：目前图书馆有党员31名，在职的18名，退休的是13名。我先说班子建设方面。班子建设方面首先是党支部机构的设置，支部成员这块是5名支委，书记是刘淑华，副书记就是我，组织委员乌云高娃，宣传委员周明璇，纪检委员祁鹏莉。支部下设了两个党小组。第一党小组组长是牡丹，里面成员有刘淑华、罗显伟、周明璇、周岚、李卫东、刘国正、吴宏，这8名同志组成。第二党小组组长是张力，成员有乌云高娃、祁鹏莉、田晓、陈玉玉、李博、尚磊、王立新、伊登白乙。这是17人。为什么有18名？我们有一名党员身体不好，长期请了病假，所以这个党员都没有列入党小组里面。这是党支部设置这一块。

我再说一下党支部改选这块。当时咱们党支部，给赤峰市文化新闻出版广电

图2　2018年7月6日，中共赤峰市图书馆支部委员会换届选举大会

图3　2020年4月8日，图书馆党支部慰问在职困难工作人员

局党委写了请示，文件请示需要换届选举。几天后给我们批复，同意我们选举。批准我们2018年7月6日开党员大会选举。就是通过那天的会议选举产生了现任的图书馆党支部班子成员。还要说的一个就是，党支部有年度计划，包括很多学习计划，"三会一课"都在这个年度计划范围之内。这个计划必须由我们支部成员研究讨论之后形成。这是班子建设方面。

下一个我说一下党员队伍建设这块。首先要从党员学习这块抓起。第一个是党员学习。分这么三块：党员每年集中学习不能少于12次，最少要有一次廉政教育学习、一次革命历史传统教育学习。每个月必须组织一次集中学习，通过学习才能把党员的素质提高。所以说党员队伍建设这块首先要从学习开始抓。这也是刘淑华书记提出来的，队伍要好的话必须从学习开始。第二个就是发展党员这块。现任的支部班子到现在还没有发展一名党员，但是有积极分子一名。我们在这一届任期内计划发展两名党员。第三个还有慰问党员的机制。为什么要有这个机制？因为每年到年底的时候要组织慰问老党员、困难党员，这也是提高党员素质的一方面。关怀党员这一块也得继续做，不光是退休的、老的，还有困难党员，在职的也一样。我们也是这样做的，因为这样能激励大家。同时也能让别的党员看到，咱们支部还是很温暖的。

第三个我说一下制度机制落实情况。因为在党务工作这块开展常规的、比较多的就是"三会一课"，支委会、党小组会议、党员大会和党课，它分这几方面。支委会按照正常情况，每个月召开一次，有特殊情况可以增加次数。党小组会议也是每个月一次，党员大会是一个季度一次，党课是半年一次。这些我们都有规定时间，支委会是每月第一周的星期一下午，党小组会议是每月第二周的星期一下午。党员大会根据情况，有特殊情况我们在时间要求范围内去开展。为什么我说是星期一下午啊？因为我们星期一下午是闭馆日，闭馆日大家才能一块儿学习嘛。这是"三会一课"这方面。其次说一下主题党日活动。主题党日活动也是每个月开展一次，比较丰富，可以参观学习，可以在图书馆自己看看电影，可以进行业务竞赛。这就是机制体制方面，也是为了党支部标准化建设做的工作。

图4　2018年9月7日，党支部书记刘淑华讲党课

图5 2019年11月,第二党小组会议

第四个就是硬件建设。最重要的就是党员活动室。党员活动室一开始我们也没有。基层党支部要达标,这是必须有的,经过刘淑华书记的协调,我们自己建了一个党员活动室,也是按照党支部标准化建设来的。刚才我说的这几个方面都是按照基层党支部标准化建设来做的。这是因为赤峰市要求2018年30%的支部必须达标,2019年再有30%,相当于有60%了,2020年剩下的全部达标。因此我们也通过支部全体党员的努力,去年顺利达标了。我们还是做得比较好的。还被当典型,后期让我们刘淑华书记去做了报告发言。这就是党务工作的几个方面。

刘锦山: 罗老师,我们知道党建工作对业务工作有比较大的保障和促进作用,您谈谈这方面的情况。

罗显伟: 一共两点。第一是主题党日活动,以党务工作促进业务工作。我们通过图书馆党支部去开展红色图书展,党务工作也干了,业务工作也做了。第二个是开展这些书的展览活动。图书馆的报刊,特别是报纸方面,报纸有时间保存

图6 2018年12月，赤峰市图书馆党员活动室正式投入使用

比较长的。比如我们之前有跟空军合作，搞了一个老报纸的展览，它也促进业务，也有很多读者来看。图书馆保存这些东西做得很好。还有通过国庆节、七一活动，这种情况我们都可以让业务工作、党务工作一起展开。制定党员先锋模范岗，哪个岗位做得好的，就发这个模范岗的牌。

第二个方面是现在图书馆职称评定这块儿，细则里面就有积极向党组织靠拢的，我们是要加分的。让大家也知道，不光是干业务工作，干党务工作也同样很重要。

四、"两会"现场服务

刘锦山：罗老师，您看还有其他什么情况需要补充的？

罗显伟：还有一个就是"两会"服务。"两会"服务是2018年我们图书馆开始开展的。2018年赤峰市"两会"开会之前，我上刘淑华馆长办公室去了，说到我们图书馆怎么来为赤峰的"两会"服务？我突然就想起来了。这几年我虽然是在办公室工作，出去学习的机会也是比较多的，一年至少有一次。其中有一次我到呼和浩特市，就是内蒙古自治区图书馆，看到他们做的"两会"现场服务，还有汇编手册，看了之后对我有点启发，我就想我们赤峰市图书馆是不是也应该做这个服务。我跟刘馆长说，我们也可以做这个。但是因为当时时间不太够，距离开会仅有十多天了。刘馆长告诉我，你赶紧制定一个赤峰市图书馆为赤峰市"两会"服务的方案。等我思考这个问题的时候，就想着去找祁鹏莉主任，找她探讨一下这个工作怎么开展、方案怎么去制作。因为她毕竟是技术部主任，如果到现场服务的话离不开技术，这是最重要的一点。我俩就研究、讨论这个问题。最后我们俩把这个方案做出来了，做出来以后给刘馆长看，也来回改了两遍，改完后，我们就报到文广局去了（2018年的时候还是叫赤峰市文化新闻出版广电局），报过去以后就给我们批了，允许我们去做这件事情。

但是突然一下子要去做这个事情，也是不太好做，我们去找赤峰市政协、赤

图7 2020年5月，赤峰市图书馆举办"重走总书记路线、重温总书记指示"主题党日活动

峰市人大协商。第一次我就跟祁鹏莉、伊登白乙，我们三人就上政协找政协的秘书长去了，找秘书长没找着，正好找到一个副秘书长，进去以后我说我们是赤峰市图书馆的。人家说认识我们馆长，跟我们馆长是高中同学，突然一下子就把距离拉近了。他说你们有什么要求就提吧。我们就把制订的方案给副秘书长送过去了。副秘书长一看，说挺好的，我们也需要这样的服务，你们回去该怎么准备就怎么准备吧，到时候我告诉你上哪个地方开会，具体的地点，你们需要的场地多大，你都告诉我，我都给你协调。当时说得我们特别高兴。回来后我们仨又上人大去，没找着人我们就回来了。

第二次刘淑华馆长领着我们上人大去找了。当时是祁鹏莉跟我，还有馆长，我们仨去的，找到人大常委会副主任陈俊孝。他也感觉挺好的，做这个事情，能为这么多代表和委员服务。也同意了，我们就回来准备。参照别的图书馆，看看

图8　2018年1月，赤峰"两会"服务人大会议点

图9 2018年，赤峰"两会"期间赤峰图书馆服务区（左起罗显伟、祁鹏莉、刘淑华、杨玉婷、白嘎力）

怎么去服务。当时我们想，旗县来的这些代表跟委员，不可能背个打印机来开会吧？他们肯定要修改提案、议案，修改这些就要打印。我们可以提供打印、复印服务。还可以现场做数字推广，我们还现场为人大代表跟政协委员办读者证。从这几方面到现场去服务。

第一年我们为什么没有做汇编手册？因为时间不允许，太紧了，做不了。这个工作做完以后，当时我们怕做不好，后期一看还是比较成功的，包括人大代表、委员这些都给我们点赞。我们回去大家也挺高兴，因为能把这件事情做起来也挺不容易的。万事开头难。

第二年顺其自然，一到2019年赤峰"两会"的时候，咱们自然而然地想到今年要做这个。2019年上半年的时候，我们这几位馆长，包括部室主任一起开会研究。咱们今年六七月就要把汇编手册制作出来，有2018年的经验，好像做起来都要轻松一些了。我们在2018年的基础上，增加了汇编手册，还增加了

图10　2019年1月，赤峰"两会"期间赤峰市图书馆服务区（左起刘帅、塔娜呼、刘昊、周明璇、尚磊）

"你点书 我买单"这项服务。2019年做得非常成功。我们打印、复印做了有50次，读者证办了83张，"你点书　我买单"是33本，大约就是这种情况。做完了以后受到更多的好评，图书馆的公众号一发出去，马上就收到这些人给我们点赞说，图书馆还能做这项任务，他们没想到。

2020年，我们其实都准备好了，因为疫情没做。但我们做了一些别的服务，因为我们汇编手册做好了，也到宾馆发下去了。"两会"服务这块到目前来看还是做得比较可以的。

刘锦山：罗老师，刚才您给大家比较具体地介绍了图书馆办公室、党支部这方面的情况，让大家对党支部和办公室有更多的了解。这方面确实对图书馆业务的开展，起到比较好的支撑、保障作用。

罗老师，谢谢您接受我们的采访。

白嘎力

情系故土话乡愁

采访时间：2020 年 7 月 1 日
初稿时间：2022 年 10 月 12 日
定稿时间：2022 年 11 月 15 日
采访地点：赤峰市图书馆"赤峰记忆"拍摄现场
版　　本：文字版

白嘎力速写

白嘎力　蒙古族，赤峰市图书馆民地文献部主任。1983 年 7 月出生，籍贯内蒙古赤峰市巴林右旗人，馆员，研究生学历。本科毕业于内蒙古工业大学材料成型及控制工程专业，研究生毕业于西北大学公共管理学院高等教育学专业。

2014 年 12 月，任赤峰市图书馆特藏部工作人员。2017 年 3 月，被聘任为赤峰市图书馆特色文献部主任。2020 年 5 月，被聘任为赤峰市图书馆民地文献部主任。

2017 年，获得"内蒙古自治区第一次全国可移动文物普查先进个人"。2018 年，获"2018 年赤峰市社科工作先进个人"。

刘锦山：各位朋友，大家好！今天是 2020 年 7 月 1 日，这里是赤峰市图书馆"赤峰记忆"第五期"图书馆专题"拍摄现场。今天我们邀请到的嘉宾是赤峰市图书馆民族地方文献部主任白嘎力老师。白嘎力老师，您好。

白嘎力：您好，刘老师。

一、入馆之初亲历业务转型

刘锦山：白嘎力老师，非常高兴您能接受我们的采访，首先请您给大家谈谈您的个人情况和工作经历。

白嘎力：从我这个衣服大家都能看出来，我是蒙古族的。1983 年 7 月 11 日出生在赤峰市红山区，籍贯是巴林右旗。我在赤峰市蒙古族中学高中毕业，然后

图 1　白嘎力（左）接受"赤峰记忆"采访

考学，本科阶段是内蒙古工业大学，学的是材料成型及控制工程，2007年7月毕业。后来也是找着工作了，是包钢。但是后来又因为别的想法，不想从事这个专业了。另外家里允许我去深造，既然有这么好的机会，那我就继续去读研究生吧，想有一个更高层次的提高。从2007年毕业以后，就一直准备考研，到了2010年考进了西北大学高等教育学专业。为什么跨度这么大呢？因为刚开始是跨专业，工科跨到文科，所以中间复习的时间比较多。工科类的知识和文科的知识还是不一样。经过这么多努力最后考进了西北大学高等教育学专业，2013年7月顺利毕业。之后面临着就业问题，正好2014年12月有赤峰市事业单位公开招聘考试，我就报名了，考到了现在这个单位。

来这个单位刚开始在咨询辅导部，当时主任是李灵芝。后来有一段时间它也叫特藏部，管理这些地方文献和古籍。但中间也有很多变化。我当时主要负责单位相关的总结、活动材料，都是基础性的写作。另一方面我们每年都有继续教育工作，包括继续教育证的颁发、记录、登记，都是由我做。后来有一段时间也管理过古籍。到了2017年3月我们全馆实行竞聘上岗，我被聘为特色文献部的主任。特色文献部包括现在的五个阅览室和书库，经典阅览室、蒙古文文献阅览室、古籍馆、地方文献阅览室和摄影图书馆。古籍馆和摄影图书馆是属于"馆中馆"的结构。再到2020年的5月，通过竞聘上岗被聘为民地文献部的主任。这时候我们又做了部门调整，经典阅览室和摄影图书馆归入到了特藏部，也称为专题文献部。现在民地文献部主要是蒙古文文献阅览室、地方文献阅览室和古籍馆。

到馆里我有两个幸运。一个是那时候就业很难，赤峰市图书馆正好有这么一个平台，我非常幸运地考进来了。第二个幸运是我来馆的时候，当时正好是自助借阅系统在馆里面开始应用，包括一些数字化设备，现代化的设备，也是刚刚进来。是一个从传统图书馆到现代化图书馆转型的过程，正好让我亲历了，对我以后学习业务特别有帮助，因为自己亲身感觉到了。当时我们都去贴这个磁条、转化、定位，亲自去应用系统，所以说对以后的工作非常有帮助。整体来说就是这么一个情况。

图2　白嘎力在工作

二、经典阅览室和摄影图书馆

刘锦山：白嘎力老师，接下来请您谈谈民地文献部的人员构成还有工作情况。

白嘎力：特色文献部是它的前身。现在工作人员一个是我，一个叫乌兰，她也是学蒙古文专业的，正好在蒙古文文献阅览室。因为会读、会写蒙古文的工作人员现在已经比较少了。另外我们这几年也开始招录，我自己就是蒙古语、汉语两种语言兼通的。

我就往前说一下经典阅览室和摄影图书馆，因为这两个部门已经规划到特藏部了。经典阅览室2016年经过装修，比较有开创性，2017年开始对外开放。为什么做一个经典阅览室呢？因为好多经典图书，比如《三国演义》《红楼梦》《西游记》，好些人都喜欢读。还有大量国内外名著，以及一些现代人写的经典图书。

这样分出来好处是，比如现在读书的成年人想读一些经典的书，他要到外借部去查，检索的过程比较麻烦，尤其是上了年纪的一些读者，他可能对检索系统不太熟悉。但到了经典阅览室，可以直接去，想看哪些经典的书，直接可以找出来。这样方便了读者，有针对性地分流了一些喜欢读经典的读者，可以更有针对性地为读者服务。

另外它的环境特别好。这个经典阅览室很宽敞，进去后有那种书香的感觉，特别好。另外我们也定期举办一些活动，比如跟民间的读书会合作举办活动，像一味斋，这个名字是他们后期取的，它是一个民间的组织，就是各个行业的人组成的一个读书会。我们定期会请他们到经典阅览室举办活动，主要就是分享自己阅读的经历。我有好书，我给讲出来，这本书特别好，是我读过的，我分享给大家。有可能在分享的过程中，这个人也去读这本书了。这是阅读推广非常行之有效的方法。就是通过别人的这个分享，听的人有可能觉得自己也可以这么读。这是一个非常好的激励行为，这个非常成功。虽然期数不是特别多，因为它需要准备一段时间，所以周期会相对长一点，每一期会定下一个是谁讲。还有一些读书会，如樊登读书会，全国都很有名的，它在赤峰也有分点，也跟我们合作。包括像新华·静享读书会，这个是新华书店的，也跟我们合作过。我们做了一系列的经典图书的阅读推广活动。

再说一下摄影图书馆。摄影图书馆是台湾摄影家吴绍同和咱们本地著名的摄影家白显林老师初创的，叫赤峰摄影图书馆。白显林老师，因为他一直在这儿，他也看到了咱们图书馆这几年发展得特别好，资金也足，人员也足，对他的摄影图书馆发展有促进作用。他们把这些东西捐赠给我们，让我们接着去把这个工作做好。摄影方面的书很多，吴绍同老师的著作也在里面，还有一些以前那种冲印的照片，非常珍贵。早期赤峰市的名人照片，还有一些比较珍贵的摄影器材。稍微夸张点说，这可以说是一个摄影的器材室，从最早的到现在的一目了然。而且我们都做了一个小标签，一进去读者就可以看到摄影器材是怎么变化的。这里接待的读者，基本上都是摄影爱好者，尤其是有一些资深的摄影家。

经典阅览室和摄影图书馆每年也举办全国性的研讨会，可以说这两个阅览室是专家和领导必定去的一个地方，非常有特色。为什么先说这两个呢？因为这时候它们已经归入特藏部了。所以说我先介绍这个。

三、蒙古文文献阅览室

刘锦山：白嘎力老师，目前民地文献部的情况是怎样的？您刚才提到有蒙古文文献阅览室。

白嘎力：现在说蒙古文文献阅览室。一个是丰富馆藏，一个是读者服务，一个是活动，再一个是数字化。

蒙古文文献的主要来源还是采购。因为每年都有采购计划，2017年的时候我们基本上都买了，所有出版社出版的蒙古文图书都会买，将近5000册。其中一个数字可以体现，从2017年开始到现在为止，编目数据增量到了10041册，比较庞大。为什么说是庞大呢？蒙古文编目数据，跟普通图书数据是完全不一样的。编目的规则是一样的。但是有一个问题，普通图书可以从图书馆联编中心，Interlib里面有一个联编中心，可以拷录下来，但是蒙古文图书是没有的。我们做时要一条一条地做。因为字段很长，我们从头一个字段开始，到书做完，一条数据下来，可能就得10分钟。还有一个问题，主题词，现在用的分类法全是汉文的。我们还要经过翻译。要是翻译不准确，后期在检索的时候，读者不知道怎么检索。这相当难，数字很庞大，但也是比较成功的，因为我们突破了，通过外包做数据。普通书现在也有一些外包。但是我们图书馆一个是没有专门的团队，我们是从社会上招募一些人，经过我们自己培训以后再做。这个过程要付出很大的努力，但是做完以后也是满满的成就感。另外还有捐赠，本地像文联搞一些活动，有集体方面，他们有作者给我们捐赠的书也有很多。这是馆藏方面的情况。

另外是读者服务。我们现在就是藏、阅、览，借也有。为什么说藏呢？因为蒙古文图书它是有一定的收藏价值的。像一些经典的《蒙古源流》《蒙古秘史》，这样的书是我们藏的经典，不提供外借。考虑到有些是孤本，借出去有可能丢失，所以这样的书我们尽量提供阅览，但是不往外借。

刘锦山：不往外借。

白嘎力：而且还有一些，像人民出版社、内蒙古人民出版社、内蒙古教育出版社早期出版的书，已经没有再版了。这样的书我们尽量不往外借。这是一个藏的过程。阅，我们那个环境还是不错的，五个人可以同时阅览。所以在查阅的时候，可以在那儿阅览，那里边有很多的书。我们这几年买的书，可以说是涵盖了很多内容，蒙古族的文化、历史方面的，范围很广，内容也很足。借阅，现在自助借还系统已经来了，我们马上就要变成自助借阅了。为什么前段时间没有自助借阅呢？因为那时候人员不足，另外我们也有即将退休的老师，他对这个机器可能操作不便，所以提供这样的借阅不方便。但是借阅的人还是很多的，像赤峰学院那些老师、做研究的人，经常会来这里。所以它接待的读者，既包含了普通的读者，也包含了研究型的读者。

再一个就是读者活动。活动现在是丰富多样的，有讲座类的，也有跟其他的单位组织合作的，也包括我们跟外省合作的。比如跟北京新阅读研究所，一块儿搞了一个民族文化展示交流会。类似这样的也搞了很多。

再一个就是刚才说的数字化。因为现在数字化阅读已经很普及了。我们去年经过筛选，把一些经典的和早期出版的比较珍贵的文献做了数字化。现在是做了385册，总共做了113197版的。它这个版是……刘老师你可能知道，就是包括一本书的封面，包括所有的目录的页。版和页还有一点不同，就是做了这些。其实也是很庞大的一个数字。

再一个就是蒙古文的期刊和报纸，暂时还在阅览部，就是李卫东主任那儿。但是后期的一些回溯数据在我这边。因为他们那个部门可能没有蒙汉兼通的人员，所以在我这儿。去年我们改变了装订方式。以前是传统方式，完全是手工的，就是合订本，自己装，很费事，很麻烦，而且需要人力特别多。我们也购买了一些机器，但是效率不是很高，一天可能就装个几本。后来我们就外包出去了。外包出去以后，还有一个事就是它这个封面，我是借鉴了赤峰市周边那些图书馆，通辽市图书馆、内蒙古自治区图书馆它们那个装订方式。书脊怎么写，怎么装订，包括几本装订一册，都做了一些设计，封面是蒙古文、汉文都有。为什么做成这样的呢？比如有读者不懂蒙古文，但是他看到有汉文的标题，他也知道这个书是什么书，避免了后续这个断代。就比如说我下边的管理人员可能不懂蒙古文，方便做出科学的管理。所以这是我们这几年做得比较好的一个方面吧。这是蒙古文文献阅览室。

四、地方文献工作

刘锦山：白嘎力老师，民地文献包括民族文献和地方文献，您再介绍一下地方文献方面的情况。

白嘎力：地方文献阅览室，丰富馆藏的主要方式就是征集和捐赠。集体捐赠，像赤峰市文联、赤峰市妇联。赤峰市妇联前段时间也给我们捐赠了140册书。还有内蒙古自治区社会科学界联合会，有时候也给我们捐一些科普性的图书，包括地方文化的书。还有赤峰市社科联也不定期地向我们捐赠大量的图书。这是集体捐赠的。个人呢，我们有很多知名的文化学者。咱们本地的，像赤峰学院历史文化学院的李俊义老师，他捐的具有代表性的《贡桑诺尔布史料拾遗》。还有红山文化的研究专家于建设，给我们捐了他的著作《红山玉器》。还有白显林老师，他自己的著作叫《美丽富饶的昭乌达》，这是他一生拍摄的所有的摄影作品集。还有一些像现在比较知名的贾洪榛老师，他也捐了不少的书，像《赤峰沧桑》，里面既有街道的照片，也有很多故事，很有史料价值。今年还有一位书法家白续智，也给我们捐了大量的书。个人捐赠比较多的是孙国权老师，是赤峰日报社退休了的高级编辑，他当时捐了1000余册，价值是2.5万元，包括他个人的著作和自己收藏的书，全部捐给了我们。

还有一个方法就是我们经常说的淘，上网上去淘书。像孔夫子旧书网上有一些好的赤峰地方文献，我们也是经常淘。这样淘有一个好处，可以自由地选，因为它没有一个目的。它不像当当网有固定的价格，可以跟它商量，有合适的、价值高的，我们就可以把它们买下来。我们这几年进的书，赤峰人物的，比如说各旗县卷，我都是从网上淘过来的。其实我们行业志是有一些欠缺的，像《赤峰电业志》《赤峰市邮电志》，这都是后来我们从网上淘的，极大地丰富了我们的馆藏。

再一个方面就是阅览室的设置，我们的排架。为什么说这个呢？我看到普通图书都是按分类排架的，简化了一些检索过程，提供很科学的检索方式。但是地方文献跟普通书还不一样，它基本上是按照内容去找书。读者来了说我想看行业志，我想看年鉴，我想看家谱。我考虑到这些，做了一些改良，打破传统的分类。怎么排呢？比如说咱们本地的作家张向午，他专门有一个架子。比如读者来了，我想看张向午的书，都在那里，一目了然。比如我想查行业志，赤峰市的志，我们都有一个架子，这下边全都是赤峰市一个市的志，下边就是行业志，所有赤峰各个旗县的志都在这里，一看一目了然。家谱我们有，内部资料我们也单独一个架子。这样分特别好，一看就一目了然，很科学合理，就打破了我们相对的分类。但是我们做数据的时候，我们还是分类的。

刘锦山：还是按以前的。

白嘎力：对，还是按照以前走。分类有个好处，工作人员自己能看懂。这是历史文化相关的，这是文学的，这对他的业务是有帮助的。还是按照这个走。

刘锦山：有这个分类做依据，然后排列，呈现方式可以根据读者的需求进行调整。

白嘎力：对，主要是方便读者。因为去的基本上都是研究型的读者。也有普通读者，但是普通读者一般翻阅的时间不会特别久，他是想大概地了解一下。但是研究型读者是为了写东西，包括好多单位写材料的人，上我这来查资料，很多查年鉴的、查史志的。现在阅览室是我负责，这样我们还能征集到文献。为什么呢？通过跟他的交谈，比如说他想写这本书，我说那你出完这本书以后，能不能捐献到我们馆，我们继续给你收藏，后来的人也能看到你的著作，包括家谱。《吴氏家谱》就是赤峰学院一个老师自己写的。还有检察院的孙广祥老师，自己写了一个家谱，可以说是在馆里查了将近有半年的时间，这书已经出版了，捐给了我们两册。这个书两册是不少的。因为他们都是个人出资去出这本书，印量少，能够给我们捐两本已经是很不错了。这是丰富馆藏，从 2015 年不到 3000

册，现在到了4925册。这是在系统里能查到的。其实，这个数字还在增，所以一时间，我们说不出来特别准确的数字。但是从那时候开始到现在，一对比几乎是翻了一倍，我们这几年工作还是比较成功的。

另外咱们搞活动，我们最有代表性的就是请赤峰当地的这些知名的学者，给我们开一些与赤峰相关的历史文化的讲座。我们还做一些展读，比如庆祝内蒙古自治区成立70周年的时候，我们做了一个地方文献的展读活动。很多普通读者对地方文献不是特别了解。咱们做一个展读，就是让他了解地方文献到底是什么。我们说的概念性的东西，普通老百姓可能听不懂。其实说白了就是与赤峰相关的一切资料，包括任何形式的。

2015年我来了一段时间后开始管理古籍馆。后来古籍馆随着我调换部门，也归到民地文献部了。当时是2015年，应该是3月，全国可移动文物普查开始，到我们馆是5月了。这是全国性的一个文物普查。当时相关专家都来了，然后

图3　白嘎力在古籍馆

我们拿出了自己的馆藏，经过鉴定，有《古唐诗合解》等十一本线装书被评定为一般文物。现在在我们古籍馆放着呢，圈里头放的基本上都是一般文物。其他的现在也包含了一些影印的，现在古籍馆里有一些，《四库全书》1501 册，包含目录，还有《续修四库全书》1800 册。其他的都是线装的书。当时我们为了更好地保存古籍，将所有的古籍重新测量定制尺寸。因为它外面函套要是腐烂了，它也影响古籍的保存，所以我们重新定制了，一共做了 1935 套函套，总共是 7317 册古籍，都重新装订保存。这个其实就是对我们普查做了一个基础性的工作，奠定了一些基础，所以普查也非常顺利。

五、蒙古文文献编目

刘锦山：白嘎力老师，您刚才谈到地方文献征集馆藏方面的一些情况。我了解了一下咱们征集到的这些馆藏，大多数都是出版社出版的，有没有一些非正式出版物，或者灰色文献方面的情况。您给介绍一下。

白嘎力：比如说咱们本地的杂志《百柳》《赤峰社会科学》，像这样的内部刊物我们也有。灰色文献咱们现在专门有灰色文献阅览室，也做过一个灰色文献研讨会[1]，应该是第二届吧，征集了各个企业的内部刊物，虽然量不是很多，但是我们正在征集，是这么一个情况。

刘锦山：很多地方的文献，都是以灰色文献这种形态存在的。

白嘎力：刚才没说，像数字化我们也是做了，去年是挑了 75 册，还是按版来说吧，25025 版。虽然数量不是特别大，但都是我们精挑细选的，为后期数字化阅读提供了保障。

刘锦山：这工作也挺重要的，对文献的长期保存作用都挺大的。您前面谈到

---

[1] 2019 年 7 月 9—12 日，由北京碧虚文化有限公司与北京雷速科技有限公司联合赤峰市图书馆、东莞图书馆、鄂尔多斯市图书馆、《图书馆建设》编辑部、《图书与情报》编辑部主办的主题为"灰色文献与智库服务"的"第二届全国灰色文献年会"，会议在赤峰市图书馆召开。

蒙古文文献，国内主要的出版蒙古文文献的机构，您了解不了解？有哪几家出版社？

白嘎力：我可能说不全，但是我知道的有内蒙古人民出版社、内蒙古教育出版社、内蒙古科学技术出版社、辽宁人民出版社，包括民族出版社，这些大部分都可以出版蒙古文图书。

刘锦山：一年出版的品种有多少种呢？

白嘎力：具体数字我说不上来。但应该很多，翻译的著作也多，也有再版再印的。比如说像一些经典的图书它会再印。但是我们刚才说的藏，我觉得还是原版的东西是比较珍贵的。虽然它再版再印了，但是它是在原版的基础上再印的。也有些红色文献，或者有关重要会议的著作，全部进行汉文翻译。法律也一样，这种普及类的都很多。基本上中图分类的书都会有，种类还是比较多的。

刘锦山：我们蒙古文文献从最初的 5000 册发展到现在的 15000 册。

白嘎力：2017 年买了将近 5000 册的书，后来体现在数据编目的增加上。为什么这么体现呢？因为我们系统里查出来，方便我们自己对馆藏有个直观性的了解。当时有一些书还没有做编目，后期做了之后，我们做回溯，一边做新书一边做回溯，所以增加的馆藏是这么多。

刘锦山：1 万本。

白嘎力：对。

刘锦山：现在我们的蒙古文献馆藏量？

白嘎力：现在蒙古文文献有 16805 册，目前为止还在增加，因为今年我们还有购书计划。

刘锦山：每年大概能采购多少册文献？

白嘎力：这个怎么说呢，就没有一个准确的数字了。因为我们把书拿过来，我们要跟书单去查重，查重的时候书可能有一些了，我们买了很多，重新买可能比去年要少一点，都很有可能。因为蒙古文图书有一个特点是，它有可能是再版再印的。比如 2018 年出了书之后，2019 年有可能还出，这个书我们就不买了。因为 2018 年已经出了，我们就不需要了。所以这个是稍微有点浮动的，不会说每年都按照多少的标准，比如说一年我就买 2000 册。因为好的书，以后我是打算尽量去当地采购，不设图书书单。我们直接去看，这本书我翻了翻，确实好，我们就直接这样采购。

刘锦山：面采。咱们做蒙古文文献的分类编目用的是什么系统？

白嘎力：现在还是 Interlib 系统，图创的那个系统。因为蒙古文、汉文兼容的系统不多。但是我们现在都是用蒙科立的输入法，内蒙古蒙科立蒙古文化股份有限公司做的。它虽然是横着写，但是我们基本上能把文字都写进去。从今年开始做的数据是蒙古文、汉文标题都有。这样的话后期我们自己普通的馆员，也能知道咱们的书有什么。之前可能是没有考虑到，后来我发现这个问题。比如我们做数字化的时候我要提供书单，这样的话，我从数据里调出来的时候，既有蒙古文的，也有汉文的，一目了然，很方便。

刘锦山：这样您编目的时候做的双语分类编目。

白嘎力：对。就是主要的几个信息，所有都做也很困难。因为像作者的简介有可能非常长，所以说没有办法，我们只能做一部分。

刘锦山：题名，作者，出版机构，有这三项。

白嘎力：对。主要的信息我们是都录了。总体来说，现在馆里边，我们让能学蒙古文编目数据的都学，包括我自己也一直在学。因为像您说的编目的事儿，地方文献和蒙古文文献，它有好多类型的。不只是图书，像光碟类的，手稿，你怎么分类？你怎么做这个数据？我们现在都开始研究了，但是还没付诸实践呢。这个东西要成一个体系的话，我们前期工作要做得很长。在这个基础上我们再往下做。像地方文献的概念就更长了。可能有些像拓印的那些东西，到底是把它做成书还是做成什么类型的东西？在 marc 数据里怎么体现？这都是一个值得商榷的事儿。

刘锦山：它的载体类型比较丰富。

白嘎力：对。

六、民地文献阅读推广

刘锦山：白嘎力老师，您刚才给大家介绍了民地文献部的工作情况，也简单谈到了做的一些活动。下面第三个问题，再请您给大家比较详细地介绍一下民地文献部开展阅读推广或者其他方面活动的情况。

白嘎力：我还是分着说吧，地方文献、蒙古文文献。地方文献，我们主要是邀请了本地的，像刚才我说的李俊义老师，我们做了一个赤图公开课。我说的都是代表性的，因为做的活动比较多。做了不下十期关于赤峰市的历史文化的讲座，包括红山文化的早期著述《赤峰红山后》、晚清赤峰的举人、赤峰的赵玉丰……李俊义老师自己著作里的东西，他基本上都给我们做了一遍讲座。他这个讲座有个好处，他从自己著书的经历开始给我们讲起，比如说像《赤峰红山后》，有一些是日本人的著作，包括怎么淘的这些书，从哪里去看都给我们讲了，通俗易懂。如果运用专业的方式，去给这些读者，普通的公众去讲，他可能听不懂。他这是很接地气的，就是站着听的人也有。这是比较成功的。再一个就是草原文化的研究学者李宝祥老师。李宝祥老师也讲了他自己写的书，主要是《漠南寻艺录》《草原艺术论》。李宝祥老师对草原文化非常了解，当时慕名而来听这个讲座的人非常多。公开课是这两位典型的学者的讲座。

还有一个就是我们在各个活动期间，或者是活动月，会穿插一些地方文献的讲座。比如孙国辉老师给我们讲了一个《重温赤峰老街记忆》，它这个带着图片，说其实一个城市街道的发展，它是反映一个城市面貌的变化，另外它还能非常详细地折射历史。在新城区可能感觉不到，但到老区，到一些街道走过，以前的街道不是这样的，这个街道很醒目地在变化。城市的经济发展快，路修得就好，早期咱们可能都没有一条特别好的路。这个给公众讲完以后，大家确实是受益匪浅。

地方文献还有一个活动，包括经典阅览室的活动。经典阅览室为什么包含在这里头呢？因为我们合作的都是当地的公益型的读书组织，比如刚才我说的民间组织一味斋。这个是平庄的老师，老师基本上快退休了，他又爱好这个，他就组织一批相关的朋友组建了这么一个民间的读书会。做了不下五期。因为它这个要准备，周期很长，所以我们可能有时候在经典阅览室，也有可能在外边。反正参与的人都非常喜欢，因为我们是围着坐，一个人讲。互相都是很平行地坐，没有什么压力感。要是按讲座，就没有办法这样做。但是读书分享会不一样，听众可以坐在这儿，主讲者给讲述，都是在同等的一个水平线上。所以这个分享活动的形式特别些，这是一个。

新华·静享读书会也跟我们一起做了好几期。它们这个可能做的时间比较长了，包括各行各业的，像知名的一些老师，它们做成体系已经很长时间了，所以跟民间的比起来，稍微带一点专业的性质。它们这个有一个好处，就是这个活动的步骤已经很成系统了，所以愿意参与的人也很多。像爱思阅读发展中心也跟我们合作过，其实这个是英文分享会。为什么这个也吸引人呢？这个讲述的老师是美国人，经典里也有外国的著作，他还带着翻译。这个翻译我们也认识。它吸引很多的学生，因为正好是个学英语的过程，通过跟他对话可以提升自己的英语成绩。他会每一期给你介绍英文原著，一些好的经典著作。这几个活动是比较典型、比较成功的。这就属于地方文献这一块。

蒙古文文献更是丰富多彩。比如我们跟赤峰广播电视台的蒙编部，在2018年春节的时候出席特别活动，歌舞表演、知识问答、趣味问答。赤峰广播电视台蒙编部经常跟我们合作，报道我们馆里的内容，加深了我们的友谊。另外一方面有一个展示平台，把我们这个蒙古族文化展示出去。这是单位合作，组织合作的。

还有一个是跟赤峰学院的广阔视野社团合作了一个首届书香庭苑活动。这个书香庭苑是我们馆里的一个系列活动，跟赤峰学院合作举行了蒙古族大学生的主持人大赛。这个大赛很有意义，通过这样的活动推广的人越多，因为口述、表述，要阅读大量的蒙古文相关的书，蒙古族文化历史方面的书。这是非常成功的一次活动。还有就是跟赤峰市蒙古族中学做了一个赤峰书香庭苑的系列知识竞赛。蒙古语节目里边有一个叫《我知道》，它是一个循环的答题模式，答不上那就换一个，排成一个长队。很有意思。知识竞赛的内容包含了历史、文化、政治、体育……很多。参与的学生，即便是当时没有答出来，对他来说也是一个知识的学习过程，原来这个历史是这样的。而且它有很多民俗方面的东西。现在有一些城市的蒙古族孩子可能不去农村，不去牧区，有些东西他不知道。通过这个活动，让他们有一个这样学习的欲望。

还有一个就是讲座类。讲座类比较有代表性的是我们邀请了蒙古族的学者高·赛音巴雅尔做了一个如何读书、读什么书的讲座。因为读书我们每天都在读，每个人都在读。到底怎么读？选什么读？有些人可能就是拿了一本书，一个月都没读。这可能就是方法上的错误。他从这个角度讲，另外从内容上应该选什么样的书读呢？比如想看一些心灵鸡汤，看什么样的书；比如想学习文化，看什么书。他都给讲了。非常适合蒙古族读者，是非常有助于学习推广的一次讲座。这是非常有代表性的一个。

另外是咱们做了一些蒙古族文化展示方面的活动。比如刚才提过的北京新阅读研究所跟我们合作的，他们是研学旅行的一个活动。他们到我们这个馆里专门来了解蒙古族文化、历史方面的一些知识。那边来了24组家庭，父母都跟着来了，孩子也来了。我们这边本地的有22组家庭。他们汇集到一起，互相有一些友谊方面的交流，比如互相送礼物。这是一方面。因为我们当时也设计了很多环节，从到馆进了南门以后，全是以蒙古族礼仪方式迎接。还举行了一些蒙古族歌舞的展示、服饰的展示。还有我们哈斯朝鲁老师讲的一些简单的蒙古语问候语，让大家体会一下说蒙古语是什么样的感觉，这个语言到底是什么样的。很有意思。

今年因为疫情期间不让聚集，这个周期可能慢一点。我们做了一些蒙古马主题的文学作品的欣赏。我在咱们馆藏里的一些著作里头节选出一些有关蒙古马的文字。因为咱们要弘扬蒙古马精神。做一些在线的阅读推广，现在做了两期了，主要是以诗为主。其他一些文学作品我是节选，因为太长了，读者可能不愿意阅读。另外一个是蒙古马主题的微电影。当然这不是我们录制，是一些网络平台公开的，我们从腾讯上选出来一些。像传媒公司拍的一些，也是非常好的，很有正能量的东西。我们经过筛选，自己在网上放。因为啥？它是公开性的，所以不涉及版权的事儿。但是读者不会说专门去看这个。我们这样拿出来是放到那儿，《蒙古马》的微电影特别好，让观众直观性地去看这个东西。

刘锦山：咱们做的这些地方文献，还有蒙古族文献的阅读推广活动，做了这么多活动，也有品牌。有没有通过书面的方式把它总结出来，写成一个案例？

白嘎力：我们每年的总结都会写，详细地写出这个案例。

刘锦山：都要写工作总结还是案例总结呢？

白嘎力：案例总结也正在搜集。像这样的我们后期都会做的。因为书香庭苑这是一个系列活动，后期会有的。但是我们的总结每年都是非常细致地去写。包括现在民族工作的检查，我们把这个展示给他们看，因为照片、数据我们都有。

还有一些就是像评选比赛类型的活动，比如像最美读书人、最美读者。有一次我们举办的最美读者有12名各个旗县来的，最后经过选拔，被分为一、二、三等奖。这个当时很成功，最美小读者，年龄非常小的也有，涉及面比较广。另外还有我们在馆里组织一次全市范围内的蒙古文正字比赛，就是怎么正确地写蒙古文字。我们发现好多中小学的同学有些字……因为蒙古文字少一笔多一笔，它就完全是不一样的概念，很容易出错。而我们通过这个活动，一方面是鼓励阅读。字写对了，在阅读的时候就不会念错，这是很基础的一个东西。到我们这儿来比赛，又分了一、二、三等奖，奖就是为了鼓励他们继续去把字写好了。因为教育一般都是从基础开始抓，早期写字对以后也是非常重要的，包括写好和写对。而且它这个脊，蒙古文的脊一定要是非常正的，脊如果是歪的，这个字儿写出来就不好看了，它就是竖着写。

还有一个就是参加了一些内蒙古自治区图书馆组织的活动，像《习近平谈治国理政》第二卷蒙古语诵读活动，我们在全市组织了一次这样的活动。这个活动最后评选出来还要报到内蒙古自治区图书馆，选出来16个作品，包括我们馆里选的，这个活动很有意义。为什么呢？我们选这些人都用标准音阅读，就像普通话普及，又像一个蒙古语阅读推广，而且念的时候语气和气息都不一样，很有意义的一次活动。这是蒙古族文献阅读推广这块。

我这个部门其实也涉及社科普及的活动。现在赤峰市图书馆是内蒙古自治区社科普及基地，每年都会有一些科普活动，像科普周。我这块主要是负责协调。我们自己在做社科普及这块的活动，这是全馆性的活动。按照每一个部门开展活动，因为每一个部门涉及的读者类型不一样。这里面比较有特色的就是少儿部，周明璇主任她想的"赤图伴成长"系列。它是很有科学普及意义的，它既包含自然科学的东西，也有社会科学，还有一些"书香天下，经典赤峰"的国学经典诵读活动。这些都是我们社科普及做得比较好的。正因为这样，2016年的时候我们被评为"全国社会科学普及基地"。2018年和2019年我们连续两年被评为"全国社科组织先进单位"，对我们工作是一个很大的鼓励。其实这是全馆的努力，虽然我是负责这块，但是我主要是协调。另外我自己的部门也搞一些社会科学普及方面的活动。我这个部门的活动整体的情况是这样的。

刘锦山：白嘎力老师，谢谢您接受我们的采访。

刘昊

书香浓浓助梦起

采访时间：2020年7月1日
初稿时间：2022年10月21日
定稿时间：2022年11月21日
采访地点：赤峰市图书馆"赤峰记忆"拍摄现场
版　　本：文字版

刘昊速写

　　刘昊　回族，大学本科学历。2008年9月—2012年7月，在内蒙古师范大学读书。2012年9月—2014年9月，在人川药业有限责任公司工作。2014年11月—2017年2月，在赤峰市图书馆技术部工作。2017年3月—2020年2月，担任赤峰市图书馆社会服务部主任。2020年2月起，担任赤峰市图书馆特藏部主任。

　　2017年、2018年，连续两年被评为优秀馆员。2018年荣获赤峰地区图书馆业务竞赛三等奖。2019年，荣获五星级文化助盲志愿者，并获得年度事业单位工作人员嘉奖。2020年，荣获赤峰地区图书馆业务竞赛三等奖。

　　2019年11月，发表论文《中小型公共图书馆志愿者服务建设初探》。2020年5月，发表论文《谈中小型公共图书馆视障服务——以赤峰市图书馆为例》。

　　负责的"书香筑梦　爱心助盲"文化志愿服务项目荣获2018年度全区优秀

文化志愿服务项目称号。赤峰市图书馆学雷锋志愿服务队荣获2019年度全区优秀文化和旅游志愿服务团队称号、赤峰市助残"先进集体"称号。

刘锦山：各位朋友，大家好！今天是2020年7月1日，这里是赤峰市图书馆"赤峰记忆"第五期"图书馆专题"拍摄现场。今天我们邀请到的嘉宾是赤峰市图书馆特藏部主任刘昊老师。

刘昊：大家好，我是赤峰市图书馆馆员刘昊。

刘锦山：刘老师您好，非常高兴您能接受我们的采访。

刘昊：谢谢刘老师。

图1 刘昊（左）接受"赤峰记忆"采访

一、在图书馆的成长之路

刘锦山：首先请刘老师给大家介绍一下您的个人情况与工作经历。

刘昊：我是赤峰市元宝山区人，2012年7月从内蒙古师范大学毕业，2014年11月考入赤峰市图书馆工作，在单位工作有五年半的时间了，这期间和图书馆的情谊越来越深厚。

从个人的职业成长经历来说，我特别感谢赤峰市图书馆这个平台，给了我非常多的历练，也教会我非常多的东西。2014年11月一直到2017年4月是在技术部工作，负责的是网络安全工作。2017年4月，我被聘任为社会活动部的主任。2020年3月，竞聘成为特藏部主任，刚刚上岗一个月。在社会活动部的时候，重点负责的是视障阅览室、视障阅读推广、学雷锋志愿者服务站，还有就是全民阅读推广项目。目前特藏部负责的重点工作增加了灰色文献阅览、摄影图书馆。实际上我们馆进行这样一个调整，是想做"馆中馆"这样一个概念，希望把读者服务做得更加特色化、精准化。

图2 刘昊

刘锦山：刘老师您在内蒙古师范大学，当时学的什么专业？

刘昊：我是在计算机与信息工程学院，学的是信息管理与信息系统专业。

刘锦山：所以您刚来图书馆就分到技术部，负责信息安全方面的工作。

刘昊：是的。

二、视障人群服务

刘锦山：您刚才也谈到，您今年4月才担任特藏部的主任，过去这几年主要是在社会活动部工作。社会活动部您刚才提到有三方面的工作，第一方面就是特殊人群的服务。首先请您给大家谈谈过去图书馆在特殊人群服务工作方面的情况。

刘昊：好的。其实说到特殊人群服务的话，就我们馆现在的状况其实主要指的是视障人群。提到视障这块，大家可能第一想到的就是盲人。视障和盲人，从理论上来讲其实它还是有一定区别的。其实我们说视障，是分为全盲和低视力。我们在中国盲文图书馆学习的时候，有学习到，实际上像您，咱们两位戴眼镜这种的，其实也属于低视力人群。它有相应的级别的划分，视障包括老年人、儿童，他们在看东西的时候，对光感、色差都有一定的要求。比如说很多孩子在阅读的时候他会慢，有些人说我必须读出来我才能读得下去，他都属于视觉上的障碍。所以普遍来说的话，其实它这个范围是很广的。

我们馆目前为止在视障阅读这块是这样来开展工作。2014年1月我们开设了视障阅览室。2016年，我开始服务视障阅览室工作，先是对盲人的图书、盲用设备进行了清点和使用学习，接下来想开展活动，但也不知道如何下手。

所以2016年9月，我就跑到赤峰市残疾人联合会、赤峰市红山区盲人协会、赤峰市民族特殊教育学校，还有一些旗县区的公共图书馆，就视障人群工作、生活、学习、娱乐等情况，进行了一个初步的调研，了解到全市的视障人员大概是1.3万人。目前为止在这一块公共图书馆服务力度比较弱，可能重点都是残联或者特校去组织开展一些活动。了解完情况之后，在2016年10月15日，我们就在赤峰市图书馆二楼电影院，举办了"书香助梦 爱心助盲"的文化助残项目启动仪式。在这个项目启动的时候，我们邀请相关单位机构包括赤峰市残联、共青团赤峰市委、赤峰市民族特殊教育学校、赤峰市红山区盲人协会，还有很多爱心人士到现场，共同见证了这个项目的启动。

项目启动以后，我们要开展非常多元化的活动。我们当时想，视障人员他们最特殊的点就是出行非常不方便。后来接触的时候，很多盲人读者就跟我说："我们为什么不愿意出去啊？盲道都让汽车挡着了，我一出来就掉井里面了，走着路撞树上了，撞车上了。比如说像南方可能会有报站系统，赤峰市公交站点没有报站系统，我不知道它到哪了。"而且他们接触世界的时候，尤其是全盲，你在跟他们沟通交流的时候，他们对这个世界是没有概念的。你说蓝色，什么叫蓝色？你说红色，什么叫红色呢？尤其是这种先天的。像我们服务的一些视障读者，他是后天形成的盲，还好一些。但是对于他们来说，你让我学盲文，我这个触感就不是很好，我的记忆力不是很好。他们都有不同的侧重，要去给他们进行针对性服务。

在这块我们遵循的理念是：请进来，走出去。以这样的一个理念给他们进行服务。当时我们就围绕视障阅览室，设立了两个盲人分馆，一个是赤峰市民族特殊教育学校，还有一个就是我们赤峰市非常有名的叫金钥匙职业技术按摩学校。因为赤峰市民族特殊教育学校在整个内蒙古地区都非常出名，很多其他盟市的盲童都会来到它这里学习。金钥匙职业技术按摩学校，全国各地有非常多的盲友来到它这里，因为大部分成年人要谋生，他们重点学按摩或者针灸。因为它们覆盖的面相对而言都还比较宽，所以我们建立了这样两个分馆。

建立分馆之后，我们也相应地开展了一项活动，就是"我是你的眼 把希望送到你身边"。因为这些盲人大部分是后天盲，或者说工作比较忙，没有时间去摸书看书。他们更多是希望用听的方式"看"书。所以我们会给他配备一些设备、光盘，去增加他们的娱乐生活。像学校的孩子们，他们大部分是低视力，我们尽量多地给他们配送明盲对照、大字本，还有一些盲文书籍，我们定期给他们配送、调换。

我们图书馆不是有小型的电影院吗？我们利用二楼电影院播放无障碍电影。在这里我也说下无障碍电影的概念。它会在电影空白的时间段，进行旁白的解读、解说，这个人是谁？做了什么样的动作？什么样的面部表情？同时在它的右下角或者上角会有手语的展示。所以它叫无障碍电影，也就是说无论是聋哑人，还是盲人，这个电影都能"看"。播放无障碍电影是我们馆内提供的固定视障活动。

同样我们也有针对馆外的个性化服务。除了送书以外，我们还开展了非常丰富的活动，主要跟特校会多一点，服务于盲孩子们。还有我们也联合非常多的公益性机构和小微企业，了解到孩子们的情况之后，他们都愿意用他们的所长或者特长，无私奉献出时间和精力去帮助孩子们。

还有就是志愿者培训，作为视障服务工作人员，我们有一个重点的培训叫"导盲行走"。比如说一导多，就是一个明眼人在前，后面跟着一串的视障朋友，他们是右手搭前一个人的右肩，这叫一导多。为什么要有导盲行走呢？比如说这块有个台阶，你怎么来提示他上台阶，对吧？比如上楼梯、坐电梯、按按钮，包括进门、关门。因为他们是两个人进门，你怎么来打配合呢？转身，比如说我进到电梯里了，我一会儿出去我要转身对不对？其实他都是有相应的规范性的动作，两个人都会很默契。所以我们会有导盲行走这样的培训课程来培训志愿者。

图3　2018年6月5日，图书馆社会活动部举办"书为眼　爱为窗"导盲行走培训班，培训赤峰市民族特殊教育学校盲教部师生导盲行走技巧

图4 2018年6月5日,图书馆社会活动部举办"书为眼 爱为窗"导盲行走培训班,15人参与培训

而最主要的其实还有心理内容的培训。刚才我说到盲人的时候,我也聊到一点,他们在认知世界的时候和我们是不太一样的。其实他们的内心需要,用心理学的一个话叫,需要更多的共情。你能不能理解我的敏感、我的脆弱?他们想事情可能确实和我们不一样,有的时候他的理解会有一定的扭曲度。你能不能站在他的角度去理解他所看到的事情?包括我们在跟他们进行沟通表达的时候,我们可能更多地会用"明眼人"和"非明眼人"。其实就是说我们本身并不能够发自内心去关爱他们。我们在后期和很多盲人朋友,无论是孩子还是成年人,我们去交流或者沟通的时候,我会有一个感觉,就是每一个灵魂他都是充满希望的。就是看我们有没有带着那种欣赏美,或者带着爱的眼光去看待他们,这个尤为重要。这也是我说为什么特别感谢图书馆的平台,就是在这个过程当中,真的能让人净化心灵。这就是我在从事视障读者服务工作过程中最大的感受和体会。

三、盲文馆藏和助盲设备

刘锦山：现在图书馆的盲文图书有多少册？

刘昊：盲文图书总共加起来是1893册。然后我们还有非常多的有声读物、盲用电脑四台，我们还有一台非常珍贵的盲文刻印机。就比如说孩子们在考试的时候，他们需要打印盲文卷子，老师就不用挨个扎，可以直接打印出来。我们还有330部无障碍电影，大字本和明盲对照的图书加起来，单独说的话，有500册。

刘锦山：资源也比较丰富了。

刘昊：相对而言是比较丰富的。

刘锦山：那咱们馆特殊人群借阅者的情况怎么样？有多少位借阅者？

刘昊：借阅的读者并不是特别多。因为本身我们就已经用了走出去的方式在定期给他们配送阅读资源。首先他们得会盲文。为什么要会盲文呢？我为什么说先天盲和后天盲？因为后天盲触感不是很强，不是很灵敏，记忆力并不是很厉害。这种情况下的话，他可能七八年不一定能学会。特校老师都跟我们交流过，如果说他两三岁，家长确实就知道孩子视力方面有问题，就送到学校让他们学的话，可能也需要学习四五年。

其实就像那句话说的，上帝给你关上一扇门，会给你打开一扇窗。我接触过一个先天盲的读者，他是成年人了，他的耳力特别厉害。就是很远，我还没能看到那个公交车是几路车，他听那个发动机的声音，他就告诉我，这个应该是37路车，来了之后真的就是37路车。这就是先天盲。就是虽然眼睛看不见，但是其他的感官会非常厉害。

刘锦山：非常灵敏。

刘昊：对。这就属于先天的。那后天相对而言就会很困难。所以说这种情况下我们大部分就是用有声读物去服务他们。还有去年一个全国的数字盲人阅读推广项目"阳光听书郎"智能听书机的使用及推广。这个其实就是把一台能存储、能联网的盲人专用智能手机发放到他们手里，他们会更好地运用这个载体设备去听书、去学习。我们赤峰市图书馆分配到总共700台，700台还是稍微有点捉襟见肘，因为我们市有近1.3万人的这样一个视障群体。但是这700台我们也能感觉到国家的这种重视，国家在助残事业上的关心和力度。我们也应该很感恩、很感谢。

刘锦山：觉得也不少了是吧？

刘昊：对。

刘锦山：刘老师，再请您给大家做一点科普吧。盲文您了解吗？

刘昊：我只在2016年11月"2016残障发声月·指尖上的行动——学盲文，贴标签，共创一片天"活动的时候，听老师给我们大概讲过。

刘锦山：我们看盲文书，就您刚才说的都是用针，在比较厚的纸上扎出来的，盲文是怎么构词？

刘昊：有时间我们去看一下馆里的盲文学习机能更直观地有助于大家理解。它不同的点位组合，代表了不同的拼音字母和数字，盲文的组成是以"方"为单位的，每个方的组成是六个点，纵向竖排列两列，从左往右读。比如"华"这个字，应该书写成两个方的，声母是h，韵母是ua，这样书写成盲文是：125点，123456点，而且它也有平仄调。为什么咱们一本书，它可能一翻译就五六本，就是这个原因。这样说也许大家有些不太清楚，反正就是点的位置代表不同的字母、不同的数字、不同的声调。它和我们拼的这个结构有的时候还不太一样，所以就需要强大的记忆力和触感。

刘馆长第一次接触特校盲孩子的时候也觉得特别神奇。刘馆长说："我读着他摸着，速度比我还快呢。"这是学成的，真的学成了之后就会很快。但是我听那个特校的老师说，也有后天盲去学，说有七八年也学不太好的。因为毕竟是后天盲，学得很慢。像孩子可能还好一些，一般四五年下来差不多都能快速地阅读。

刘锦山：盲文是拼音文字，是吧？

刘昊：我们国家使用的普通话的盲文有两种，双拼和现行。我们现在馆里的那个设备，它是双拼的教学设备。

图5　2016年11月，赤峰市图书馆开展"2016残障发声月·指尖上的行动——学盲文，贴标签，共创一片天"活动，在松山区万达广场发放卡片，参与活动人数30余人

图6　2016年11月，刘昊主持"2016残障发声月·指尖上的行动——学盲文，贴标签，共创一片天"活动

四、学雷锋志愿服务站

刘锦山：咱们馆服务特殊人群的志愿者，人手也比较紧张，好多部门都有一些志愿者来帮助图书馆做些辅助工作，这块的情况您介绍一下。

刘昊：这就是学雷锋志愿服务站的这块内容。学雷锋志愿服务站建立了两支队伍，一个就是文化助盲服务队，还有另外一支服务队就是大学生志愿者服务队。这个也是在2017年12月学雷锋志愿服务站成立之后，我们结合了中国志愿服务站这个系统，在这个系统平台上配合着去做。

其实在第一年的时候还是没有经验。志愿者的流动性非常大，不确定因素特别多。我们可能招募了30个志愿者，等我们这边有工作任务需要他们的时候，志愿者因工作生活原因，不一定能来，或者有的时候他们也想帮助，但是难免有事情相冲突，确实过不来了。就是这种不确定因素和流动性会特别大。可能还有很多小孩，我们之前有少儿图书馆，我们也想启动孩子们对图书馆的这种热情，希望从小去培养孩子们奉献的这样一种精神。然后会发现孩子们来了之后，实际上也很迷茫，因为他不太懂图书服务需要做什么，还需要家长陪同着。

在我们摸索了大半年的时间之后，发现有一个很好的契机，就是有非常多的赤峰学院的大学生来。他们当时来的一个原因是什么呢？学校有社会实践的学分，需要完成社会志愿服务达到40个小时，需要单位证明，然后才能拿到这个学分。所以当时来的呢，确实也赶得特别巧，外国语学院的学生来得特别多，我就重点地去跟外国语学院的陈靖老师，就是他们当时的指导员，去沟通了一下这个事情。学校老师和领导也觉得这是个好事情，去的又是我们图书馆这样一个非常陶冶情操的文化服务单位，学生们出来他们会比较安心、放心，学生们也能继续学习，学到很多实用的知识。

2017年下半年开始，我们初步合作，也是摸索着去相互配合。12月5日，我们和赤峰学院外国语学院成立了大学生志愿者服务基地，同时因为每年的12月5日是国际志愿人员日，我们也打造了一个叫"弘扬志愿精神 创建德善赤峰"国际志愿者日活动这样一个品牌。

合作的模式是这个样子的，由外国语学院的老师在学院以及全校进行招募，根据我们的条件进行筛选。按照我们的人数来筛选之后，每一批都会有一个带队组长。带队组长把大家带到图书馆之后，开始进行交接。交接以后首先要做的肯定是培训，比如基础的业务服务培训。培训之后，会根据学生们的课表时间来跟他们商谈，能来服务的固定时间和想去服务的部门。每个孩子可能倾向不一样，比如说少儿部，还有阅览部、外借部、办公室，可能工作的内容也不太一样。所以谈好了之后，就会固定时间、固定人员，然后让他们去相应的部门工作，这就是分配的环节。分配之后，我们对他们有一个志愿服务时长的记录机制，这是我们针对志愿者的不确定性设定的，不能说来20分钟就走了，是不是？所以我们会有相应的机制，来一次至少是两个小时，这样的服务才能有一定的成果展现。所以我们会有日常的服务时长记录，有我们的服务记录标准和评价。记录之后呢，刚才不是说有全国志愿服务信息系统吗？在这个服务信息系统上都会给他们进行登记和注册。

他们每一个人都会有一个跟身份证类似的唯一代码的志愿者工牌。记录完之后我们就会认证，认证之后孩子们拿着这个扣了戳的认证表，回去就能拿到学分。我们最后就要进行归档。所以如果您去我那个视障阅览室会发现有一面墙，有一栏全部都是他们的记录档案。

目前为止，我们和外国语学院已经合作三年了，一直合作得都很好，很愉快。其中也有两届学生都毕业了。我们还有一个群，很多大学生其实毕业了之后都很怀念这段时光，都说很感谢在图书馆的那半年，我也很感谢我自己，特别感谢在图书馆的经历，也很感谢带着我们一起做志愿服务的主任和哥哥姐姐们。而在这个氛围当中体现出来，第一个正能量、积极的东西多，第二个公共图书馆可以说是公开的一个大学，就相当于说，来这不仅做服务，还可以继续学习。有的学生说等到再出去的时候，看见图书馆，那种情感就会特别不一样。有的甚至说放假了回来还要再看看我们。这种情谊也非常不一样。

文化助盲这块就更不用说。因为我们文化助盲这么多年开展的活动特别特别多，包括大学生志愿者，包括社会上的很多的爱心人士，参与的都会特别多。比

图 7　2018 年 10 月 15 日，在赤峰市民族特殊教育学校会议厅开展"共读一本书　关爱永相伴"国学朗诵比赛活动，参与人数近 80 人

如我们会定期送书，送书的时候可能让志愿者来根据视障读者需求情况帮助挑选书籍。因为成年人志愿者有妈妈、有爸爸，他们站在自己不同的角度觉得，如果这是我的孩子我要给他选什么样的书看，融入度会特别特别地高。选完书，他们亲自打包，打包完之后再给送过去。送过去的时候每次特校的老师和孩子们，都会特别高兴。建了分馆之后他们特地开了一个小型的图书馆，来储藏图书供孩子们日常阅读。有的老师说："哎呀图书馆太好了！这个就给我们做了补充，这本书有的学生已经翻了四遍了。"

我们希望做这个事情，不仅仅是在做，也希望它能帮助到更多人，让这个事情做得特别有意义。到目前为止，三年的时间，就是两支队伍，我们总共招募了 350 人，总服务时长是 15000 小时，总服务人次就达到了 20000 人次。

刘锦山：服务效果还是相当好的。

刘昊：对。社会参与度、重视度也非常高。

五、爱心助盲服务品牌

刘锦山：刘老师，刚才您介绍了志愿者这方面工作的开展情况。我们知道现在阅读推广活动，也是图书馆的一个常态化工作。您前面在社会活动部担任主任，肯定这方面活动也做了不少。所以接下来请您向大家介绍一下，阅读推广方面的工作开展情况。

刘昊：阅读推广这方面，我们还是先从特殊人群服务的角度说。刚才说到了，我们开展了"书香助梦　爱心助盲"文化助残项目。在这个项目里面，又设立了非常多的小型品牌。

2016年的时候，我们做的第一个服务活动品牌就是"残障发声月·指尖上的行动"。什么叫指尖呢？因为我们知道盲文的那个凸起是扎出来的，所以我们当时请了老师，简单地教了一下这个规则。我不知道大家有没有注意人民币的右下角有盲文，或者一些场所，电梯里那个按钮上有盲文，包括有的时候买一些药，那个药盒上会有盲文。但是这个确实是极个别、很少见。但是我遇到过一次，药盒上它是有盲文的，就会发现其实这对于残障人群来说做到了尊重、平等化和均等化。能不能社会化，能不能在这种细节之间去体现，对这类特殊人群也可以说是弱势人群的关注和关爱。所以当时我们就做了这样的小卡片，上面有文字，有盲文，到万达广场发放，希望引起更多人的关注。这是我们2016年11月开展的。

2017年的1月正好是春运的阶段，我们知道有很多盲人朋友是在外打工的，有很多是在赤峰工作，当时可能要回家的。所以我们就开展了一个叫"春运帮帮盲"为盲人送站服务。就是他从工作地点到火车站，或者从火车站到家这样一段路程，我们派志愿者去接送，他们通过他们的亲友来预约。因为还没能形成体系，所以我们当时是通过微信群去预约。

2017年的时候我们开展的活动会比较多一些。2017年的4月我们开展了第一期的关于志愿者的"书为眼　爱为窗"导盲行走培训班。如果有机会能给您看看当时的照片，您会觉得特别感动。当时我们就是用了一导多。这个"多"是怎么个"多"法呢？就是所有的志愿者，每一组的组长不戴眼罩，剩下的所有人在两个小时的培训过程中，都要戴眼罩。当大家戴上眼罩之后能体会的，就像这个屋如果一下子全黑了，伸手不见五指，第一个感觉是内心没有安全感，很恐慌。当体会了这个感受的时候，再去面对盲人读者，就能共情到他。

我到中国盲文图书馆参观的时候，它有一个黑色体验馆。进了那个小屋，其实它那个路也就是从这个墙到那个墙，这么短的距离，但是它进行了弯路处理，路面不平，两边有树叶，有不同的东西等摆设。进去就是伸手不见五指，匍匐前进的感觉都有，特别特别地害怕。所以当我再出来遇见光明的时候，就像海伦·凯勒写的《假如给我三天光明》，那个时候真的很珍惜自己这双眼睛，也特别能感受到盲人朋友们，或者说视障朋友们面对世界的时候，他们内心的不安和恐慌。他们在接触陌生人的时候，可能并不像我们能这么迅速打开心门或者说去信任你，这样的体验过后特别能够理解他们。

当时全程两个小时，还有特校的老师在参与。她说我特别想再理解理解孩子们。大家都戴着眼罩，除了带队的那个组长，上下楼梯都是。带队组长领着一队人，大家一点点下去再一点点上来，走楼梯，然后进屋，最后戴着眼罩听无障碍电影，去亲身感受。大家感受都特别特别深，甚至有老师最后上台分享的时候，就直接哭了。她说："我虽然身为老师，我虽然一直带着孩子们，但是我不是很理解他们，我觉得我都有愧于他们。"老师很有感触吧。

但实际上特校的老师在我接触下来，一个孩子从去了特校到这个孩子可能高考毕业，或者说他不高考，他离开这个学校，七八年的时间，老师带这个孩子就像带自己家的孩子一样。他们每个班的学生并不会太多，这一个班二年级的一个，三年级的、四年级的两个，可能才四五个孩子。他带这个孩子七八年把他带到毕业，就跟带了自己的孩子是一样的。他付出的那份情感和经历，那和明眼人感受到的东西完全不一样，所以我都非常非常敬佩他们。

在2019年的时候，这个老师就找到我，她也是盲教部的组长，希望能给特校师生做一次培训。因为有些孩子不太懂导盲行走，别看他是盲人，你也是要教他的，他要会一些手势，会一些暗示，你拍一下他是什么意思啊，等等。所以我们又进行了一次非常特殊的，给特校的师生进行导盲行走的培训。老师和学生们感触也特别多。他说，哎呀，学校学的确实有时候要与时俱进一些，因为规则、标准也在不断地变化。同时孩子们学完了之后，老师我知道了，回去我知道怎么来找你，怎么来跟你进出门，怎么和你配合了。孩子们也很有感受，这是我们做的导盲行走这个品牌。

六、盲童才艺展示活动

刘锦山：刘老师，在这些服务品牌之外，你们还开展了哪些活动？

刘昊：孩子们在学校，包括很多社会上的人也说，我们这个娱乐方式比较有限，能不能用其他的形式展现一下？我们就请了一些大学生，还有一些社会上的爱心人士，开展了一次《乌龙山伯爵》话剧慰问演出，让特校的孩子们领略到话剧的风采和色彩。这个活动我们是在特校举办的，我们也把社会上的很多盲人读者请过去。大家感受完了之后说，这个就是话剧啊！原来是这样的！孩子们感受完了之后，就跟那些舞台老师说，你们能指导我们吗？我们想做一次校园剧。孩子们自己改剧本，自己写剧本，然后自己演，演出也特别好。我们每一场活动做完了之后，都会让它留有意义，可以延续下去。

每年的10月15日是国际盲人节，我们也开展了一个慰问演出的活动。在这次演出活动当中，有一个环节，就是孩子们来展示他们自己的风采。大家可能会觉得，盲人他有什么才艺吗？吹拉弹唱，打架子鼓，他们也都非常厉害，非常有才华。你看到他们的时候，你确实能想到身残志坚这四个字，我不觉得我残疾我就不应该会这些东西，每个人都非常自信地站在台上，比如说朗诵、唱歌、吹葫芦丝、弹琴、打架子鼓，去展现自己。包括孩子们自己写剧本，那也属于一种才华的展示。

因为他是盲人，我们当时考虑到安全性，就请到了社会机构"念澜手作"的老师来给孩子们做了一次公益活动，教他们怎么做陶塑。因为这个陶塑它有过程的，先是一抔土，来了之后你要按照自己的想法，把它做成一件东西，做完之后第二个阶段是上色，第三个阶段是进窑要烧。其实就是通过这个过程，我们也希望告诉孩子们，我们每个人可能一开始就是一堆土，但是可能通过你的雕琢、你颜色的渲染，或者说你刻意地去培养，最后可能还要通过一个高温的磨炼，就是说你要去锻炼自己，经历这样的过程，才可能成为一件独一无二的艺术品。其实人也是这样一个过程。无论一开始你是什么，只要你有心地去珍惜自己的人生，好好地走好自己的一生，你都可以成为独一无二的你，我们也有这样一层内涵意思。

还有特别有意义的一件事情是，我们把这一批盲人孩子们制作的陶艺，在赤峰市图书馆馆内进行了义卖，把义卖款又捐赠给特校的孩子们，让老师去给孩子们买学习和生活用品。义卖的时候一开始很多人不知道这是盲人孩子做的，就觉得这是什么东西，好奇怪。因为他们毕竟视力有限，捏的东西确实让你觉得不是很成型。但是当他们知道这是盲人孩子做的，还有很多小朋友说："妈妈，妈妈，你给我买这个吧。"大家都很惊讶，他们还会做这个吗，还能做成这个样子。这其实就是用另一种方式，让我们这些明眼人更去贴近他们、走进他们。

图8　2017年10月15日，赤峰市图书馆联合赤峰市民族特殊教育学校、社会机构"念澜手作"共同举办了为期近50天的"牵手创未来"主题活动。图为志愿者和赤峰市民族特殊教育学校盲教师生制作的工艺品

我桌上到现在还摆着两个笔筒，就是他们当时做的，直到现在去看一看，都觉得那个过程很有意义。包括在这个互动的过程当中，很多的志愿者也特别特别有感触，甚至他们相互都留了联系方式，到现在可能还有这种互动。他们老师一直都说，举办很多次这样的活动，真的都是站在他们的角度，打开孩子们新的视野，去帮助到他们。2017年，我们陆陆续续就开展了这些活动。

2018年，我们当时结合了特殊教育学校，它们每周三下午都会有一个兴趣班时间，是两个小时。我们正好在做一个国学诵读的阅读推广活动，就请到汇元书院的老师，领着大班的孩子们读《大学》，进行传统文化教育的一个熏陶。小班的孩子们，我找了一个绘本馆的老师，给孩子们读绘本。这样的一个兴趣班，持续了大概半年多的时间。

我们正好借着这个契机，也验收一下成果。所以就在2018年10月15日，举办了"共读一本书　关爱永相伴"的这样一个活动，就是国学朗诵比赛。在这个过程当中，就是他们在这个兴趣班学习的过程当中，张学锋校长，就是特校的校长跟我说："每天听着盲教部读国学——因为他们有聋教部和盲教部两个教部，盲教部天天在这儿读传统文化国学，我就觉得特别好。就觉得孩子们每天受熏陶，学校也特别支持。"盲教部老师把那个大字本都给翻译成盲文并手动扎成盲文书，让盲孩子去读、去背，孩子们也都特别有收获，特别有成长。然后比赛的时候，有的孩子就是摸着，声情并茂地朗诵出来；有的完全就是脱稿，直接就把它背下来了。因为他们本身看不见，记忆力很好的。我们都特别受感动。然后每个孩子都觉得通过传统文化这样的一个学习，自己的心智都有不一样的提升和锻炼，这个过程也特别有意义。然后张学锋校长也跟我们说，还有没有这个传统文化的大字本，我们要多给孩子们去接触传统文化，让我们的盲孩子们，让我们的聋孩子们也都去学习这个内容。

因为我们每年都会做导盲行走的志愿者培训，还有送书上门这样的活动。当时其实和金钥匙这边我们重点做的还是有声读物，给他们发放智能听书机。他们在日常生活、休闲的时候——他们忙完一天，给别人按摩很累，很辛苦，可能晚上的时候他们用这个设备去听一听，去放松或者去学习就会更好。因为他们到馆阅读或者说到馆学习特别有限，一般都是家属来。家属拿着卡，借大概五六本。因为它是盲文，翻译完之后这一本可能就要变成一套。所以他们借的时候，可能一张卡最多借三册书，只能拿三册走。他看完这三册再来还，然后再借走另外三册。其中我们服务的还有一个比较有特殊意义的女性，她33岁，后天盲人读者，后天盲了之后，她很想学盲文，然后她说我还想再学学按摩。我们就把她推荐到特殊教育学校，让专业的老师去指导她，配合我们的设备。我们后期也给她联系了由盲人开的按摩馆，然后让她到那里去上班，她有一个谋生的出路。这就是我们目前为止能做到的。

疫情期间，其实我也是在策划，因为他们毕竟以听为主，我就希望我们馆能够每天拿出半个小时，我们拿一本书，可能比较重要的一个章节，我们去把它朗读出来制成音频，然后每天给他们往群里发放。或者说他们想听什么，我们再去做。这个事情我一直在筹划，是这样的一个安排。

七、为盲人朋友讲电影

刘锦山：刘老师，还有哪些您印象比较深的活动？

刘昊：2019年的1月、5月、9月和10月这4个月，我们开展的都是"声之光 心之享"为盲人朋友讲电影活动。刚才我提到了无障碍电影。那无障碍电影它是这样的，比如说《飞驰人生》下线了，我需要通过专业的老师，把它配上旁白，配上手语，然后再把它制作成光盘，再流向市场，可能就一年以后了。它会有制作的流程和成本在，但是口述电影不一样，因为在去培训口述电影的时候，比如说《功夫熊猫3》下映了，最多一个月或者两个星期，如果你比较熟练的话，最多一个星期或者两个星期，去准备，我们可能不加手语，如果是服务视障人员的话，就是我们自己去写脚本，去写旁白，准备好之后，最多也就一个月，我们就可以讲给视障朋友了。这就体现了它的及时性，也减少了成本。所以我们就开展了讲电影的活动。

但是讲电影这块儿的实际操作，我只是学了理论基础，实际操作当时是内蒙古自治区图书馆残障人图书馆的朱绍华馆长和张志军主任做的，他们做了三年。这三年有一个非常好的志愿者叫苏日娜。苏日娜老师，首先她是残障人图书馆的志愿者，同时她还是内蒙古电视艺术家协会的主席。她本身是从事主持行业的人员，所以她的个人条件，包括她的个人魅力，各方面都非常达标，也非常专业，而且本身这个老师就特别地有爱心，特别地低调，特别地平易近人。所以第一场我们就请到了苏日娜老师来给我们讲电影，当时我们把能接触到的很多盲人朋友都接到了馆里。第一场讲的就是《神秘巨星》，印度的一部影片，也属于励志影片，讲完之后大家反响特别好，所以5月我又把她请来了，给盲人朋友们讲述电影《嗝嗝老师》。

但是我们不能总把自治区的老师请过来，他们时间也有限。所以我们当时又联系了赤峰朗诵协会的会长，就是郝淑燕女士。郝淑燕老师知道了这个事情之后，提出："朗诵协会的老师们能不能给你们图书馆当文化助盲的志愿者呀？也单独成立一支队伍，我们定期的，每个月你给我们安排一个电影，给我们节目单，想听什么，我们做准备，然后专业上你来教一教我们，然后我们准备给讲。"这是去年后半年我们计划的，但是确实赶上今年疫情，我们只能进行调整了。所以说当时我们自己开展了这个活动。第一场就是郝老师给大家讲的《飞驰人生》，然后大家反响都特别好。

当时我就想，我学了很多专业性的东西，理论性可能够，实操我没有经验，但我也想给孩子们讲。所以当时9月，正值中秋佳节，特校的师生们说想来图书馆看看无障碍电影。我说："那你别看无障碍了，我给你讲电影吧。正好都是孩子们，孩子们可能喜欢看动画片。"当时《功夫熊猫3》刚下映时间不长，我就给孩子们讲了讲《功夫熊猫3》，其实抱着想要锻炼锻炼自己的想法，就是我也想当这样的志愿者，给孩子们做点事情。所以就给孩子们讲了这一场电影，自己很紧张，也很忐忑，但是效果也还好。当然孩子们也很包容我，所以做了四次的讲电影活动，可以说是口述电影。

当时我就觉得这个口述电影，应该把它发展起来，做起来。最主要的原因就是让他们及时地能看到新下线的所有的影片，不用再等那么长时间，让他们和这个社会的文化娱乐同步。这是在口述电影这一块儿。

刘锦山： 刘老师，口述电影具体怎么做？是电影放一段时间停下来再讲，还是同步的？

刘昊： 它是同步的。为什么说新电影下线之后，我们要有一个月的准备时间呢？是我自己看这个电影可能就要看不知道几遍以上。它在演的过程当中，就会有空白的时间，比如说它只有背景，没有对话，这样的空白时间。在这个空白的时间，我需要介绍的就是这个环节，人物表情、动作，他的心理变化、心理状态等。我在做准备的时候，就在想我应该去学学影视，或者是电影制作。因为当你站在这个角度的时候，你考虑的就是导演的角色，我为什么要让这个演员用这样一种形式去展现它？他的心理状态是什么样子的？你要给大家把这个东西讲述出来，因为他看不见，他感受不到，你都要把它准确地描述出来。它就是顺畅地正常放电影，在中间没有电影本身对话的时间空白间隙，去补充要描述的电影内

图9　2019年9月25日，在赤峰市图书馆电影院"声之光　心之享"为盲人朋友口述电影《功夫熊猫3》，接送赤峰市民族特殊教育学校盲教部36名学生和11名教师到馆全程服务近5小时

容,让视障朋友有更好的观影体验。

比如说《功夫熊猫3》播放过程当中,打斗的场面会特别多。那打斗是出拳了?是出脚了?还是手里有什么工具?什么武器?都要描述。比如说那个老牛它手里拿的是刀,是双刃刀还是中间有链条?都要尽可能地用语言去描述,让他理解这个场景。它需要有一个写脚本的过程,写完脚本之后第一个就是平铺直叙地描述现场;第二个阶段要去做的就是如何把它的情感因素、心理因素融合进去;第三个就是可能有的时候,要做一些总结性的、升华一些的语言去描述它。其实我在做这个的时候自己还挺上瘾的,觉得又接触了新的内容、新的领域,对于我们来说也是在不断学习的一个过程。它是这样一个制作过程,所以说一个月的时间可能慢一点,需要去准备这些东西。

八、经典诵读活动

刘锦山:刘老师,您看还有什么需要补充的吗?

刘昊:从阅读推广这个角度来说,我们除了特殊人群的阅读推广活动以外,还包括每年的4·23世界读书日。我们这三年就举办了一个"最美"系列,比如2017年的4·23最美读书人摄影展,还有去年我们举办的最美书房评选。2018年我们当时开展的是"万人诵读习近平金句",当时在赤峰二中,我们所有的机构,包括学校,大概三四万人在广场上,齐声诵读的那个场面是非常大的,而且在央视新闻上也有播放。这个活动也是刘馆长发起的,非常有意义。您应该也比较熟悉这个活动。这是我们4·23这个方面的。

我们其实更多地想站在不同的角度服务大众。因为2017年也是我们非遗保护中心成立的那一年。当时也是看电视,觉得国家一直在提倡传统文化教育,所以当时我们就开展了玉龙讲堂之传统艺术文化系列讲座。我们请了赤峰市各个行业里成绩比较突出的16位年轻一代的老师,来给我们做文化艺术类的讲座,比如书法、国画、茶道、琴艺,还有插花、手作,全方位地去展示传统文化。那是我们做的第一期,很多市民参加活动反响热烈,都期待第二期什么时候举办。这是当时我们进行的系列活动。

还有就是之前我一直跟您说的"书香天下 经典赤峰"国学诵读这个品牌。在这三年的过程当中，应该是赤峰市近2000名孩子都受益了。可以这样不夸张地说，我觉得在我们赤峰市带动了一波高潮。因为当时我们请了汇元书院的老师，在每周日上午，用两个小时领着孩子们诵读《大学》《论语》《中庸》。我们知道，古人说半部《论语》治天下。我们不作解释，因为孩子都比较小，你解释完他并不一定能理解或者读懂，他需要他的人生经历去帮助他理解这个文化底蕴。所以我们以诵读为主，都说"书读百遍，其义自见"。我们每一个章节都要读一百遍，直到孩子们能把它背下来。所以就特别有意义。

当时有很多低年龄段的小孩，因为当时我们读的书不仅仅是大字本，而且都是繁体字。后来我得到消息，很多孩子识字都非常厉害。因为他从繁体字再到简体字，学得特别快。这是对孩子识字方面的好处。很多大一点的孩子，比如说处于青春期叛逆，可能和父母在一起冲突会比较大。但是你把他放到那儿，让他每天背那么两个小时或者读两个小时，孩子的状态也不一样了。因为大一些的孩子，他对这个东西有一定的理解了。所以为什么说国学是在潜移默化地熏陶孩子，这是中国人的根一样存在的东西。因为当时开展得特别好，很多家长也非常欢迎，所以我们又开展了冬令营和夏令营，连续十五天，每天上午两个小时，下午两个小时。每天基本上都超员，甚至有的家长说挤着都没关系，就想让孩子进来，是这样一种状态。所以基本上每天是两百个孩子，就在我们多媒体教室。所以这个品牌一直也受到领导的高度重视。对于我们来说的话，尤其作为这个活动的策划人，我通过传统文化，在活动的经历过程当中，也体会到它的重要性。包括我自己家里的亲人们也都很受益，也有很多的体悟和成长。

同时还有很多其他的，比如说蒙古族的文化交流会，我们是和北京阅读推广研究所合作研学。他们带着北京的孩子来感受咱们内蒙古的风采和文化，我们当时做了一个蒙古袍的T台展示秀，大人和孩子都有，感受非常不一样，我们不用专业的模特，就是家长和孩子们，这样做了一个交流。他们又去比如说阿斯哈图，去看咱们内蒙古草原文化。

包括去年我们也做了马儿的主题征文。对于孩子们去写征文，我的理解是什么样呢？我们作为草原的孩子们，我想到草原就会想到马，策马扬鞭、万马奔腾这样的场景，实际上这是对故乡的一种烙印。可能通过文笔的形式，在创作的过程，更深地烙印在自己的心里，是一种故乡的情怀。其实这个活动是联合内蒙古自治区图书馆共同开展的一个活动。

　　还有很多其他的。我们不是有摄影图书馆吗？我们为什么会有了馆中馆的这样一个概念呢？我们赤峰市本身有非常多的知名的摄影艺术家，包括一些摄影爱好者。当时很多读者有学习摄影技术意向，但觉得这个门槛很高，希望有老师来给讲解一下。我们就开展了摄影的系列讲座，请了非常多赤峰市摄影界的大咖来给大家讲基础的摄影操作。我在这个过程当中也觉得学了很多，如何用手机拍出更加精美的照片。

　　还有早教，我们也有少儿活动中心，有很多很小的小孩可能来看绘本。很多家长就提到，图书馆能不能组办一些早教类的讲座，可能对于家长有一些帮助。我们就找了红山区妇幼保健中心的一位主任，她来给我们做了六期的早期教育系列讲座。同样的关于讲座这块，对于青春期的孩子，家长经常会说我没有办法和孩子沟通，写作业太困难了，有没有方式、方法？我们当时就请到了赤峰市心理卫生协会的主席，他们在我们这里也设了一个基地，共同开展了暑假的心理卫生辅导系列的讲座，解决了很多家长头疼的问题。这也特别特别地受欢迎。

　　还有就是我们和包头的环保宣教机构开展了一个叫"十百千万"的生态环保公益宣教活动，就是提倡环保。包括从去年开始我们就提倡垃圾分类，实际上图书馆作为一个公共文化服务平台，是对赤峰市的环保宣传、垃圾分类常识宣传都很好的一个媒体宣传渠道。所以我们当时就联合开展了一次环保理念的宣教活动。

　　去年是我们中华人民共和国成立70周年，我们有非常多的红色系列的活动，包括快闪诵读、红色基因文化进校园，这样的活动都特别特别多。在这三年，大大小小这样的活动加起来，我们差不多是近200场，总参与人数是32000人次。

　　刘锦山：效果还是非常好的。

刘昊：反正站在我个人的角度，我觉得效果一直都还是比较不错的。我一直想的就是我们不仅仅是搞活动，这个活动还要让它有意义，能在每个人的心中留得住，我觉得这个才能更深刻地去体现阅读和文化真正能够带给人的内心的影响和内心的成长。这是一个精神文化层次的东西。

刘锦山：好。刘老师，非常感谢您能接受我们的采访。

陈玉玉
古今故事在书中

采访时间：2020 年 6 月 30 日
初稿时间：2022 年 6 月 21 日
定稿时间：2022 年 7 月 21 日
采访地点：赤峰市图书馆"赤峰记忆"拍摄现场
版　　本：文字版

陈玉玉速写

  陈玉玉　中共党员，硕士研究生学历，1981 年生于内蒙古赤峰市翁牛特旗。2000 年考入对外经济贸易大学俄语专业学习，2004 年考入本校外国语言学及应用语言学专业攻读硕士学位，2006 年毕业后考入国家图书馆外文采编部工作，历任俄文图书采编组副组长、组长等职。2016 年调入赤峰市图书馆工作至今。

  在国家图书馆长达 10 年的基础业务工作经历使其在外文文献资源建设与组织管理、书目数据制作与质量管控、规范数据引进与实施控制等方面积累了丰富而宝贵的工作经验。2014 年起全面负责国家图书馆俄文文献（图书）资源建设与组织工作，带领所在团队圆满完成历年年度资源建设与组织任务，经费执行绩效评估结果良好，入藏图书及相应 MARC 数据质量符合本馆业务规范要求，用户满意度高。

  作为负责人主持国家图书馆自俄罗斯国立图书馆引进个人名称规范数据的前

期调研、中期测试以及后期签约并实施控制的全流程工作。此项工作是国家图书馆史上首次对小文种文献实施规范控制，为馆内其他110多种语言文献实施规范控制提供了范式，对国内其他大型图情机构亦具有一定参考和借鉴意义。

承担国家图书馆44.8万余条俄文外包回溯书目数据管理验收专项工作并顺利结项，为馆内俄文图书读者服务工作奠定了坚实的基础。参与国家图书馆馆级科研课题《俄文图书编目手册》的编译工作。该手册对国内俄文图书编目标准化、规范化起到了积极作用，项目结项成果2014年以专著形式由人民邮电出版社出版。

2016年5月调入赤峰市图书馆以来，充分利用个人的基础业务优势与基层管理经验，深入了解本馆实际，依照上级工作安排，积极参与赤峰市图书馆文献资源建设与组织工作，以及馆内其他各项临时性业务和非业务工作。2018年7月起任赤峰市图书馆外借部主任，全面负责本馆成人文献资源建设与组织工作，同时承担本馆成人阅读推广及分馆建设等工作。参与赤峰市社科项目"赤峰市传承弘扬中华民族优秀传统文化对策研究"并顺利结项。

因工作业绩突出，曾荣获国家图书馆馆级优秀员工称号；于2020年获得赤峰市事业单位工作人员嘉奖荣誉。

刘锦山： 各位朋友，大家好！今天是2020年6月30日，这里是赤峰市图书馆"赤峰记忆"第五期"图书馆专题"拍摄现场。今天我们邀请到的嘉宾是赤峰市图书馆外借部主任陈玉玉老师。

陈玉玉： 刘老师，您好。

一、在国图工作十载

刘锦山： 陈老师，您好。非常高兴您能接受我们的采访，首先请您给大家谈

图1 陈玉玉（左）接受"赤峰记忆"采访

谈您的个人情况和工作经历。

陈玉玉：我是赤峰市翁牛特旗人。1981年生，2000年的时候从翁牛特旗考到北京的对外经济贸易大学。我高中的时候学的是英语，但是到大学也是阴差阳错调剂到了俄语专业，学了四年的俄语。到我本科毕业的那一年，还算是比较幸运，该拿的证都拿到了，该考的都考了，最后还以专业第一名的成绩，拿到了那年我们专业唯一一个公费研究生名额，因此2004—2006年我就继续在我的母校进行了两年硕士研究生的学习。

2006年毕业在即，我研究生的专业方向是经贸俄语方向，所以其实做外贸是我的本行，包括我的导师陆勇教授，都是咱们国家在经贸俄语方面非常权威的专家。我呢，当时面临的是两个选择。第一个选择是到联想集团去，去做对俄语国家的进出口贸易。这也是当时我大部分的朋友、同学的选择。第二个选择才是去国家图书馆。我是2006年上半年偶然看到国家图书馆的招聘公告。其实当年国家图书馆在2005年年底到2006年年初已经结束招录了，但正好我那年赶上国家图书馆扩招，我记得 2006 年 5 月，我非常幸运地赶上了国家图书馆的第二轮考试，我通过了初审、面试、笔试、政审、再面试等一系列流程，从我提交材料，到我最终接到三方协议，两三个星期就结束了。拿到三方协议的时候，其实也是挺纠结的，因为两个选择确实是各有千秋，衡量再三，最终还是决定了去国家图书馆。现在回想起来我还是挺庆幸自己做了一个正确的选择，至少对我本人是合适的。

我 2006 年 7 月到国家图书馆正式报到，在那边一直工作了 10 年。我在国家图书馆一直在外文采编部工作，具体负责国图的俄文文献资源建设和组织工作。初到图书馆，我完全是门外汉，没学过、没了解过图书馆学，看什么都是蒙的。国家图书馆应该是 2003 年就启用了 ALEPH500 集成系统[①]，所以我到图书馆没经历过卡片时代，我入职时就已经是机读目录这一套，然后就从完全零起点的状态开始学。国家图书馆有一个比较好的传统，就是它传帮带特别清晰。我从一个门外汉，跟着组里的前辈一点儿一点儿学，把图书馆的传统业务文献资源采访、编目这些逐渐都了解了。到 2008 年的时候，也算是机缘吧，我得到了一个了解图书馆整个发展历史的机会。那两年国家图书馆开始做外文卡片目录的书目数据回溯工作，因为文献量非常大，靠在职员工短时间完成这项工作是绝对不现实的，当时馆方经过大量的调研最终决定通过外包的形式来完成这项工作。具体到俄文图书的这部分书目，其实是从 2007 年就已经开始试验回溯，但我最开始并没参与，我当时是在西文编目组轮岗学习西文文献编目。等到 2008 年 3 月，我通过竞聘的方式回到俄文图书采编组任副组长，开始全面负责俄文的整个卡片目录的书目数据回溯管理和验收工作。当时没有回溯的卡片目录应该有 44 万多条，我们用了差不多三年的时间，到 2009 年年底完成了全部 44.8 万余条书目数据的回溯工作。我负责了整个俄文图书回溯书目数据制作的监管和验收，这段工作经历是我从一个门外汉逐步走进图书馆历史的过程。一张一张卡片看进去，慢慢就知道了发展到今天的机读目录，它是怎么来的，它的历史是怎样的。通过这

---

① ALEPH500 集成系统：以色列艾利贝斯公司推出的图书馆自动化集成系统。

数十万张卡片，我对机读目录也有了更多更深层次的理解。

我觉得这个工作，对于我个人的提升还是比较大的。当时做完了这个工作，我和同事趁热打铁还合作撰写了一篇题为《国家图书馆俄文图书回溯书目数据制作外包回顾》的文章，2010 年在《图书馆建设》上正式发表。

在国家图书馆的那些年，我基本做的都是俄文文献资源建设和组织相关工作，因为受聘的是业务部门的管理岗位，所以我是业务、管理双肩挑，这种状态一直持续到 2016 年调离。

二、入职赤峰市图书馆

刘锦山：陈老师，您是什么时候来的赤峰市图书馆？

陈玉玉：2016 年年初我因为个人原因从国家图书馆申请调离，这个过程前前后后有小半年的时间吧，到 2016 年的 5 月底，正式在赤峰市图书馆外借部入职。赤峰馆和国家图书馆肯定是不一样的，这边外文藏书几乎没有，所以跟我专业对口是不可能了，我相当于从外文跨界到了中文。虽然外文和中文不管是采访、编目，还是后期的典藏阅览都没有本质性的差异。但是具体到实际工作的话，还是有差别。

我入职时的外借部有 7 个人，分为采编工作室和外借处两个部分。当时来的时候刘淑华馆长问我自己有没有意向去哪个部门，因为我这么多年就是做采编。我就说我还是希望去做采编，因为是本行嘛，虽然语种不同，但是我觉得大同小异。刘馆长就非常尊重我的意愿，就让我到当时的采编工作室去了。

2016 年我到馆的时候，外借部的主任是伊登白乙，当时是伊登主任还有一位周岚老师我们三个人一起做采编。我们图书馆因为规模不大、经费有限，所以三个人负责采编也还可以。我从那时候开始做中文的文献资源组织和建设这些内容。因为没做过中文这部分的内容，所以在编目、选书等挺多方面要向周岚老师和伊登主任他们这些前辈学习。慢慢地我对中文文献也算是有一些了解了。

2017 年，赤峰馆进行部门人员调整，周岚老师从外借部调到了当时的少儿部，全馆专职负责采编工作的就剩伊登白乙我们两个人了。伊登主任是来自锡林郭勒盟的地地道道的蒙古族，他对蒙古族和草原有特别深的情结，2018年的时候他经过慎重考虑最终选择回到他的家乡去了。伊登白乙离职之后到现在为止，固定做采编的就是我一个人。

伊登白乙主任因为他本身是蒙古族，他这个语言优势非常明显。他在的时候，我们馆的蒙古语文献的采访相对比较连贯，基本上我看了一下，就是保持在一年两三千种这样子。但是他离职以后，因为我本身语言不通，所以蒙古语文献停滞了一段时间，现在我们的蒙古语文献采访，基本上是由我们的特色文献部，他们来做，但是这个量我就不是特别清楚。

在做好外借部工作的同时，我们还围绕阅读推广工作，参加或者组织开展了一些活动，效果不错。

这几年赤峰市图书馆中文文献采访基本上是保证在差不多平均一年入藏15000册。这个量就我一个人是肯定完成不了的，所以采访都是我做的，但是像书目加工，包括后期的一些物理加工等，我只能做一部分。我们馆里原来就是每到年底（元旦前后），特别是书到货的批量大的时候，我们所有人都会停止休假，集中加工到馆图书。因为像地市馆经费也不是特别稳定，可能到年底有一批经费才出来，咱们要及时地把它执行完。我从2016年来到赤峰馆一直到2019年这几年，每年到元旦前后，我们都会有一个阶段的全馆集中加工。除了窗口服务的工作人员之外，其他人员，包括我们的两位副馆长鞠红耘和乌云高娃都会加入进来，做一些图书的集中加工。也是为了新书及时上架的一种非常手段吧。

之前我们馆是除了地方文献之外其他所有图书（包括成人和少儿）的采访都由采编工作室负责。但是2019年开始，因为就我一个人专职做采编，根本忙不过来，所以开始逐渐把少儿图书这一部分采编业务转到少儿部，由他们来负责少儿文献的采访和编目。这样就减轻了我这边的压力。但即便这样，一年的工作压力也是蛮大的。为了保证到馆图书及时上架，我们这两年基本上就是采取馆内自建加书商配数据这种两相结合的数据建设模式。

以上简短地概括了我们现在工作中采编这部分的内容。

三、外借部的事与人

刘锦山：陈老师，请您介绍一下赤峰市图书馆外借部的情况。

陈玉玉：刚刚前面提到了赤峰市图书馆外借部为采编工作室和外借处两部分，上面说了一些采编工作的事情，那我们外借部另外一个重要的板块就是我们的外借处。外借处其实名字上没有体现，但事实上它是我们馆的成人图书外借处。我们馆的业务按照面向的群体不同，主要分为两个方向，一个是面向低龄未成年人的少儿部，另一个是我们这边，主要受众应该是高中生及高中生以上的成年人。我们现在的读者，高中生大学生是一个重要的群体，还有一个重要的部分就是中老年群体。中间这段三四十岁的人，可能是工作各方面比较忙，这部分的读者有，但是会少一些。

我们外借处目前是在我们馆的二楼中段，有一个接近400平方米的空间。外借处现在入藏的图书应该是73000册左右。因为受我们库容限制，我们现在每年进新书的话，必须下架旧书，空间不够。我们馆目前特别遗憾的地方，我觉得是没有一个成人图书的阅览区。您去过那么多图书馆您知道，在外借处应该有阅览座位。我们外借处现在是一个座位都没有。前一阵子我们得到消息说我们可能要建个几万平米的新馆，这对我们来说是个喜讯。

另外我们外借处的工作环境，在非雨季看上去是一个很好的环境。但是糟糕的是这两年我们的房顶出现了至少五六个漏点，每到降水季节我们必须用盆接着，只要遇到降水，无论夏天下雨还是冬天下雪，我们外借处都会漏。这个给我们的工作也造成了很大的困扰。像去年夏天，我们外借处文学架有几个书架，整个都是盖着塑料布。没办法，馆舍经过这些年的使用出现了越来越多的维修维护需求。今年刘淑华馆长已经向上级申请了经费，希望能尽早把外借处整体维修一下。

我们现在基本上每年应该是有9万册次左右的流通量，每一年不太一样，就是根据当年的情况，像今年前一阵子受新冠疫情的影响，我们这个流通量肯定就会降下来，包括到馆人数。因为现在既限流，周末还不开馆，开馆时长大大

图2 2020年4月，外借处一角

图3 2020年6月，外借处为应对屋顶漏雨摆放的水桶

缩短，所以到馆的人数也比之前明显减少。其实借阅需求很旺盛，我们是3月25日开馆，尤其是刚开始恢复开馆的时候，我们每天必须限流。如果不限流的话，我们外借处就是人满为患。今年经过极其特殊的这两个月的被动假期，现在基本上是走入正轨了。但是和往年的正常情况，也没办法相比。这是全国的大形势，也没办法。

刚才介绍了我们的事，下面介绍一下我们的人。我们外借部现在是五位工作人员，我负责采编，另外四位老师负责外借处，这四位里有两位老同志，两位年轻同志。老同志一个是田晓老师，之前她是我们外借部的主任。还有一位是牡丹老师，她之前是少儿部的主任。这两位老师基本上就是毕业了之后就来图书馆了，都在这儿工作了30多年，她们可以说是把一辈子都贡献给赤峰市图书馆了。她们对我们馆的情况，包括工作也是非常非常了解，一辈子兢兢业业。另外这两位老师正好都是蒙古文、汉文兼通。像咱们民族地区的图书馆，虽然不是说长期有特别大量的蒙古族读者，但还是经常有的。她们的这个工作，刚好方便了我们这部分蒙古族的读者，包括找书，有一些借阅的问题，包括图书推荐都会做得很好。有一些蒙古族读者，他们的汉语表达就稍微差一点，比如我直接跟他沟通的话就会有困难。但是我们这两位老师跟他们能直接沟通，有一些需求，就会比较直接地反馈过来。这是我们两位老同志。

图4 2020年6月，外借处屋顶漏雨导致室内吊顶碎裂

另外两位是我们的年轻同事，一位跟我差不多同龄的，王立新，男士，转业军人。图书馆无论采编还是典阅部门还是挺需要男士的。我们馆这个情况您也看到了，我们采编包括外借都是在二楼，没有电梯，我们所有的文献全靠人搬。我原来在国家图书馆，书商会把书统一给配送到指定地点。现在我们馆基本上实现不了。比如说物流到货，我们就得自己组织人，我们的男同事、女同事，反正那时候也不分男女吧，都变成汉子了，大家集中去做这种体力上的活。王立新平常是属于沉默寡言型的，但是遇到这种体力上的工作他会给我们这个部门很大的助力。我们外借部还有一个年轻的女同事是崔佳子，她应该是2010年左右到馆的。我觉得特别好的是她对现在网上的一些信息的捕捉很及时。比如说我要去采书之前，我就会去问问她，最近网上流行的有什么剧？有什么书？包括有些什么热点

图 5 赤峰市图书馆职工在搬运图书

事件？有没有什么推荐的书？因为我刚才说了，我们中学生这个读者群体还是非常庞大的。如果我们采选的图书内容，能跟他们的需求契合的话，就能更好地吸引年轻的读者走进图书馆。因为现在图书馆这个地方，两头的人进来的比较多。年轻一点的大中小学生，或者是中老年人来的比较多。中间这段的可能就会少一些，他们上有老下有小，还要工作，自由时间也有限。另外一个现在大家获取资源的方式太多了，所以图书馆不是大家唯一的选择。我们通过了解一些最新的、流行的读者阅读需求，比如 2019 年下半年，大家都看热播的《庆余年》，这是根据小说改编的，然后我们就会及时采选入藏，这类畅销书我们会放在新书架特别明显的位置，这样很容易就会吸引到我们的年轻读者借阅。我不止一次遇到过我们读者说：呀，你们图书馆还有这么新的书呢！读者没想到我们会这么紧跟市场需求，殊不知其实读者的阅读需求一直都是我们的出发点和落脚点。

再加上这几年我们图书馆采选的频率，包括经费都有增加，采选的稳定性也会好一些。我原来在国家图书馆的话是非常稳定，每个月怎么采选，年初会有明确的采选计划。现在这边因为经费、人员这些因素影响，就没有那么固定。但这两年慢慢好起来，我们基本上能固定一个频率去采选一些新书。平常比如说有一些我觉得比较好的，或者像文津图书奖这种大的奖项，有获奖书单出炉我就会随时申请临时经费及时把这些书采回来，以此丰富我们的馆藏，提升馆藏质量。但总的来说，我们馆经费有限，加上我们这个地区本身欠发达，所以对文化事业，我觉得投入和重视程度也不是特别够，缺憾还是不少。但是好在这两年经费慢慢加上来，我们文献的补充速度、频率，都慢慢有提升。这是我们的人和我们的事。

四、外借部发展规划

刘锦山：陈老师，您再补充一下外借部其他方面的情况，以及未来的规划。

陈玉玉：我再说一下外借部开展的一些阅读推广活动。我们馆目前还做不到像那些大的图书馆那样设立专门的活动部，或者社会活动部、社会教育部来做阅读推广活动。具体到我们外借部，我们受人员、场地、经费这些影响，其实我刚才说了，我们没有场地，然后人员又非常有限。我们总共这几个人，我固定做采编和部门的日常管理工作，其他四位老师是两班倒，基本上就没有闲人。所以其实我来了以后，我们外借部真正自己独立做的活动并不多，但是我们馆方的活动都会参与。比如我们现在每年已经形成传统的，像元宵节猜灯谜的活动，4·23世界读书日的图书漂流这些，包括最美读书人，书香家庭这些评选，我们外借部都会参与其中。

伊登白乙主任当时在的时候，我刚才说了，他对这个民族有特别深的情结，他做了特别多很有特色的蒙古语阅读推广活动。比如他做蒙古语、汉语双语的征文,还有最美蒙古族读者和蒙古族小读者的评选。这些活动都是他自己策划、实施到最后主持、颁奖,全流程他一个人基本能做下来,我们其他人就是根据他的需要稍微配合一下。但是特别遗憾,伊登主任离职以后我们蒙语阅读推广的这块活动,目前基本上是停滞的。虽然我们有两个工作人员是蒙古语、汉语兼通的,但是他们都是在外借处,俗话说一个萝卜一个坑,调她们出来做活动那就没有人在外借处值班,所以没办法。

图6 2017年4月23日,赤峰市图书馆在首届"诺敏沙图——引领阅读风尚 点燃阅读激情"书香家庭评选活动中获优秀组织奖,伊登白乙(左)和陈玉玉(右)代表赤峰市图书馆领奖

图7 2017年4月23日,赤峰市图书馆在首届"诺敏沙图——引领阅读风尚 点燃阅读激情"书香家庭评选活动中获优秀组织奖

图8 2018年4月22日,赤峰市图书馆"我爱内蒙古"双语征文比赛暨"书香庭苑"正字比赛颁奖仪式

图9 2018年4月22日,外借部参与图书馆"阅读共享·书香赤峰"4·23世界读书日主题活动

陈玉玉:古今故事在书中 **363**

按照我们2020年最新的部室重新聘任的结果,我们外借部应该是6个编制,我们外借处4个人,然后采编应该是2个人,但是目前就我一个人,我希望如果可能的话,将来能有一个蒙古语、汉语兼通的人来到我这儿,可能我们俩就会互补得比较好。将来我们要搬了新馆的话,我们的文献采选肯定就不仅限于汉语了。尤其我们赤峰市图书馆这些年在刘淑华馆长的带领下,可以说走出一条自己的路了,并且在第六次全国县级以上公共图书馆评估定级中,赤峰馆非常荣幸地被认定为一级图书馆,这些对我们来说都是好的地方。

未来借着新馆建设的契机,我们外借部的馆舍面积,包括借阅空间设计、人员安排,以及经费等必将更加合理、优化,相信我们的工作会开展得更好。

这些年常常听说将来书商就能代替图书馆的采编部门,采编就没有太大的存在意义了,包括可能书店将要取代我们图书馆,有很多种说法。这个我本人是不认同的,不是因为自己站在这个位置上,而是我觉得我们有我们存在的价值。毕竟立场不同、性质不同,我们毕竟是公益性的,和营利性的组织还是有很本质的差异。另外一个有一些我们组织的活动,包括我们拥有的资源,这个都不是一朝一夕可以达到的,像现在我们的馆藏大概四五十万册这样的藏量,不是哪个书店来了就可以和我们媲美的,这是我们的优势。

未来我们在文献资源的深层揭示方面,包括提供一些深层的服务上,可能会花更多心思。如果将来有空间的话,我们也会考虑组织更丰富的读者阅读推广活动,一方面宣传推介我们的资源,另一方面吸引潜在读者到馆使用我们的资源。我希望我们打造出我们自己的一个特色来。比如像我们外借部前些年做的蒙古语活动,已经非常有特色了,在我们赤峰地区的蒙古族的读者里头,是非常有影响力的。但是现在就是受人员影响,也没办法继续下去,将来如果能有一个蒙古语、汉语兼通的同事和我一起的话,我觉得这一部分我们能够开展得更好。

刘锦山: 陈老师,您是哪一年担任外借部主任的?

陈玉玉: 我是2018年临危受命的。伊登白乙主任2018年上半年申请调离。大概六七月,刘馆长找到我,希望我来接管外借部的工作,所以我从那个时候开始接手外借部。

刘锦山：希望外借部的工作在您的领导下，借助将来新馆建设这个契机，工作越做越好。谢谢您，陈主任。

陈玉玉：谢谢，多谢刘总。

后记

2018年6月,习近平总书记指出:"当前,我国处于近代以来最好的发展时期,世界处于百年未有之大变局,两者同步交织、相互激荡。"我们所处的时代,正是中华民族走向伟大复兴的时代,这是一个伟大的时代。大江南北,大河上下,城市乡村,各行各业,生机盎然、朝气蓬勃……这样的时代需要我们以专业的态度去认真记录。

伟大的时代需要伟大的记录者。在中华民族发展的历史上,曾经涌现过以孔子、司马迁、司马光等为代表的一大批伟大记录者,他们本着"究天人之际,通古今之变,成一家之言""为天地立心,为生民立命,为往圣继绝学,为万世开太平"的伟大理想和情怀,用自己的笔和心血书写、记录着时代的变化与发展,保存和传承了中华文化,使得几千年后的今天,我们仍然可以通过这些作品了解我们的祖先和文化,了解他们如何筚路蓝缕一路走来……

"赤峰记忆"就是这样一项记录赤峰地区优秀历史文化的口述历史数字工程。为保证项目的质量,北京碧虚文化有限公司和赤峰市图书馆抽调精干力量组成项目组。在赤峰市文化新闻出版广电局(现赤峰市文化和旅游局)指导下，本着"我们，为未来保存现在"的初心，项目组认真研究赤峰地区悠久的历史和灿烂的文化，特别是100多年来党领导赤峰地区人民群众为创造美好生活进行的波澜壮阔的伟大斗争，精心策划。从2016年到2022年，先后确立了文化、乌兰牧骑、非物质文化遗产、杰出女性、图书馆、文化旅游6个专题以及烽火草原鲁艺人、清格尔泰这两个特别专题，以便系统反映赤峰地区优秀传统文化、革命文化和社会主义先进文化。在此基础上，我们制定了《"赤峰记忆"人物遴选标准》，从思想品德、个人经历、社会影响、行业分布等多个方面对人物进行遴选，最终遴选出100多位奋战在赤峰市各条战线、有重要影响的人物。在生产环节，制定了包括前期沟通、拟定提纲、录制、视频剪辑、导出音频、音频转字幕、字幕初校、视频加字幕、视频校对、被采访者校对、终审、最终定稿等12个环节在内的生产流程，精心打磨，高质量完成了320多集5700多分钟的视频资源。

为使项目成果多样化呈现，满足人民群众需要，赤峰市图书馆决定对"赤峰记忆"项目成果进行二次挖掘和创作，编辑出版《赤峰记忆》图书。第一，项目组将不带标点符号的一行行字幕文字加上标点符号、划分段落、设置小标题，使其初步成为一篇篇访谈性文章；第二，对访谈初稿进行修改完善，在保证口述历史文本特点的基础上，将一些太过口语化、重复、啰嗦的字词和片段删掉，并配上与内容相关的图片；第三，将稿件发给每位被采访者进行审阅，被采访者审阅后的文章，最后由编委会再统一把关。另外，为增加本书的可读性，我们为被采访者增加了个人介绍，还为他们画了速写，放在每篇访谈内容的篇首；同时，还对一些难以理解的词语添加了注释。因此，与视频版"赤峰记忆"相比，《赤峰记忆》图书在内容上丰富了不少。

希望本书的出版，能够助力于传承赤峰市优秀地方文化，弘扬北疆文化，坚定文化自信，铸牢中华民族共同体意识。由于编者水平有限，书中难免有错漏之处，敬请读者朋友多多包涵。

刘锦山

2024 年 12 月 18 日